KB040142

전후 한일관계 70년

우리는 어떻게 갈등을 극복해 왔나?

전후 한일관계 70년
우리는 어떻게 갈등을 극복해 왔나?

초판 1쇄 발행 2016년 8월 12일

지은이 ｜ 최희식
펴낸이 ｜ 윤관백
펴낸곳 ｜ 도서출판 선인

등록 ｜ 제5-77호(1998.11.4)
주소 ｜ 서울시 마포구 마포대로 4다길 4 곳마루 B/D 1층
전화 ｜ 02)718-6252 / 6257   팩스 ｜ 02)718-6253
E-mail ｜ sunin72@chol.com
Homepage ｜ www.suninbook.com

정가 25,000원
ISBN 978-89-5933-023-2 93910

·잘못된 책은 바꿔 드립니다.

전후 한일관계 70년
우리는 어떻게 갈등을 극복해 왔나?

최희식

도서출판 선인

책머리에

한국 사회에서 대학 교수가 일본에 대해 책을 쓴다는 것은 힘든 일이다. 우선 대학 교수가 '책'을 쓴다는 것은 쉽지 않다. 단독 저서가 한 편의 논문과 똑같은 업적점수를 받는 현실에서 긴 호흡이 필요한 책을 구상하고 이를 집필한다는 것은 어리석은 짓일지도 모른다. 승급과 승진을 위해 정해진 업적을 채우기도 급급한 상황에서 시간대비 효율이 낮은 책을 쓴다는 것은 무모한 일이다.

더군다나 대학 교수가 '일본'에 대해 책을 쓴다는 것은 더욱 힘들다. 한국 사회의 무의식 근저에 자리 잡은 일본에 대한 이미지를 거스르며 지적 모험을 강행하는 것은 그나마 고단하지만 의미 있는 일이다. 그러나 일본에 대한 무관심이라는 장벽은 일본에 관련된 책을 쓰는 의미가 어디에 있는지 의구심을 자아내기도 한다. 편견보다 무서운 게 무관심임을 다시금 확인한다.

그럼에도 책을 쓰기로 작심했다. 사실 교수가 된 후 스스로에게 다짐한 것이 있었다. 연구년을 갈 때마다 한 권씩 책을 쓰기로 말이다. 다행히도 그 첫 번째 약속을 지킬 수 있었다. 일본 정당체제로 석사논문을 완성하고 2002년 박사과정 입학 후 한일관계에 천착해왔는데 이제야 그 결실을 책으로 발간하게 된 것이다.

기실 이 책의 구상은 2008년 독도에 대한 논문을 쓰면서 시작되었다. 독도 영유권 문제를 보면서 한국과 일본이 생각보다 갈등을 잘 관리해왔다는 생각이 들었다. 많은 사람들은 독도를 둘러싸고 한국과 일본이 갈등을 빚는 것만 접하다 보니, 한국과 일본이 갈등을 잘 관리했다는 주장에 대해 의아할 지도 모른다. 그러나 자세히 보면, 100의 강도를 지닌 갈등을 상당히 완화시킨 후 그 완화된 갈등이 반복되는 과정에서 학습효과에 의해 갈등이 더욱 완화되어 왔다는 것을 알 수 있을 것이다. 그런 의미에서 이 책이 규명하고자 것은 "한국과 일본은 왜 반복적으로 갈등을 빚는가?"가 아니라 "우리는 어떻게 갈등을 극복해 왔는가?"에 있다. 이 책의 부제이기도 하다.

이러한 질문에 답하기 위해 8년에 걸쳐 작은 논문들을 집필해 왔다. 물론 대학 교수는 가끔 '외도'를 한다. 각종 프로젝트에 참가하며 자신의 문제의식과 무관한 연구를 해야 하는 일이 많다. 예외는 없었다. 필자 또한 일본의 전자투표부터 일본의 정치교육까지 특정 문제의 일본 사례 연구를 권유받았고 이를 수행해 왔다. 하지만 다행히도 국민대 일본학연구소 및 현대일본학회가 한일관계 관련 프로젝트를 지속적으로 수행하는 덕에 필자의 문제의식을 부여잡을 수 있었다.

이 책을 쓰면서 가장 힘들었던 것은 기존의 논문들을 책으로 전환하는 것이었다. 논문과 논문 사이를 연결해야 했고, 논문들을 다시금 윤색해야 했다. 그리고 빈 공간을 채워야 했다. 일괄된 문제의식과 구상 하에 작은 논문들을 발표하고, 이를 모으면 책이 될 것이라는 생각이 얼마나 잘못되었는지를 여실히 깨달았다. 그래서인지 2014년 가을부터 집필하기 시작한 것이 이제야 끝났다. 소중한 경험이었으며, 향후 연구 활동에 큰 교훈이 될 것이라 믿는다.

이제 마음 편히 연구년을 갈 수 있을 것 같다. 그리고 그 연구년은 지금까지 해왔던 연구를 확장 발전시킬 수 있는 새로운 연구주제를 찾는 의미

있는 시간이 될 것이다. 아니 그렇게 만들어야 할 것이다.

　사실 이 책이 나오기까지 감사의 말씀을 드려야 할 가족들, 은사님, 선후배 동료, 출판사 관계자들이 많다. 하지만 그 감사의 말은 다음 책으로 미루고자 한다. 이는 다음 연구년 혹은 그 다음 연구년에 책을 내겠다는 약속으로 이해해주셨으면 한다.

　이 자리에서는 오롯이 어머니께 이 책을 헌사하고자 한다. 일찍이 남편을 여의고 3남 2녀를 위해 당신의 모든 것을 바친 어머니 윤명순(尹明順)께 감사의 마음을 담아 이 책을 바친다.

　늦둥이 막둥이가 어머니께 이 책을 선물로 드립니다. 어머니 감사합니다. 건강하게 오래 오래 사세요.

2016년 한여름 북악산 기슭에서
최희식

목 차

서론

전후 한일관계의 수수께끼

한일관계하면 우선 떠오르는 단어가 갈등과 불신이다. 전후 한국과 일본은 갈등이 생기면 적절하게 타협을 하면서 근본적 해결을 회피해 왔고, 그렇게 해서 눈덩어리처럼 불어난 갈등과 불신으로 현재 심각한 상황에 처하게 되었다는 게 일반적 인식이다. 하지만 조금만 다르게 생각해보면, 이러한 인식이 얼마나 잘못된 것인지 쉽게 알 수 있을 것이다.

애초 식민-피식민 관계에서 시작한 한국과 일본 사이에는 넘을 수 없는 고강도의 갈등을 내포하고 있었다. 우리 입장에서 '탈식민화된 한일관계'는 일본정부가 제국주의에 대한 철저한 반성 위에 식민지 지배의 불법성을 인정하고, 여기에 기초하여 강제징용 등에 대한 개인 보상과 배상을 철저하게 실시하여 과거의 불행한 역사를 종결시킬 때 가능한 것이다. 그러나 한국이 처해진 조건은 그리 녹록치 않았다. 51년 체결된 샌프란시스코 강화조약은 제4조 (a)에서 식민지로부터 독립된 국가와 상호 청구권 문제 청산을 위해 특별협의를 실시하도록 규정하였다. 전승국에 대해서 배상을 요구한 것과 달리 식민지 국가에게는 청구권 해결을 요구한 것이다. 이는 '전승국=배상', '식민지국가=청구권'이라는 이중 구조를 통한 전후처리를 의미하였다. 또한 샌프란시스코 강화조약 제2조 (a)는 일본에 의한 한반도 독립을 승인한다고 규정되어 있다. 물론 위 조항에는 식민지 지배가 불법적이었는지 합법적이었는지 유권해석을 내리고 있지 않다. 그러나 병합조약이 불법적이었다면 굳이 승인할 이유가 없다는 측면에서 일본에 유리한 조항이었다(장박진 2009, 216). 어찌 보면 우리가 샌프란시스코 강화조약에 참여하지 못했다는 것은 전후처리 과정에서 식민지 관점은 애초부터 존재하지 않았다고도 말할 수 있을 것이다.

이런 이유로 역사인식 문제에서 식민지 지배의 합법성을 주장하는 일본과 불법성을 주장하는 한국이 합의를 이끌어낼 확률은 낮았다. 한국전쟁을 둘러싼 한국과 중국의 해석 차이만큼 식민지 지배의 법적 성격을 둘러싼 한국과 일본의 인식차이는 커 보인다.

독도문제 또한 마찬가지다. 독도문제가 영토문제인 이상, 그 영유권이 어디에 있느냐에 따라 어업구역, 해양자원에 대한 독점적 권리 영역이 함께 변동한다는 것을 감안한다면 그 '해결'은 불가능에 가깝다. 일본이 독도는 한국 땅이라고 말할 리 없지 않은가? 지금까지 인류 역사는 영토 문제를 해결할 수 있는 유일한 방법은 전쟁밖에 없다는 것을 가르쳐주고 있지 않은가?

그럼에도 한국과 일본은 전후 70년 동안 전쟁을 했던 것도 아니다. 국지적인 무력충돌도 없었다. 양국의 국민감정이 적대적이었지만, 상대국을 향한 대규모적 반대 데모도 그다지 많지 않았고 그 강도 또한 약해지고 있다.

오히려 100의 강도를 지닌 갈등을 상당히 완화시킨 후 그 완화된 갈등이 반복되는 과정에서 학습효과에 의해 갈등이 더욱 완화되어 왔다는 게 정확한 분석일지도 모른다. 가령 일본정부는 아직도 식민지배가 불법적이었다는 것을 인정하고 있지 않지만, 80년대부터는 식민지배는 나빴고 이에 사죄

한다고 밝히기 시작했다. 다나카 가쿠에(田中角榮) 수상이 74년 1월 24일의 중의원 본회의 답변에서 "긴 합방의 세월 동안 지금도 그 민족의 마음에 남아 있는 것은 일본이 김 양식법을 가르쳐줬고, 나아가 일본의 교육제도, 특히 의무교육제도는 지금까지도 이어지고 있는 훌륭한 것이라고 했다"고 망언에 가까운 발언이 별다른 문제없이 이루어졌던 것에 비하면 큰 변화였다(다카사키 소지 2010). 2010년에는 식민지배가 한국민의 의사에 반하여 체결되었다며 식민지배의 강제성을 간접적으로 인정하기에 이르렀다. 비록 오랜 시간이 걸리긴 했으나, 한국과 일본이 갈등을 극복하는 과정에서 화해의 방향으로 왔다는 것은 부정하기 힘든 일이다.

물론 갈등을 완전히 해결하지 못하고 그 갈등이 반복되게 했다는 점에서 아쉬울 지도 모른다. 즉, 갈등지수를 0으로 만들지 못한 것에 대해서는 불만일지 모른다. 그러나 최소한 100 강도의 갈등이 70년 내내 유지되는 것보다는 좋은 선택이었다. 전후 한일관계의 '미묘함'은 여기에 있는 줄도 모르겠다.

실제 45년 해방 이후 한일관계는 갈등과 그 갈등의 극복, 그리고 그 결과물로써 협력을 주기적으로 반복해 왔다. 50년대 평화선 선포, 일본어선 나포, 재일조선인 북한 귀국문제, 구보타 망언 등으로 한국과 일본은 심각한 갈등을 빚었다. 70년대 초반의 김대중 납치사건과 문세광 대통령 저격미수사건으로 한일관계는 단교 직전까지 내몰렸다. 80년대 초반은 한국이 공산주의로부터 일본의 안보를 지키는 방파제 역할을 하고 있다는 논리 위에 일본에 100억 달러의 경제협력을 요구하면서 불거진 이른바 '안보경협' 문제, 그리고 고등학교 일본사 교과서 검정과정에서 침략이 진출이라고 수정되었다는 보도로 시작된 역사교과서문제로 갈등을 빚었다. 한일국교정상화 30주년이던 95년, 무라야마 수상이 일본국회에서 "일한합방조약은 합법적이었다"고 발언하자 축제분위기는 사라지고, 김영삼 대통령이 "일본의 버르

장머리를 고쳐주겠다"고 맞받아치자 한일관계는 험악 그 자체로 변질되었다. 다음해와 그 다음해 또한 일본군위안부 문제 등 역사문제와 독도 및 한일어업협정 개정을 둘러싸고 한일관계는 나락을 경험했다. 2005년 시마네현(島根縣)의 '다케시마 날 조례'로 홍역을 앓았던 한일관계는 2012년 이명박 대통령의 독도방문을 기점으로 역사상 최악으로 불리고 있다. 65년 국교정상화 이후만 놓고 보자면 '10년 주기설'처럼 보이는 갈등의 반복이었다.

하지만 좀 더 주의 깊게 살펴보면, 그 시대의 한일관계 악화는 구조적 변동기에 발생했다는 점을 알 수 있다. 50년대 한일관계의 악화는 해방 이후 한국전쟁을 계기로 동아시아에 냉전의 파고가 밀려오면서 한일 양국이 탈식민화와 냉전체제 하에 어떻게 양자관계를 설정할 것인지 시행착오의 결과로 해석될 수 있다. 70년대 초반의 한일관계 악화는 데탕트라는 새로운 국제질서 하에 한일관계를 어떻게 재조정할지에 대한 시행착오였다. 80년대 초반의 한일관계 악화는 신냉전과 전두환 체제의 등장, 90년대 중반은 탈냉전과 한국의 민주화 및 일본의 정치변동, 2010년대는 중국의 급부상과 이로 인한 동아시아 세력균형의 변화라는 구조적 변동기에 발생한 시행착오이다. 이러한 구조적 변동으로 인해 전 시대에 구축한 한일관계 시스템(구체제)이 새로운 현실을 컨트롤하는 능력을 상실했음을 의미한다. 따라서 한일관계는 재조정이 불가피하였던 것이다. 그리고 한일관계를 재조정하기 위한 시행착오가 역사영토문제와 연동되며 그동안 쌓아올린 한일관계의 성과를 일거에 무너트리는 양상을 보여왔다. 한일관계의 '취약성'을 단면적으로 보여준다 하겠다.

하지만 이러한 시련 혹은 시행착오는 한일 양국의 노력에 의해 새로운 한일관계의 재구축으로 이어졌다. 50년대의 시행착오는 65년 한일국교정상화, 이른바 '65년 체제'의 구축을 통해 냉전형 한일관계로 귀착되었다. 70년대의 시행착오는 신한국조항(한국의 안전이 한반도 평화 유지에 긴요하며,

한반도의 평화유지는 일본을 포함한 동아시아의 평화와 안전에 필요하다)을 매개로 하는 새로운 한일관계 재구축으로 귀결되었다. 80년대 초반의 시행착오는 근린제국조항과 안보경협의 타결 등 신냉전형 한일협력으로 귀착되었다. 90년대 중반의 시행착오는 98년 한일 파트너십 공동선언으로 수습되어 신시대 한일관계의 초석을 쌓았다. 그런 의미에서 2010년대의 시행착오도 수습되어 새로운 한일관계로 발전할 것이다. 지금의 갈등은 잠시 지나가는 태풍일지도 모른다.

이러한 갈등과 협력의 관점을 보다 거시적인 눈으로 보면, 전후 한일관계는 크게 세 시기로 구분이 가능할 것이다. 한일관계 1.0은 해방(탈식민화)과 냉전이라는 구조적 변화, 그리고 그 변화에 수반되는 시행착오 끝에 성립된 '65년 체제'이다. 이 체제는 70년대 데탕트와 80년대 신냉전이라는 구조적 변동에도 크게 변함없이 한일관계의 갈등을 관리하는 데 작지 않은 영향을 미쳤다. 그러나 탈냉전, 한국의 민주화, 일본의 정치변동이라는 국내외적 구조변혁 과정에서 한일관계 2.0은 불가피하게 되었다. 이른바 '98년 체제'가 이러한 시행착오의 마침표였던 것이다. 이후 한일관계는 월드컵 공동개최, 한류 등을 통해 역사상 최고 정점을 찍었던 것이 사실이다.

그러나 중국과 일본의 세력역전이라는 또 다른 거대한 구조변혁이 시작되었고, 한국과 일본은 새로운 구조에 적응하며 새로운 한일관계를 구축하기 위해 시행착오를 거듭하고 있다. 지금이야말로 한일관계 3.0을 구축해야하는 시대적 사명에 직면에 있는 것이다.

그렇다면 한일관계 3.0을 구축하기 위해 우리에게 필요한 것은 무엇일까? 그 지혜는 과거에서 찾을 수 있을 것이다. 그러기 위해 우리가 풀어야할 수수께끼가 존재한다. 즉 한일 양국은 갈등을 어떻게 극복해 왔는가? 이 수수께끼로부터 얻어진 지혜를 통해 한일관계는 질적인 도약을 이루며 안정되고 양자에게 이익을 주는 선순환적 관계를 구축할 수 있을 것이다.

이러한 문제의식 속에, 우선 이 책은 '역사의 구조화' 작업을 시도하고자 한다. 국제정치학 이론에 바탕을 두고 역사를 부분적으로 떼다 쓰는 작업도 아니요, 그렇다고 역사를 현미경으로 바라보려는 작업도 아니다. 역사의 세세한 사실을 캐내면서도, 그 사실들에 묻어 있는 '신의 지문'을 찾아내 '신의 의도'를 밝히고자 하는 작업이다. 따라서 본서는 '뺄셈의 미학'으로 쓰인 책이다. 신의 의도, 즉 역사를 움직이는 구조성을 밝히고자 하는 데 목표가 있기에 신의 지문이 어느 정도 뚜렷하게 묻어있는 사건 및 사실들이 강조될 뿐이다.

먼저 1부에서는 한일관계 1.0의 구도를 정확히 밝혀내는 것을 목표로 한다. 1장에서는 한미일 삼각관계 측면에서 한일관계가 어떻게 미국의 아시아 정책과 연동되며 발전해왔는지를 살펴볼 것이다. 소련과 전세계적 냉전을 전개하는 글로벌 파워 미국, 미국의 아시아 냉전전략에 편승하며 부흥을 모색하는 일본, 북한과의 체제경쟁을 우선하면서 탈식민화를 전개하는 한국, 삼자의 국가전략은 너무나 상이했으며 상호마찰, 특히 한일 간 마찰을 일으켰다. 이들 삼국을 유일하게 묶고 있는 것은 소련과 중국 및 북한의 위협에 대처하는 것이었다고 해도 과언이 아니었다.

그러나 한일 양국은 이러한 국가전략의 상이에서 오는 불협화음을 극복하고 미국의 동아시아 정책과의 연관성 속에 한국과 일본이 연계됨으로써 '유사동맹(quasi alliance)적 특수관계'를 형성하면서 협력관계를 구축해갔다. 지역동맹(regional alliance)으로써의 미일동맹은 국지동맹(local alliance)으로 기능했던 한미동맹을 보완하는 차원에서 한반도를 포함한 극동지역의 안보에 중요한 역할을 하였다. 하지만, 일본의 군사적 역할은 한반도 유사시 주일 미군의 자유로운 한반도 전개 및 핵반입 허용 등 매우 소극적인 것에 머물러 있었다. 한국 안보에 대한 적극적 역할은 상정되지 않았던 것이다. 이는 보혁(保革)대립이라는 특수한 국내구조를 가지고 있는 일본에게 있어 불가피한 것이었다. 한국 또한 한일 국교정상화가 과거사 청산을 도외시한 결과, 식민지 지배의 어두운 기억이 여전히 남아 있기 때문에 일본과의 군사협력에 대해 극히 부정적이었다.

이처럼 보혁대립의 국내정치와 헌법상의 제약을 감안하면, 군사 면에서의 지원과 관여는 불가능해서 경제협력 이외의 선택지는 존재하지 않았다. 문제는 이러한 경제협력이 정치성을 띠지 않을 수 없었다는 점이다. 일본의 경제원조는 '자주국방과 고도경제성장의 병행'이라는 박정희 정권의 정책에 협조하는 정치적인 의미를 가지고 있었다. 한국은 60년대 중반 이후 자주국방을 주장하며, '군수산업의 개발과 고도경제성장의 병행'을 추진하고 있었다. 한국은 일본이 자주국방과 고도경제성장을 동시에 추진하는 한국의 정책을 이해하고, 한 층 적극적인 경제원조를 할 것을 기대하였던 것이다. 한국은 "한국의 안보가 일본의 안보에 긴밀히 연계되어 있다"는 논리를 연장하여 한국이 일본의 방파제 역할을 한다는 점을 부각시키며, 한국의 대북 억지력 제고라는 측면을 고려한 일본의 적극적인 경제협력을 요구하였다. 이른바 '정치적 경제원조' 혹은 '전략적 원조'를 요구하였던 것이다. 결국 일본 정부는 미국이 측면 지원하는 이러한 요구를 수용하며 정치성 짙은 경제협력을 하지 않을 수 없었다. 이는 한국 반공정부의 안정화 및 정통성 확보에 일본이 적극 관여하는 것을 의미했다.

이러한 유사동맹적 특수관계는 어디까지나 역사문제와 영토문제가 관리되었기에 가능했다. 따라서 2장에서는 한일관계 1.0의 전제조건이었던 역사문제의 봉합과 영토문제의 보류를 살펴보도록 하겠다. 65년 한일 기본조약 제2조 "1910년 8월 22일 및 그 이전에 대한제국과 대일본제국 간에 체결된 모든 조약 및 협정이 이미 무효(already null and void)임을 확인한다"는 조항, 청구권협정 제2조 1항 "양 체약국은 양 체약국 및 그 국민(법인을 포함함)의 재산, 권리 및 이익과 양 체약국 및 그 국민 간의 청구권에 관한 문제가 51년 9월 8일에 샌프란시스코 시에서 서명된 일본국과의 평화조약 제 4조(a)에 규정된 것을 포함하여, 완전히 그리고 최종적으로 해결된 것이 된 다는 것을 확인한다"는 조항은 한국과 일본 사이에 다르게 해석되어 왔다.

65년 시점에서, 한국 정부는 한일 합방조약의 체결 자체가 불법이어서 애초부터 이미 무효였다는 입장을 취한 반면, 일본 정부는 현재의 시점에 서 이미 무효라는 객관적인 사실을 서술한 것뿐이며 식민지배는 합법적이 었다고 주장했다. 반면, 청구권협정에 대해서는 한국 정부는 "영토의 분리 분할에서 오는 재정상 및 민사상의 청구권"이 해결되었을 뿐 "일제의 36년 간 식민지적 통치의 대가"는 대상이 아니었다고 해석했던 반면, 일본 정부 는 식민지배의 합법성에 근거해서 조선의 분리·독립에 따른 양국 및 양국 민의 재산, 권리 및 이익과 청구권 등 모든 법적 청산이 이루어진 것으로 해석했다.

물론 식민지배의 법적 성격을 둘러싼 한일 양국의 인식 차이는 "이미 무 효(already null and void)"라는 양면 해석이 가능한 문구로 양립할 수 있었 다. 전략적 모호성, 혹은 비합의의 합의(agree to disagree)를 통해 양자의 갈 등을 봉합했다고 볼 수 있다. 식민지배의 법적 청산문제 또한 청구권 협정 에 대한 해석을 달리하지만 이를 문제삼지 않고 외교문제화하지 않는다는 양국의 암묵적 합의에 의해 그 갈등이 봉합되었던 것이다. 물론 이는 갈등 의 완전한 해결이 아니었고, 갈등을 미래 세대에게 떠넘기는 임시방편적인 묘약에 불과한 측면이 강했다. 따라서 탈냉전 이후 한일관계 2.0에서는 역 사문제에 대한 새로운 접근이 요구되었다.

반면 독도문제에 대해서는 전쟁에 이를지도 모를 영유권 문제를 보류하 고 자원의 이용 문제에 대해서는 상호 이익이 되도록 조정하는 형태로 문 제를 봉합했다. 이러한 방식은 일본정부가 한국의 실효지배를 용인하고 독 도주변을 실질적으로 공동 이용하는 방식을 취하면서, 독도문제가 양국 사이의 긴장요인이 되지 않도록 양국이 최대한 자제하는 방식을 의미한다. 또한 한일 양국은 '분쟁 해결에 관한 교환공문'에 대해 일본 정부는 독도가 분쟁 지역에 해당한다는 해석을 내리고 있고, 한국 정부는 독도가 분쟁지역이 아님을 확인했다는 다른 해석을 내리고 있다. 어찌 보면, 한일회담에서의 독도문제는 한일합방의 무효 문제처럼, 의도적으로 양면 해석이 가능한 '전략적 모호성'을 남김으로써 양자의 갈등을 회피하는 방식을 택했다고 볼 수 있다.

이와 같은 전략적 판단은 65년 타결된 한일 어업협정에도 나타났다. 즉 양국은 독도주변에 전관수역을 설정하지 않고 독도 주변을 공동규제수역에 두어 독도 영유권문제와 어업문제를 분리시켰다. 물론 일본은 독도 주변 12해리에는 들어오지 않고 독도에 대한 한국의 실효지배를 변경할 유의미한 실질적 행동도 취하지 않았다. 한국 또한 독도에 대한 실효적 지배를 강화하는 어떠한 조치도 취하지 않았다. 74년 서명한 한일 대륙붕협정에서도 대륙붕 영유권 문제를 보류하고 중첩영역을 공동개발구역으로 설정하여 영유권 문제와 자원 이용문제를 분리시켰다. 이는 '독도 모델'로도 평가할 수 있는 지혜로운 관리 시스템이었으며, 따라서 90년대에도 기본적으로 유지 계승되었다.

역사문제와 영토문제가 봉합되었다고 해서 한일 간 유사동맹적 특수관계가 승승장구 발전할 수는 없었다. 3장은 한일 간 체제마찰과 이를 극복하는 데 결정적인 기여를 한 정책커뮤니티에 대해 분석하고자 한다. 한국은 북한과의 체제경쟁으로 인해 과도한 냉전전략을 채택했으며 이를 위해 권위주의를 고수했다. 반면 전후 민주주의의 발전 속에 일본은 보수와 혁신의 대립 때문에 '냉전의 국내화' 현상이 상존했고 이를 회피하기 위해 평화주의적 외교전략을 선호했다. 따라서 한일 간의 '체제마찰'은 불가피했으며, 이것이 냉전 시기 한일관계를 불안정하게 만드는 핵심요인이었다. 일본의 대북 접근을 둘러싼 한일 갈등, 김대중 납치사건 및 사형 문제를 둘러싼 한일 갈등은 대표적인 예였다.

하지만 이러한 체제마찰로 한일 정부 간 공식 외교라인이 고착상태에 빠질 때, 이런 갈등을 해소하는 데 결정적인 역할을 한 것은 한일 정책커뮤니티였다. 한일 인맥, 지한파와 지일파, 한일 정치네트워크로 불리던 한일 정책커뮤니티는 한일 갈등 상황에서 이면 교섭을 담당하는 핵심 주체가 되었다. 한일 간의 심각한 갈등이 발생했을 때, 국민여론과 언론에 노출되기 쉬운 정부 간 교섭보다는 비공식 행위자에 의한 이면 교섭이 갈등을 해결하기 쉽다는 판단이 작용했기 때문일 것이다. 이원 외교, 밀실 타협 등 불명예스런 평가도 있지만, 체제마찰이 상존했던 한일 양국의 문제를 해결하기 위한 '불가피한 선택'의 측면도 강했다. 동시에 정책커뮤니티는 한일 양국 정부의 메신저 기능을 수행하며, 상호 마찰이 일어났을 때 상대국의 의사를 정확하게 전달함으로써 상호 불신과 오해를 해소하는 데 기여했다. 또한 갈등 과정에서 합의점을 찾기 힘든 양국 정부에 절충안과 타협안을 제시하여 교섭의 돌파구를 제공하며 갈등을 해소하는 데 기여했으며, 한일 간 협력의제 창출하고 이를 양국 정부에 제안하는 기능도 수행했다. 이러한 정책커뮤니티는 90년대 '한일관계의 민주화'라는 거대 흐름 속에 민주적으로 변모하면서 지금까지 한일관계에 핵심 역할을 담당하고 있다.

2부에서는 탈냉전 이후 한일관계의 구조적 변동에 대해서 논의하고자 한다. 먼저 4장에서는 한일관계 2.0의 구도를 살펴보고자 한다. 한국의 민주화와 경제발전은 한일 양국이 민주주의와 시장경제를 공유하는 가치공동체이라는 인식을 확장시켜갔다. 한일 양국은 이러한 가치공동체를 기반으로 양자관계 뿐만 아니라 아시아 지역 더 나아가 전세계에서의 한일 협력관계, 그동안 터부시되었던 안보협력 및 대중문화 개방 등 다방면에서의 한일협력관계를 구축하기 위한 노력을 전개해갔다. 이른바 '신시대 한일관계의 구축'은 90년대의 시대적 사명이었던 것이다.

　이러한 가치공동체의 발전은 역사문제에 대해 진일보한 진전을 가져왔다. 일본은 식민지 지배에 대한 사죄와 반성을 명확한 형태로 표명하였고, 이를 기반으로 일본의 책임이 여전히 남아있다는 것을 인정하고 현안의 역사문제(한인 원폭피해자 문제, 사할린 잔류 한국인 문제, 일본군위안부 문제 등)에 성의를 가지고 적극적으로 대처하는 형태로 나타났다. 고노 담화와 그 후속조치로써의 아시아여성기금(여성을 위한 아시아 평화 국민 기금) 또한 이러한 예일 것이다. 그런 의미에서 한일 청구권 협정에 의해 식민지 관련 모든 법적 책임은 끝났지만 도의성에 입각해 과거사 문제를 처리하겠다는 '도의적 책임론'은 이러한 일본의 새로운 과거사 정책과 65년 한일협정에 대한 기존 해석 사이의 괴리를 논리적으로 메우기 위해 만들어진 개념인 것이다.

　또한 가치공동체의 발전은 독도문제에 있어서도 진전을 가져왔다. 94년에 200해리 배타적 경제수역(EEZ) 설정을 기본 골격으로 한 유엔해양법조약이 발효되자 독도문제가 어업수역 문제와 EEZ 문제와 연동되면서 한일관계에서 큰 문제가 되기 시작했다. 그러나 98년 한일 新어업협정에서 독도 영유권 문제를 협상 테마에서 제외하고 독도 주변을 '잠정수역'으로 책정하여, 60년대 한일회담 시의 독도문제에 대한 잠정적 타결방식을 그대로 차용하였다.

　물론 이러한 역사영토문제 관리 노력은 일본 정부의 심화된 역사인식을 무효화시키고자 했던 일본 보수세력의 망언, 도의적 책임론에 너무나 집착했던 일본 정부의 경직성, 민주화 이후 태생기를 맞이했던 한국 시민사회의 원칙성, 영토 내셔널리즘이 상호 작용하면서 마찰을 빚었던 것은 사실이다. 그러나 신시대 한일관계 구축을 위한 거대한 흐름 속에 역사영토문제에 있어 작지만 의미 있는 변화가 나타났다는 것은 부인하기 힘들 것이다.

　이러한 가치공동체 인식을 바탕으로 역사영토문제를 관리하며 미래지향적 한일관계를 구축하려는 노력은 98년 한일 파트너십 공동선언(김대중-오부치 선언)으로 그 모습이 명확해졌다. 그리고 이러한 한일 파트너십 공동선언은 95년에서 97년 사이의 한일갈등 속에서 예비되었음을 놓쳐서는 안 된다. 갈등 속에서도 한일 정책커뮤니티의 적극적인 역할로 미래지향적 한일관계 비전에 대한 공감대를 형성해갔고, 98년 그 빛을 보게 된 것이다. 갈등이 미래의 협력을 잉태하는 모체가 되었다는 점을 우리는 간과해서는 안 되는 것이다.

이후 한일관계는 약간의 기복이 존재했지만, 한일 월드컵 공동개최 및 한류 등으로 역사상 최고의 관계로 발전해갔다. 무엇보다 냉전 시기와 달리 큰 진전을 이룬 분야는 한일 안보협력이었다. 90년대 이후 냉전의 붕괴와 이로 인한 미국의 존재감 하락으로 한일 사이에서 본격적인 안보교류가 시작되었다. 물론 공동 군사훈련 등 군사협력까지는 진척되지 못하였지만, 냉전기에 비교하면 비약적 발전임에는 틀림없다. 이러한 군사협력은 98년 新가이드라인이 책정되면서 주일 미군의 극동지역 전개에 대한 일본의 후방지원을 가능케 했던 '미일동맹의 재정의'와 밀접히 연관되어 있었다. 일본의 군사적 역할이 주일 미군의 후방지원까지 확대되면서 이를 보완할 한일 간의 안보협력, 특히 북한을 둘러싼 한일 안보협력의 필요성이 대두된 것이다. 또한 한미동맹 재정의로 로컬동맹으로써의 한미동맹은 지역동맹 혹은 세계동맹으로 격상되어 주한 미군의 아시아태평양 지역전개가 가능해졌으며 이에 대한 한국군의 지원이 요구되고 있으며, 이에 따라 해외 지역에서의 한일 안보협력의 필요성이 대두되었다.

또한 북한을 둘러싼 정치역학도 냉전 시기와는 달리 많은 변화를 보였다. 이전까지 한국은 한국과의 사전협의 없는 북일관계의 진전에 반대를 해왔으며, 남북관계와 북일관계를 연계시킬 것을 요구해왔다. 하지만 김대중 정권의 등장 이후, 한국은 이러한 요구를 철회하였으며, 오히려 남북관계 및 북미관계와 무관하게 일본과 북한이 관계를 개선하도록 독려해왔다.

다음으로 5장에서는 2000년대 이후 중국의 부상과 2010년 중국과 일본의 세력전이 등 동아시아 세력균형의 변화가 한일관계에 미치는 영향을 살펴본다. 동아시아 세력균형의 변화는 한일관계 2.0과는 다른 형태의 한일관계를 출현시키고 있다. 2010년대 이후 동북아시아에서는 한미일 협력체제와 한중일 협력체제가 동시적으로 발전하면서 제도화되어 가고 있다. 따라서 한일관계의 핵심 의제들이 한미일 협력체제, 한중일 협력체제와 연동하며 양자의 틀 속에 용해되어 가는 것은 자연스런 현상이었다. 그런 면에서 최근의 한일관계는 다음과 같은 세 가지 특징을 보이고 있다. 먼저 한일관계는 북한문제 및 안보협력 등 전통적 안보에 대해서는 한미일 협력체제의 틀 속에 전개되고 있다. 두 번째 경향으로, 핵안전, 환경문제 등 비전통적 안보 및 인적 교류 등의 문제는 한중일 협력체제의 틀 속에 전개되고 있다. 마지막으로 한일 양자 문제가 한미일 협력체제 및 한중일 협력체제로 흡수되면서 역사영토문제가 더욱 두드러지게 나타나는 경향을 보이고 있다. 이렇듯 한일관계와 한미일 협력체제 및 한중일 협력체제가 연동하면서 다자주의는 한일 협력을 제고하는 토대가 되기도 하고, 한일 양자 갈등을 수습하는 메커니즘을 약화시키기도 하였다. 한일관계를 다자주의와 양자주의의 연관성에서 고찰하는 새로운 패러다임이 요구되고 있는 상황인 것이다.

또한 일본에서 '전후체제로부터의 탈각' 노선이 본격화되며 역사수정주의가 창궐하고, 한국에서는 사법부와 시민사회를 중심으로 기존의 역사문제 해결방식에 대한 이의제기가 본격화되자, 한일관계는 적대적 공존 상황에 빠지게 되었다. 이러한 무한 갈등 상황으로 상호의존성이 높을수록 갈등이 쉽게 수습된다는 자유주의 국제정치학 이론이 한일관계에는 잘 들어맞지 않는 '아시아 패러독스' 상황을 유발하고 있다. 이것은 한일 상호의존의 특수성으로 인해 누구도 한일관계 악화를 불편해하지 않기 때문이다.

더 정확하게는 미국과 동맹을 공유하고 있어서 한일 안보적 상호의존이 높음에도 불구하고 의식상에는 서로를 위협으로 인식하고 있기 때문이며, 정치적 관계로부터 자유로운 기업 간 거래(B2B, Business to Business)의 상호의존이 최종 소비재 판매 거래(B2C, Business to Consumer)의 형태보다 월등히 높아서 한일관계 악화로 인한 경제적 피해를 피부로 인식하지 못하기 때문이다. 또한 한일관계 악화에 따른 손실을 중국이 보전해주고 있는 새로운 상황에 직면해서 한일관계 개선을 요구하는 목소리들이 크지 않기 때문이다. 그런 의미에서 이후 한일관계에 있어 중국 변수를 어떻게 중립화할 것인지, 한일 상호의존을 어떻게 보다 건설적으로 구축할 것인지 고민해야 할 시점이 된 것이다. 5장에서는 이처럼 한일관계 1.0과 한일관계 2.0에서는 보이지 않았던 새로운 현상들을 분석하면서 한일관계 3.0을 구축하기 위해 고민해야 할 것이 무엇인지를 살펴보고자 한다.

이렇듯 이 책은 한일 양국이 갈등을 근본적으로 '해결'하지 못했지만, 긴 시간 동안 여러 시행착오를 겪으며 외교적 지혜를 발휘해서 갈등의 씨앗을 줄여가고 있다는 점을 부각시키고자 한다. 물론 지금도 '미해결'의 갈등이 양자관계를 어지럽히고 있다는 것은 부인하기 힘든 명백한 사실이다. 하지만 과거 한일관계 70년의 경험에서 미래 70년 또한 이러한 갈등은 점차 약화될 것이고 언젠가는 '사이좋은 이웃'으로 살아갈 것이라 믿는다. 그리고 70년간 한일관계에서 배운 갈등 완화의 방법은 다른 양자관계에도 적용되어 '평화와 번영의 한반도' 구축에 도움이 될 것이라 믿는다. 이 책은 이 신념으로 쓰여진 글이다. 따라서 결론에서는 전후 한일관계 70년 동안 한일 양국이 갈등을 어떻게 극복해왔는지를 역사영토, 한일 안보협력, 한일 상호불신의 극복으로 나누어 정리한 후, 현재의 한일관계 문제점을 해결하고 지속가능한 한일관계 3.0을 구축하기 위해 필요한 것은 무엇인지 살펴보고자 한다.

1부

냉전 시기 한일관계의 구도

65년 한일국교정상화는 '역사문제 청산 없는 국교정상화', '미완의 국교정상화'로 평가받고 있는 것이 사실이다. 65년 한일 국교정상화는 식민지 지배에 대한 청산을 기본으로 '탈식민지화'된 한일관계의 출발점이 될 것으로 기대되었지만, 한국과 일본은 역사문제를 뒤로 한 채 한일 간의 연계를 요구하는 미국의 냉전전략에 편승하는 형태로 국교를 맺었다. 한일 국교정상화는 다음과 같은 세 가지 측면에서 '미완의 국교정상화'였다. 먼저 역사문제 해결을 도외시하여 양국 간의 진정한 화해를 달성하지 못하였고, 영토문제를 '보류'함으로써 갈등의 씨앗을 잉태했다. 또한 이러한 역사문제의 미해결로 여전히 한국 사회에는 대일 거부감이 존재했고, 일본 또한 보혁(保革)대립 구도 속에서 군사·정치적 대외 역할에 대한 거부감이 존재하여 한일 안보협력은 터부시되었다. 동시에 북한과의 체제경쟁을 수행하기 위해 권위주의 체제를 고수했던 한국, 보혁대립 구도 속에 '냉전의 국내화' 현상을 극복하기 위해 평화주의적 외교를 실행하며 전후 민주주의를 구가했던 일본, 양국은 이른바 '체제마찰'을 겪었다.

그렇다면 한일 양국은 이러한 갈등을 어떻게 극복했을까? 1부에서는 냉전 시기 한일관계의 구도를 살펴보고 그 속에서 한일 양국이 어떻게 갈등을 극복해왔는지를 살펴본다. 먼저 1장에서는 한미일 삼각관계의 관점에서 한일 특수관계가 성립되어 제도화되어가는 과정을 분석한다. 이러한 특수관계는 어디까지나 역사문제와 영토문제가 관리되었기에 가능했다. 따라서 2장에서는 한일관계 1.0의 전제조건이었던 역사문제의 봉합과 영토문제의 보류를 살펴보도록 하겠다. 3장에서는 한일 간 체제마찰과 이를 극복하는 데 결정적인 기여를 한 정책커뮤니티에 대해 분석한다.

제1장_ 한일 특수관계의 형성과 발전

1. 50년대 한미일 냉전전략의 불협화음

유럽에서의 냉전이 동아시아까지 파급된 것은 한국전쟁과 중국의 참전 이후였다. 소련은 중국 및 북한과의 삼각관계를 통해 아시아 사회주의망을 구축하였으며, 이에 대항하고자 미국은 아시아 지역통합을 통해 반공망을 구축하고자 하였다. 미국이 한국과 일본의 국교정상화에 심혈을 기우린 것은 이 때문이었다. 하지만 미국의 노력에도 불구하고 한미일 삼각관계의 한 축을 담당할 예정이었던 한일 국교정상화는 상당한 시간을 요했다. 그 이유는 한미일 삼국의 '냉전전략'의 상이와 이에 따른 마찰 때문이었다. 여기에서 '냉전전략'이란 냉전이라는 국제정치구조를 변경하려거나 혹은 여기에서 탈피하려는 것이 아니라, 이를 전제조건으로 인식하며 그 속에서 국익을 추구하려는 외교전략을 의미한다. 소련과 전세계적 냉전을 전개하는 글로벌 파워 미국, 미국의 아시아 냉전전략에 편승하며 부흥을 모색하는 일본, 북한과의 체제경쟁을 우선하면서 탈식민화를 전개하는 한국, 삼자의 국가전략은 너무나 상이했으며 상호마찰, 특히 한일 간 마찰을 일으켰던 것이다.

1) 미국의 냉전전략과 한일: 반공 전선국가와 반공 후방 기지국가와의 연계전략

냉전은 47년 트루먼 독트린을 기점으로 시작되었다는 것이 일반적 견해이다. 그러나 이러한 미국의 냉전전략은 동아시아에 시간차를 두고 전개되었다. 미국은 전후 초기 루즈벨트(Franklin D. Roosevelt)의 '중국 대국론'에 입각해 아시아 질서를 모색했다. 루즈벨트 대통령은 41년 대서양 헌장에서 구가된 민족자결 원칙을 기본으로 하면서도 연합국의 주축이었던 미영중소 '4인의 세계 경찰관'에 의해 국제 평화질서를 구축하려했다. 이 구상 속에 일본이 다시는 아시아 평화를 위협하지 못하도록 일본을 비군사화 및 민주화시키는 것이 주요 목표였다(添谷芳秀 2005, 44-47).

미국은 중국의 공산화에도 불구하고 '중국의 티토화' 전략에 입각해 중국에 대한 기대를 걸었던 것이 사실이며, 50년 1월 발표된 애치슨 라인은 그 전형적이 예였다. 애치슨(Dean G. Acheson) 국무장관은 미국의 방위선으로 일본, 오키나와, 필리핀 등 태평양 연안섬 지역을 언급하며, 반공의 전선(戰線)을 이루는 한국과 대만 및 인도차이나 반도를 제외시켰던 것이다. 이 세 지역은 중국과 마주보는 분쟁지역이었고, 미국은 중국과의 마찰을 회피하기 위해 이 지역들을 애치슨라인에서 제외했던 것이다.

이러한 중국의 티토화 전략은 대한(對韓) 정책에도 반영되었다. 미국은 47년부터 49년 사이 한국 정책을 검토하는 과정에서 한국의 지정학적 가치에 대한 공감대가 존재하였음에도 불구하고, 미군을 계속 주둔시킬 현실적 이익이 낮으며 한국의 중립화 혹은 유엔과의 연관성 속에서 한국 안보를 유지할 수 있다는 판단을 하고 있었다(平山龍水 1997, 59-61). 물론 이는 한국에 대한 전략적 방기를 의미하는 것은 아니었으며, 실제 한국의 탈식민화 및 자립을 목표로 적극적인 대한부흥원조계획이 실시되었다.

이러한 미국의 정책은 기실 일본에서도 유사하게 보였다. 48년 3월의 맥아더-케넌 회담에서 잘 들어나듯, 당시 미국은 오키나와 군사기지의 지속적 운영 및 일본 경제의 자립성 증대를 제외하고는 일본의 미래상에 대해 합의를 본 것은 아니었다. 맥아더(Douglas MacArthur)는 일본의 중립국화를 주장하였고, 케넌(George F. Kennan)은 일본을 반공 기지국가로 육성할 것을 개진하여 합의에 이르지 못했다(소토카 히데토시 2006, 24-28).

경제적 지역통합전략도 본격적으로 추진되지 않았다. 예를 들어 47년 3월 미국 국무성 육군성 해군성 조정 위원회(SWNCC) 360 시리즈에서 일본을 아시아에 있어 기축으로 위치 설정하고 일본에의 원료공급지이며 잠재적 상품시장인 극동 국가와의 교역확대를 촉진하기 위한 계획이 필요하다는 사실이 강조되었다(李鐘元 1993, 192-193). 동시에 한국과 일본에의 원조를 통합이라는 관점 속에서 조정해야 한다는 의견도 존재했다. 하지만 실질적으로는 일본과 한국의 수직적 경제통합 전략이 추진되었다고 볼 수 없다. 미국의 대한 원조정책은 여전히 한국의 탈식민화 및 자립을 목표로 전개되었으며, 일본에 대해서도 '닷지라인'으로 불리는 강력한 경제안정정책에 중점을 두고 있었다(박태균 2006, 90-98).

그러나 한국전쟁의 발발과 중국의 참전은 미국의 동아시아 냉전전략을 본격화시키는 계기가 되었다. 한국전쟁으로 본격화된 미중대립 속에 일본의 전략적 가치가 제고되면서 미국은 일본 중심의 지역통합전략을 본격적으로 추진하게 된 것이다. 한국 전쟁이 발발하자 미국은 기존 정책의 연속성 상에서 유엔 안보리 결의를 이끌어내고 유엔군의 형태로 참전하였다. 동시에 51년 샌프란시스코 강화조약 교섭 시 미국은 독립 후 일본의 안보에 대한 고려 차원에서 태평양 협정(pacific pact)을 본격적으로 정책 어젠더로 제기하였다. 당시 미국은 호주, 일본, 뉴질랜드, 미국, 필리핀, 인도네시아 등 태평양 도서국가 간의 군사적 지역통합을 모색했다. 하지만 이러한 구상은 필리핀, 호주, 뉴질랜드 등이 일본과의 동맹 체결에 반대하고, 영국이 위 구상에 회의적 태도를 보임에 따라 좌초되었다. 결국 미국은 필리핀 및 일본과의 개별적 동맹, 호주 및 뉴질랜드와 태평양안전보장조약(ANZUS 조약)의 체결 등, 이른바 '중심축과 바퀴살(hub and spoke) 시스템'으로 궤도를 수정할 수밖에 없었다.

그러나 미국은 한국을 군사적 지역통합전략의 대상국으로는 보지 않았다. 태평양 협정 가맹 예정국에 한국을 포함하지 않았으며, 한국이 요구하는 한미 안보조약 체결에도 극구 반대하였다. 이는 이승만 정권의 '북진통일'로 상징되는 과도한 냉전전략으로 미국이 원하지 않는 전쟁에 말려들지 모른다는 우려 때문이었다. 또한 미국은 여전히 한국의 중립화 방안 및 유엔에 의한 안전보장에 대해 미련을 버리지 못하고 있었기 때문이다(平山龍水 1997, 61-63).

이렇게 한국이 군사적 지역통합 전략에서 배제된 것은 한국의 과도한 냉전논리 때문이었지만, 유엔 및 일본과의 연관성 속에서 한국과 대만 등 극동의 안보를 유지하려는 미국의 구상 때문이기도 하였다. 미국은 미일안보조약에서 극동조약을 삽입함으로써 한반도에 전쟁이 발발했을 경우 주일 미군이 유엔군의 형태로 개입하고 일본이 유엔군을 지원하는 방식으로 극동의 안보를 보장하는 방법을 구상했다. 이러한 인식은 미일안보조약에 대한 교환 공문에 다음과 같은 문구가 삽입되었다는 것에서 알 수 있다.[1]

  (중략) 무력침략이 한반도에서 발생하였다. 이것에 대해 유엔 및 그 가맹국은 행동을 취했다. 50년 7월 7일 안전보장 이사회 결의에 따라, 미국 (지도) 하에 유엔군 통일사령부가 설치되었고, 유엔 총회는 51년 11월 1일 결의에 입각해 침략자에 어떠한 원조도 하지 않도록 요청했다. 연합국 최고사령관의 승인을 얻어, 일본은 국제연합 가맹국의 군대가 국제연합의 행동에 참가할 수 있도록 시설 및 역무를 제공함으로써 유엔에 중

요한 지원을 해왔다. 지금도 그러고 있다. (중략) 본 장관은 평화조약 효력 발생 후에 1혹은 2이상의 가맹국의 군대가 이러한 유엔의 행동에 종사할 때 일본 국내 및 그 부근에 있어 이를 지원하는 것을 일본이 허락하고 또한 이를 용이하게 하는 것, 또한 일본과 해당 유엔 가맹국 사이에 별도로 합의된 대로 일본의 시설 및 역무의 사용에 따르는 비용을 현재처럼 일본이 부담할 것을 귀국정부를 대신해 확인받고자 한다.

또한 이와 연관되어 미국은 일본의 재무장 및 오키나와 기지를 통해 극동 방위를 담보하는 체제를 모색했다. 예를 들어 52년 8월 승인된 국가안보회의(NSC) 125-2에서 미국은 군사적 측면에서 다음과 같은 행동방침을 결정하였다.[2]

1. 오키나와와 오가사와라 주변에 대한 장기적인 군사요청은 국무부와 국방부가 대통령에게 권고하고 그에 따라 추구한다.
2. 일본이 군대를 발전시키도록 지원한다. 이 군대는 외부침략에 대한 방위책임을 담당하게 된다. (중략)
3. 첫 단계를 달성하면 상황을 고려하면서 일본이 태평양지역의 모든 자유국가 방위에 참여할 수 있는 군사능력을 발전시키도록 지원한다. (중략)
4. 일본군이 충분한 자위력을 확보할 수 있을 때까지 강력한 미군을 일본과 주변에 주둔시키고 일본군과 협력해서 외부 침략으로부터의 안전을 확보한다. 그리고 적대행위나 급박한 상황에서 효과적인 연합군을 창설할 수 있도록 일본과 가능한 빨리 실무협정을 맺는다.
5. 한국에서 유엔 군사활동을 지원하기 위해 필요한 주일 미군을 유지한다.
6. 미국의 이익이 된다고 판단되는 군장비와 공급품에 대해서 일본이 생산할 수 있도록 공업능력의 발전을 장려한다.

위 문서에서 알 수 있듯이 미국은 일본을 재무장시켜 단기적으로는 일본이 스스로 자국안보를 책임질 수 있도록 하며, 장기적으로는 재무장한 일본이 극동안보에 적극 기여하도록 하는 구상을 가지고 있었다. 결국 미국이 구상하고 있던 한국과 일본의 긴밀한 군사적 연계는 유엔군을 매개로 하는 것이었으며, 오키나와 미군기지 및 일본의 재무장이 이를 담보하는 기제였던 것이다. 이 상황에서 일본은 당분간 유엔군에 대한 후방지원 역할을 담당하고 장기적으로는 재무장을 통한 적극적 기여가 예상되었던 것이다(倉田秀也 2005).

동아시아 냉전 확대에 따라 일본 중심 경제적 통합전략도 본격적으로 추진되었다. 49년 NSC 48 시리즈, 50년 NSC 61 및 68 시리즈는 이러한 인식이 더욱 정치화되었다는 사실을 보여준다. 이들 문건은 미국의 대아시아 원조 물품 구매지를 일본으로 설정하여 경제원조에 소요되는 달러를 일본에 집중적으로 제공하려는 '원조의 조정', '원조 달러의 이중사용' 전략을 의미했다. 이는 일본의 재무장 요구와도 맥을 같이 하고 있다. 52년 9월 미 재무장관이 이케다 하야토(池田勇人) 대장상에게 일본의 점진적인 재무장을 요구하면서 이를 위해 "미국도 일본 경제를 지원한다는 의미에서 그 문제(일본의 재무장)에 즉시 대응하며, 일본에의 달러 조달을 고려하고 있다"고 언급한 것에서 잘 드러난다. 특히 이러한 '달러의 조달'은 일본에 대한 직접적 원조와 더불어 아시아 원조에 있어 일본 물품의 구입을 요구하는 형태로 나타났다. 따라서 신생 독립국가에게 "누구를 위한 원조인가"라는 근본적 의문을 던지면서, 미국과의 마찰을 유발하였다(李鐘元 1993, 193-196; 박태균 2006, 91-92).

결국 한국전쟁과 동아시아 냉전의 본격화는 일본의 전략적 위치를 상승시켜 군사적 및 경제적으로 일본을 중심으로 하는 지역재편전략이라는 냉전전략을 잉태했다. 그 와중에 한국은 군사적 지역통합전략에서 배제되고 경제적 지역통합전략에서도 일본을 중심으로 하는 수직적 통합의 한 객체로 인식되었다. 이러한 미국의 냉전전략은 한국의 반발을 초래할 수밖에 없었다.

그러나 미국이 상정하였던 일본의 재무장 노선이 일본의 반발로 큰 진전을 보이지 못하고 오히려 일본 내 반미의식을 성장시키는 계기로 작용하면서 한국에 대한 전략적 가치는 제고되었다. 특히 54년 비키니 환초에서 실시된 미국의 수소폭탄 실험으로 일본 어선의 선원이 피폭된 제5 후쿠류마루(福龍丸) 사건을 계기로 일본 내 반전 반핵 의식이 성장하자 미국은 일본의 '중립화'를 우려하면서 일본에 대한 재무장 강화요구를 철회하고 일본 정치사회의 안정을 최우선 과제로 설정하였다. 결국 55년 4월 책정된 NSC 5516-1의 수립으로 미국의 대일 정책은 재무장 노선에서 일본의 정치경제적 안정을 중시하는 노선으로 전환하게 되었다. 초기 아이젠하워(Dwight D. Eisenhower) 정부가 추진했던 뉴룩 정책은 미국의 핵우산 속에 국지전을 수행하기 위한 통상병력은 동맹국이 부담하는 분업체제를 통해 미국의 군사적 및 경제적 부담을 경감하려는 목적 하에 실시되었다. 이에 따라 일본에게 강도 높은 재무장을 요구하면서 동시에 한국에서는 주한 미군의 감축을 추구하는 이중적 전략을 구사했다. 하지만 이러한 전략은 일본이 재무장에 소극적이게 되면서 차질을 빚을 수밖에 없었으며, 한국의 전략적 가치에 대한 미국의 인식을 제고하는 방향으로 나아갔다(平山龍水 1997, 70).

이렇듯 군사적 지역통합전략에 있어 한국의 전략적 지위의 제고는 53년 다시 제기된 태평양 협정 구상에도 잘 드러난다. 54년 4월에 책정된 NSC 5416 및 동년 8월의 NSC 5429-2에서는 한국군을 극동 방위에 있어 공헌자로써 언급하며 일본, 필리핀, 대만, ANZUS를 연결하는 태평양 방위조약의 대상국으로 상정하였다. 51년 제기된 태평양 협정 구상에서 한국이 제외된 것과 비교하면 한국의 전략적 가치가 얼마나 상승했는지 알 수 있는 지점이다. 또한 한국의 군사적 자립도를 증대하기 위한 원조의 강화가 제기되었다. 물론 이러한 군사적 지역통합전략은 동남아시아조약기구(SEATO) 창설을 제외하고 실패로 끝났지만, 아이젠하워 정권에 이르러서야 미국의 냉전전략 속에 한국의 전략적 가치가 본격적으로 인식되기 시작했다 점은 상기할 필요가 있다. 동시에 54년 이승만 정부가 제안했던 인도차이나 반도에의 파병 제안을 미국 정부가 적극적으로 고려한 적이 있었다는 점은 한국의 전략적 지위의 제고를 잘 보여준 것이다(홍석률 1994, 171-174).

그러나 미국이 군사적 지역통합전략에 있어 한국을 적극적 행위자로 보았다고는 볼 수 없다. 미국은 이승만 정권의 협박외교로 한미 안보조약을 체결은 하였지만, 한국의 과도한 냉전전략을 억제하는데도 심혈을 기울였다. 미국은 한미상호방위조약에 대해 "이 조약의 어느 규정도 적법하게 대한민국의 행정적 관리 하에 있다고 미국이 인정하는 영역에 대한 무력공격을 제외하고는 미국은 대한민국에 대해 원조를 부여하는 것을 의무짓지 않는다"는 '미국의 양해사항'을 한국에 통고하여, 한국의 북진통일론을 견제하는 장치로 이용했다. 결국 한미동맹은 "상호방위조약으로 남진을 막고, 합의의사록으로 북진을 막는" 구도였다(김일영 1999, 254-56).

이렇듯 태평양 협정 구상, 일본의 적극적인 재무장 정책 등 군사적 냉전전략에 차질을 빚던 아이젠하워 정부의 냉전전략은 아시아의 경제적 지역통합 전략으로 그 중심이 이동하게 되었다. 예를 들어 55년 1월 책정된 NSC 5506은 뉴룩 정책과의 연관성 속에서 아시아의 자조노력을 강조하며 경제적 지역통합을 본격화했다. 동시에 이 과정에서 일본의 적극적 역할을 장려하고 이를 위한 기반으로 일본과 '자유 아시아' 국가 사이의 관계개선을 위해 미국이 적극적으로 중재노력을 전개할 것을 제안하고 있다. 이렇듯 한국전쟁 특수로 경제성장을 지속하던 일본의 역할을 강조하는 경향은 아이젠하워 2기 정부에서 더욱 강화되었다. 이는 제 3국을 대상으로 '원조 전쟁'으로 불리는 미소 간의 새로운 국면이 등장하였기 때문이다. 이 상황에서 한국에 대한 원조는 삭감됨과 동시에 군사원조에서 경제원조로 중점이 전환하게 되었으며, 미국의 부담을 경감하기 위해 일본의 한국에 대한 원조를 더욱 강조하게 된 것이다. 이러한 배경 하에서 미국은 한국과 일본의 국교정상화를 위해 중재자 역할을 할 뜻을 명확히 했으며, 실제 이러한 중재노력이 가속화되었다. 이는 미국의 대일정책이 일본에게 군사적 후방기지 역할보다는 '자유세계에 대한 원조'라는 형태로 반공 전선국가를 지원하는 역할을 기대하는 방향으로 전환되었다고 볼 수 있다.

이렇듯 미국의 냉전전략은 소련 및 중국 봉쇄정책이라는 글로벌 전략에 입각해, 반공 전선국가와 반공 후방 기지국가와의 적극적 연계를 모색하며 반공망을 구축하는 것이었다(남기정 2001). 반공 전선국가에게는 대립하고 있는 공산권에 대한 억지력을 확보하게 하면서도 이들 사이의 무력충돌이 소련과의 세계전쟁으로 확대되지 못하도록 반공 전선국가의 과도한 냉전 논리를 억제할 필요가 있었다. 즉 '분쟁의 국지화'를 모색했던 것이다. 동시에 미국의 부담을 경감하기 위해 반공 후방 기지국가를 육성하여 그 연계를 통해 반공 전선국가의 억지력을 제고시킬 필요가 있었다. 따라서 미국의 냉전전략은 일본을 반공 후방 기지국가로 육성하면서 동시에 한국과 같은 반공 전선국가와의 군사적 및 경제적 연계를 강화하여 자유 아시아의 연대를 추구하는 방향으로 나아갔다.

2) 일본의 냉전전략과 한미: 요시다 노선과 냉전의 국내화 차단

위에서 살펴본 바와 같이, 미국의 냉전전략은 반공 전선국가와 반공 후방 기지국가 사이의 연계를 강화하는 것이었다. 문제는 일본이 미국의 냉전전략에 있어 상정되었던 중추적 역할을 어떻게 내재화하였는가였다. 일본은 미국의 초기 점령정책인 '민주화와 비군사화' 정책에 의해 혁신세력이 육성되었으며, 이후 '역코스'에 의해 추방된 정치인이 복귀함으로써 보수세력이 재구축되었다. 이에 따라 보혁대립이라는 특수한 국내체제가 수립되어 국제적 냉전이 국내적 대립을 야기하기 쉬운 구조를 가지고 있었다. 일본은 재무장과 주일 미군의 자유로운 전개에 협력함으로써 극동 방위에 일정의 역할을 할 것이 기대되었으나, 이는 평화헌법과 이를 정치적으로 지지하던 혁신세력의 반대로 정치적 혼란만을 가져올 것이 명약관화했다. 또한 일본의 경제적 역할에 대한 주문은 어디까지나 자유진영에 대한 협력이었기에 '냉전의 국내화'를 초래할 우려가 있었다.

위 상황에서 한국전쟁을 계기로 미국의 냉전전략이 본격화되자 미일 간의 아시아 냉전전략을 둘러싼 갈등이 현재화되기 시작했다. 일본은 독립후 일본의 안전보장을 확보하기 위해 미일 안보조약의 체결을 요구하였다. 다만 일본은 미일 안보조약을 어디까지나 일본의 안전보장이라는 관점에서 사고하였고, 이는 미일 동맹을 지역동맹(regional alliance)로 사고하며 미일동맹을 극동방위의 전략적 거점으로 파악하던 미국과의 인식 차이를 노정하였다. 예를 들어 미일 안보조약 체결 과정에서 미국은 51년 7월 17일 안전보장조약 협정안을 일본에 교부하며 이전까지 없었던 극동조항을 삽입하였다. 미국은 "외부로부터의 무력공격에 대해 일본의 안전유지에 기여하기 위하여"라는 규정만으로는 일본 이외의 지역으로 미군이 출격하는 것을 보장할 수 없다고 주장하며 "극동의 국제평화와 안전유지에 기여하여"라는 문구를 추가하였다. 일본은 그럴 경우 "주일 미군에 의한 일본 방위의 확실성이라는 의미가 문맥 속에서 사라지게 된다"며 반대했지만, 결국 미국 측 요구를 수락하게 되었다. 이러한 극동조약의 실효성을 확보하기 위해 미국은 앞에서 살펴보았듯이 미일안보조약에 대한 교환 공문 형식으로 미국의 유엔군 활동에 대한 일본의 지원을 명문화하였다(소토카 히데토시 2006, 74). 극동조항에 대한 일본의 소극적 태도는 오키나와의 시정권을 미국에게 제공하는 것만으로 충분히 극동안보를 위한 일본의 역할을 다했다고 생각하고 있었기 때문이다.

동시에 미국은 앞서 살펴보았듯이 일본을 재무장시켜 단기적으로는 일본이 스스로 자국안보를 책임질 수 있도록 하며, 장기적으로는 재무장한 일본이 극동안보에 적극 기여하도록 하는 구상을 가지고 있었다. 이에 따라, 미일안보조약 체결 교섭 과정에서부터 본격적으로 일본의 재무장을 요구하게 되었다. 하지만 일본은 재무장의 정도를 최소화하고, 그 용도를 자국 방위에 한정하는 입장을 고수하였다. 이러한 태도는 51년 1월 30일 요시다 시게루(吉田茂) 수상이 미국의 재무장 요구에 대해 일본의 정책을 표명한 '일본의 견해'라는 문서에서 잘 드러난다. 요시다 수상은 미국의 재군비 요구를 다음과 같은 논리로 저항하였다.[3]

> 당면의 과제로써 재군비는 일본에게 있어 불가능하다. (중략) 일본은 근대적 군비에 필요한 기초자원이 부족하다. 재군비의 부담으로 일본 경제는 즉시 붕괴할 것이며, 민생은 궁핍화되고, 공산진영이 기다리고 있는 사회불안이 배양될 것이다. 안정보장을 위한 재군비는 역으로 일본의 안전을 내부로부터 위태하게 만들 것이다. 금일 일본의 안전은 군비보다는 민생의 안정에 달려 있다. (또한) 근린 제국은 일본으로부터의 침략이 재현되는 것을 두려워하고 있는 것이 엄연한 사실이다. 국내적으로는 군사주의의 재현 가능성에 대해 경계하는 주장이 있다. 따라서 우리는 국가의 안전유지를 재군비 이외의 방도에서 찾지 않으면 안 된다.

이처럼 일본은 재무장을 거절하는 이유로써 국내 보혁대립 구도, 주변국가의 반대, 경제입국 전략을 제시하고 있다. 결국 일본은 미일 안전보장조약의 체결을 통해 일본의 안보를 미국에 의탁하면서도, 미국의 재군비 요구가 야기하는 '냉전의 국내화'를 차단하면서 경제성장을 통해 일본의 독립과 자존을 추구하려는 외교전략, 이른바 '요시다 노선'을 선택한 것이다(케네스 2008).

물론 일본은 미국의 강경한 입장 때문에 재무장을 수용하였지만, 최소한도로 이를 억제하려 노력했다. 이러한 태도는 52년 이후 본격화된 일본 재무장을 둘러싼 미일 교섭에서도 잘 들어난다. 미국은 NSC 125-2에 입각하여 일본에 10개 사단 및 35만 명이라는 구체적 숫자를 들어가며 일본에 재무장을 요구하였다. 상호방위원조(MSA) 문제를 둘러싸고 10월에 개최된 미일 회담에서 일본은 기술한 세 가지 이유를 들어 적극적인 재무장은 힘들다고 저항하며, 18만 명의 소극적 재무장으로 타결을 보았다.

이러한 일본의 냉전전략은 대한 정책에도 그대로 들어났다. 요시다 수상은 53년 6월 18일 중의원 본회의에서 다음과 같이 연설하며 한국과의 국교정상화에는 찬성하나 군사적 의미의 안전보장조약은 거부한다는 의사를 밝혔다.

> 일본과 조선과의 관계는 역사적으로나 지리적으로나 선린 관계 의미에서도 중요한 것이며, 따라서 조선의 부흥은 우리의 가장 중요한 관심사항이다. (중략) (한일간) 장래의 관계를 어떻게 할 것인가, 정부는 가볍게 생각할 수 없다. 그래도 안전보장조약을 체결하는 것에 대해서 그 취지에 찬성한다. 조선의 사태가 평온해지고, 안전이 보장되어, 확고한 기초 위에 서는 것을 항상 바라고 있다. 그러나 (한일) 안전보장조약의 내용에 대해서는 정부로써 충분히 검토해야 한다면, 군사원조라든가 군사협력 같은 것은 결코 있을 수 없다.

물론 여기에서 말하는 안전보장조약은 동맹관계라기보다는 국교 정상화를 의미했을 것이다. 여하튼 일본에게 한국과의 관계에 있어 군사적 측면은 초기부터 논외였다는 점은 확실하다. 이는 일본 정부가 극동방위를 위해 일본의 적극적인 재무장을 요구하는 미국의 냉전전략을 명백히 거부한 것과 일맥상통한다. 즉 미국이 강력히 요구하는 한일 국교정상화에는 찬성하지만, 군사원조 및 군사협력을 염두한 국교정상화는 거부한 것이다.

이러한 일본의 소극적 자세에는 '한국문제의 국내화'를 차단하고자 하는 의식도 작용했다. 일본 내 혁신세력은 한국과의 국교정상화에 반대하였다. 이들은 한일 국교정상화를 한국과 일본이 아닌 남북한을 포함한 한민족과 일본의 특수한 과거를 청산하는 새로운 출발점이어야 한다는 생각을 가지고 있었기 때문이다. 더군다나 이승만 정부의 독재적 정치운영과 과도한 냉전논리는 혁신세력에 있어 한국에 대한 부정적 이미지를 증폭시켜, 한국과의 국교정상화는 이러한 권위주의 정부를 실질적으로 인정하고 지원하는 것으로 비쳐졌다. 무엇보다 한일의 국교정상화에 따라 한미일 반공연맹이 구축되어 공산권 국가와의 긴장을 제고시킬 것을 우려했다. 이 때문에 한국 정부는 일본과의 인적 네트워크를 과거에 대한 반성에 기초하는 혁신세력이 아닌 냉전적 질서를 강조하는 보수세력에게 찾지 않을 수 없는 '역선택'을 강요받았던 것이다(장박진 2009, 161-185).

이처럼 미국의 냉전전략은 일본이 지역안보에 있어 일본의 군사적 역할 및 이를 위한 포석인 재무장을 꺼려하는 상황에서 상당한 수정이 불가피하게 되었다. 이미 언급했듯이 54년 이후 일본 내 반미의식의 성장과 더불어 일본이 중립주의를 표방할지 모른다는 우려 속에, 보혁갈등을 유발할 수 있는 재무장 요구를 기각하고 일본의 정치경제적 안정을 우선시하는 정책으로 전환하였다. 이는 미국의 대일정책이 일본에게 군사적 후방기지 역할보다는 '자유세계에 대한 원조'라는 형태로 반공 전선국가를 지원하는 역할을 기대하는 방향으로 전환되었다고 볼 수 있다.

그렇다면 일본을 중심으로 하는 미국의 경제통합전략에 일본은 어떠한 태도를 보였을까? 일본은 미국이 추구하던 일본 중심 경제통합전략에 편승하여 동남아시아와의 경제협력을 강화하면서도, 중국과의 경제관계도 중시하는 이중적 태도를 보였다. 이러한 접근은 이미 요시다 내각에서부터 시작하였다. 샌프란시스코 강화 조약 체결 시에는 미국의 요구에 따라 일본은 51년 12월 이른바 '요시다 서간'을 통해 대만과 평화조약을 체결하며 중국과는 국교정상화를 추구하지 않겠다는 약속을 덜레스(John F. Dulles) 대사에게 표명하였다. 하지만 일본은 대만과의 평화조약에서 그 대상범위를 대만의 행정권이 미치는 범위에 한정하여 중국과의 관계에 여지를 남겨두었다. 특히 요시다 수상은 경제입국을 추진하는 과정에서 중국과의 무역이 절실하다는 생각을 가지고 있었다. 실제 요시다 수상은 53년 6월 중의원 본회의에서 다음과 같이 말하였다.

> 중공무역에 말하겠다. 선린관계라는 관점에서도 일본의 무역입국 관점에서도 중공과는 물론 그 외 아시아 제국과의 관계에서 가장 우호적인 경제적 제휴가 형성된다면 그것은 일본으로써 가장 희망하는 바이다. 금후 기회가 있다면 이러한 무역신장을 위해 충분한 노력을 다할 것이다.

이러한 전략에 입각해 요시다 수상은 동년 10월 미국과의 MSA 교섭에 측근 이케다를 특사로 파견하여 대중 무역에 대해 다음과 같이 교섭을 하였다.

> (중공무역을 실시하려는) 일본의 방침과 실시방안에 대해 미국대표는 사의를 표명했다. 일본대표는 (중일무역에 있어) 구미제국과 동일한 취급을 받을 것을 희망했으며 미국은 원칙적으로 이에 동의했다.[4]
> 중공과의 무역에 있어 유럽제국보다도 엄격하지 않는 통제를 유지하고자 한다는 일본의 요구를 이해하고 일본이 제안했던 몇 가지 품목을 금수품 목록에서 제거해 달라는 것에 대해 일본과 협의 중이다.[5]

미국은 유럽의 동유럽 및 소련 무역보다 더 엄격하게 일본의 대중 무역을 제한해왔다. 이에 요시다 내각은 이러한 대공산권 수출통제위원회(COCOM)의 대일 중국 무역에 대한 통제를 유럽수준으로 완화시켜 줄 것을 요구한 것이다. 결국 미국은 COCOM에 의한 일본의 대중무역 통제 완화에는 반대의 입장을 고수하였지만, 52년 이래 중국과 일본의 민간단체에 의한 중일 민간 무역협정 체결을 방관함으로써 중일 무역관계의 발전을 용인하였다. 이는 미국의 대일 정책이 국내정치적 안정을 도모하는 방향으로 전환하는 과정에 있었고, 일본의 중립주의를 미일관계의 틀 내로 흡수하려했기 때문이다. 실제 중일 무역촉진 운동을 펼쳤던 세력은 미국의 반공정책을 비판하던 혁신세력과 중국 등 공산권과의 우호관계를 주장하던 보수세력 내 친중파였다. 이러한 상황에서 미국이 중일 무역을 저지하는 것은 오히려 보혁대립을 격화시킬 뿐이라는 판단을 했던 것이다. 일본 정부 또한 혁신세력의 대중 무역 운동을 '정경분리 원칙에 입각한 대중 정책'으로 흡수하여 냉전의 국내화를 차단하려 했다.

동시에 일본은 샌프란시스코 강화조약에서 언급된 개별국가와의 배상 및 보상 의무 조항을 이행하는 과정에서 그 주요 대상국이었던 동남아시아와의 경제연계를 강화하려고 하였다. 또한 미국의 아시아 원조에 대해 일본 구매를 확대함으로써 일본 경제 발전의 동력을 확보하려 하였다. 특히 일본은 일본 경제 발전에 절대적 조건이었던 자원 공급 문제와 배상 문제를 연계시킴으로써 일본 경제의 안정성을 확보하려고 하였다.

문제는 태평양 전쟁에 기인하는 동남아시아의 일본에 대한 반감과 과도한 배상요구였다. 이에 일본은 미국의 지역통합전략을 최대한 이용하고자 했다. 이러한 태도는 위의 MSA에 대한 일본 측 기록에 잘 들어난다.[6]

> 일본 측 대표는 동남아시아 지역에 있어 시장을 개척하는 것이 일본 경제에 절대 필요하다는 것을 지적했다. 이를 위해 배상문제를 조기에 해결하는 것이 중요하다. 일본 외무대신은 관계국의 의향을 타진하기 위해 이들 지역을 방문하였으며, 모든 관계국이 강경한 태도를 보였다. (중략) 미국의 알선에 의해 이들 국가와 배상문제에 대해 합의를 보아 이들

국가와 평화조약을 비준하는 것을 바란다. (중략) 배상지불을 천연자원의 개발과 연계시킬 수 있는 사업계획에 대해서도 미국의 지원이 필요하다.

이에 대해 미국은 동남아시아 원조계획과 배상문제를 연결시키려는 일본의 제안에 찬성하며 동남아시아 무역 및 배상 문제에 대해서 적극 협조할 것을 표명했다.[7]

　　동남아시아와의 경제협력에 대해서는 동지역에 대한 미국의 원조 중에서, 작년도 일본에서 조달한 물자의 금액을 높이고, 일본 물품의 가격, 품질, 납입기간 등을 조건으로 가능한 한 금후 일본에서 매입할 것을 약속하고, 동남아시아 개발계획에 대해서는 구체안을 제출해주기를 희망한다.

동남아시아의 반발을 중재해 일본과의 경제적 연계를 촉진하려던 미국의 정책은 50년 1월 영국 및 영연방 국가를 멤버로 출범한 콜롬보 플랜(남·동남 아시아 개발을 위한 콜롬보계획)에 일본이 참여할 수 있도록 적극적으로 중재한 것에도 잘 드러난다(波多野澄雄 1994).

동시에 '자유 아시아'와 일본의 연계강화를 위한 미국의 적극적 중재노력은 한일 관계에서도 이루어졌다. 미국은 적극적으로 일본과 한국의 국교정상화 노력을 요구하며 일본이 언제든지 중개자의 역할을 하겠다고 하면서도, 대한 원조에 대해 일본 물품의 구매를 통해 일본 경제 성장과 연계시켰다.[8]

　　한국부흥 관계 특수에 대해서는 당연히 한국의 경제적 부흥에 기여하는 것을 먼저 고려하지만, 일본이 경쟁입찰에 참가하여 수주할 수 있도록 최대한 노력해야 한다고 생각한다.

그러나 일본은 한국 원조에 대한 일본 물품 구입에 대해서는 적극적이었으나, 한일 관계 개선에는 소극적이었다. 요시다 수상은 54년 11월 방미시, 한일 관계 개선을 위한 일본의 노력을 주문했을 시 "시간이 모든 문제를 해결할 것이다. 우리는 언제든지 기다리겠다"고 언급하며 구체적인 방안을 언급하지 않았다.[9] 이러한 자세는 이승만 정부가 한일 교섭에 소극적이었던 요인도 존재했지만, 요시다의 경제중심 냉전전략 속에 한국과의 국교정상화에 수반되는 재정적 부담을 의식한 결과이기도 했다. 실제 53년의 구보타 간이치로(久保田貫一郎)의 망언은 한일 간 역사문제를 둘러싼 인식의 차이를 드러낸 것으로 인식되어지고 있으나, 53년 10월 27일 참의원 수산위원회에서의 다음과 같은 발언을 통해 한국의 배상 요구를 묵살하기 위한 목적에서 나온 것으로 해석할 수 있다.

> (나의 발언에 대해) 그 전후의 관계를 얘기하겠다. (중략) 한국 측에서 조선총독부의 36년간 총치에 대한 배상을 요구할 것이다, 실제 그렇게 나왔다. 나는 한국 측이 이러한 조선총독정치에 대한 배상과 같은 정치적 요구를 하지 않은 것이 현명하다고 생각하여, 한국이 이러한 요구를 하면 일본 측에서는 총독정치의 좋은 면, 예를 들면 민둥이산이 녹색산으로 변했다, 철도가 깔렸다, 항구가 생겼다, 또는 쌀을 생산하는 농지가 많이 만들어졌다는 것을 반대로 요구하여 한국 측의 요구를 상살하려고 말한 것이다. 이것이 여러 신문에서 구보타 발언으로 알려진 것이다.

즉 구보타 발언은 한국의 배상권 요구가 식민지 지배의 불법성을 전제로 과도하게 제기되는 것을 차단하기 위해 나온 발언으로, 일본이 한일 국교정상화 교섭을 바라보는 기본적 자세를 나타낸 것이다. 기술한 MSA 교섭에 대한 문서에서도 알 수 있듯이 경제입국을 표방하는 일본으로써 미국의 중재 하에 배상문제를 최소화하고 이를 자국의 경제발전과 연계시키려는 정책을 가지고 있었다. 따라서 한국과의 국교정상화는 막대한 자금이 소요될 것으로 인식되었고, 이에 따라 한일 국교정상화에 소극적일 수밖에 없었던 것이다. 실제 재정적 문제로 인한 '전후처리(배상, 보상 등 전후문제를 해결하여 양자 관계를 정상화하는 것)'의 지연 현상은 한국에만 한정되지 않았고, 동남아시아 국가에서도 나타났다. 54년 체결된 미얀마와의 배상협정을 제외하고는 필리핀, 인도네시아, 남베트남, 라오스, 캄보디아와의 배상협정 혹은 경제원조협정은 금액 문제로 난항을 겪었으며, 50년대 후반에 가서야 체결되었다.

이렇듯 일본은 미국의 경제통합전략을 최대한 활용하며 배상문제와의 연관성 속에서 동남아시아를 중시하는 경제전략을 추구하였으며, 미국의 냉전논리에서 조금은 이탈하여 중국과의 무역을 추진하려는 전략을 추구하였다. 이 과정에서 한국과의 경제협력 문제는 한국의 배상요구에 직면하여 실질적 이득이 없다는 판단 하에, 적극적으로 한일관계를 개선할 생각은 없었다.

이렇듯 일본의 국익을 최대화하는 외교형태는 요시다 외교를 미국 일변도 외교 및 종속 외교로 비난하던 하토야마 이치로(鳩山一郎) 내각에서 자주외교의 열망과 연계되며 더욱 본격화되었다. 하토야마 내각의 외교는 스탈린 사후 전개된 미소 냉전의 완화를 배경으로 하고 있다. 하토야마 내각은 일본의 적극적인 재무장과 헌법개정 및 미일안보조약 개정을 기치로 내걸고 본격적으로 대미 자주노선을 추구하였다. 또한 소련 및 북한과의 관계개선, 아시아아프리카 회의(반둥회의)에의 참가를 시도하며 종래의 미국 중심 외교에서 벗어나 외교적 지평을 확장하려 하였다. 물론 하토야마 내각의 이러한 목표는 많은 부분 실패하게 되었다. 헌법개정은 사회당 등 혁신세력이 헌법개정 저지선인 1/3 의석을 차지하고 있는 상황에서 불가능하였다. 미일안보조약 개정 또한 일본은 주일 미군의 철수를 주장하였고, 미국은 이를 단호히 거부함으로써 좌초되었다. 56년 10월 소련과의 국교정상화에는 성공하였지만, 북방영토 문제에 있어 타협이 있는 경우 소련과의 국교정상화에 반대한다는 미국의 압력으로 인해 북방영토 문제는 미해결 상태로 방치하면서 평화조약의 체결까지는 이르지 못하였다. 동시에 미소 냉전 중에 중립을 표방하던 중립국 모임, 일명 아시아아프리카 회의에 참가하기 위한 일본의 노력은 55년 4월 반둥회의에 참가함으로써 달성되었지만, 그 과정에서 하토야마 내각은 미국과의 긴밀한 협조를 통해 실질적으로 자유진영의 의견을 대변하는데 머물러서 외교지평의 확대로까지는 연결되지 못했다(宮城大藏 2001, 190-196). 북한과의 관계에서도 55년 2월, 북일 무역 및 문화교류 관계 수립을 요구하는 북한의 남일성명이 발표되면서, 무역 및 문화교류가 실시되었으나 실질적인 성과를 보이지는 못하였다. 하지만 재일 조선인 북한 귀국 사업에 대한 북일 적십자 회담이 개최되어 재일 조선인 귀국문제가 본격적으로 추진되었다.

기시 노부스케(岸信介) 내각에서는 하토야마 내각과는 달리 반공국가와의 연대를 강화하여 미국에 대한 외교 교섭력을 높이려는 의미에의 대미 자주노선이 추구되었다. 이는 미국의 냉전전략에 적극적으로 호응하며 한국, 대만, 동남아시아와의 유대강화를 추구하여, 이러한 성과를 바탕으로 대미 교섭력을 확대하려는 전략의 일환이었다. 난항을 겪었던 인도네시아, 남베트남과의 배상협정을 타결하고, 배상을 포기했던 라오스와 캄보디아에 대해서는 경제원조협정을 체결하여 동남아에 대한 경제협력을 강화하며, 일본의 경제적 역할을 기대하던 미국을 만족시켰다. 동시에 57년 동남아시아 개발기금구상을 발표하여 동남아시아와 일본과의 경제적 제휴관계를 강화하려는 노력을 보였다(樋渡由美 1989).

또한 한일 교섭에 대한 적극적 입장 표명으로 한일관계에 숨통이 트였다. 이승만 대통령도 기시 수상의 선명한 반공논리에 찬동하면서 한일회담에 적극적이었다. 하지만 하토야마 내각처럼 기시 내각 또한 국내 보혁대

립 구도 속에서 대중관계 및 대북관계를 희생할 수는 없었으며, 이는 한일
관계에 부정적 영향을 미쳤다. 실제 중일 각서무역은 58년 5월의 '나가사키
국기 사건'을 계기로 중국의 반발로 일시적으로 단절되었으나, 다시 재개되
었다. 북송사업 또한 59년 8월 재일 조선인 귀국사업에 대한 북일 적십자
협정이 채택되며 본격화되었다. 이로써 한일교섭은 난항을 겪을 수밖에 없
었다(高崎宗司 1996, 86-92; 박진희 2008, 291-297).

이와 같이 국내 보혁대립 구도 속에서, 일본은 자국의 안보를 미국에 의
존하며, 이를 통해 재무장의 정도를 완화하여 남은 여력을 경제성장에 몰
입시키려는 외교정책, 이른바 '요시다 노선'을 추구하였다. 이러한 냉전전략
은 정경분리의 원칙하에 공산권과도 경제 및 문화교류를 추진하려는 모티
브를 내재한 것이었다. 이는 경제입국을 표방하는 외교전략의 구체적 발현
이기도 하였지만, 미국의 냉전논리에서 벗어나서 공산권과의 우호관계 구
축을 주장하는 혁신세력에 대한 보수세력의 대응이기도 하였다. 즉 '냉전의
국내화'를 차단하고 정치적 안정성을 확보하고자 하는 일본 정부의 노력이
었다. 결국 일본의 냉전전략에서는 미국과의 관계 속에 '자유 아시아'와의
연계 강화, 경제입국 전략과 국내 보혁대립 완화라는 측면에서 '공산 아시
아'의 정경분리에 입각한 우호관계 구축이 핵심적 외교과제가 되었다. 즉
일본의 외교전략은 지역적(regional) 맥락에서 사고되었던 것이다. 물론 하
토야마 내각은 소련, 북한, 중국, 중립국에 대한 외교를 강화하여 미국 일변
도 외교에서 탈피하고자 하려는 노력을 보였다. 하지만 공산권 외교는 어
디까지나 미일 동맹의 허용범위에서 이루어진 것으로 미일동맹을 기축으
로 하는 외교형태에 큰 변화가 있었다고 볼 수 없다. 이처럼 미국의 냉전전
략을 기본으로 하면서도 미일 동맹의 허용 범위 내에서 공산권과의 우호관
계를 모색했던 일본의 냉전전략은 이른바 '평화외교'의 단면을 보여준다(五
十嵐武士 1999, 156-180). 이렇듯 일본의 냉전전략에는 국내 보혁대립으로

인해 중립주의적 성향이 상존하였으며, 이는 미국의 우려와 한국의 반발을 자아냈던 것이다.

3) 한국의 냉전전략과 미일: 북한과의 체제경쟁 및 탈식민화

식민지 지배의 역사적 유산을 극복하고 북한과 치열한 체제경쟁을 수행해야 하는 한국은 어려운 과제를 껴안고 있었다. 즉 한국은 반공(북한과의 체제경쟁)과 반일(탈식민지화)을 동시적으로 추구하지 않으면 안 되었던 것이다.

그렇다면 이승만의 냉전전략은 구체적으로 어떠한 형태를 취했는지 살펴보자. 단독정부 수립 이후 이승만은 미국의 냉전전략 속에 경시되었던 한국의 전략적 가치를 어떻게 제고할 것인가에 몰두했다. 이승만 정부는 49년 5월 무초(John J. Muccio) 주한 미국대사에게 보낸 서한에서 한국의 안전보장을 위해 1) 대서양 조약과 같은 태평양 조약의 설치, 2) 한미 동맹의 체결, 3) 한국방위 공약에 대한 미국의 공개적 선언 등 세 가지 방안을 제시했으나, 결국 어느 것도 달성되지 못했다. 앞에서 살펴보았듯이, 미국은 주한 미군의 철수 후 한국의 중립화 방안 혹은 유엔을 통한 안전보장을 고려하고 있었기에 한미동맹의 체결에 관심이 없었으며, 50년 애치슨 라인에서도 한국이 배제됨으로써 한국방위 공약의 공식화도 인정받지 못했다. 이승만 정부는 49년 필리핀 및 대만과 협력하여 태평양 협정 구상을 추진하였으나, 미국은 일본과의 강화조약이 체결되기 전까지 군사적 영역에서 지역통합전략을 보류하고 있었기에 실질적으로 실패하였다(Dobbs 1984; Mabon 1988).

이후 이승만은 한국전쟁으로 제고된 한국의 전략적 가치를 이용하여 미국과의 동맹 결성을 위해 협박 외교를 구사하였으며, 한미 안보조약의 체결로 귀결되었다. 하지만 위 과정에서 한미 간의 이견은 명확해 졌다. 미국은 한미 동맹의 범위를 대한민국의 행정권에 한정시킴으로써 북한에 대한 억지력 차원의 로컬 동맹(local alliance)으로 억제하려 했다. 이렇듯 한국은 북한과 직접 대치하고 있는 '반공 전선국가'인 관계로 소련과 중국의 봉쇄라는 글러벌 냉전전략 하에 행동하는 미국과는 다른 국익을 가지고 있었다. 이에 따라 한국은 미국으로부터 '버려짐(abandonment)의 우려'를 항상 껴안고 있었으며, 미국의 대한 방위 공약을 확보하기 위해 지역안보체제 구축에 적극적이었다. 한국은 한반도 문제와 베트남 문제 및 대만 문제를 일체화하는 것에 의해 한반도 문제를 '국제화'하여 미국이 한국 문제를 경시하지 못하도록 하는 구조를 만들고 싶어 했던 것이다.

이러한 한국의 냉전전략은 당시 북한과의 체제경쟁에서 열세에 있다는 인식도 상당부분 작용되었다. 50년대, 한국은 철강생산력을 포함한 경제력에 있어 북한에 열세에 있었다. 북한과의 체제경쟁에서 뒤쳐져 있다는 인식은 미국의 한국 방위 공약에 대한 우려와 연동하며 아시아 지역에서의 집단안보체제에 대한 집착을 유발하였다. 53년 태평양 협정에 대한 이승만의 적극적 태도는 이를 잘 보여준다. 실제 김용식은 이승만 대통령의 외교 구상을 다음과 같이 회고하였다(김용식 1987, 207).

> 샌프란시스코 평화협정 발효 후, 일본이 국제사회에 복귀한 이후에도 이승만 대통령은 일본을 배제한 태평양 협정 구상을 멈추지 않았다. 한국의 안전보장을 위해 극동의 군소국가가 결속하여 미국의 지원을 확보하려고 했던 것이 이승만 대통령의 기본적 외교구상이었다.

문제는 이러한 반공망의 구축에 있어 일본의 위치설정이었다. 한국은 49년 태평양 협정 제안 이후 지역안보체제에 있어 일본의 참가를 거절해왔다. 이는 제국주의 일본에 대한 불신에 기인한 것이며, 동시에 동아시아 안보에 있어 일본의 발언권을 약화시키고, 그 가치가 하락된 한국의 위치를 제고하기 위한 것이었다(박명림 2008, 75). 특히 이승만은 태프트-카츠라 밀약 및 한일합방의 경우처럼 미국이 언제든지 일본의 이익을 우선하며 한국을 포기할지 모른다는 우려를 가지고 있었다. 따라서 미국의 냉전전략 속에 한국의 위치를 제고함으로써 한국의 운명을 스스로 결정할 수 있는 운신의 폭을 넓히고자 했을 것이다.

이승만은 탈식민화된 한일관계를 구상했다. 식민지 지배에 대한 명확한 반성과 이를 바탕으로 하는 배상의 확보, 더 나아가 반공국가로써의 동질성 구축이야 말로 탈식민화된 새로운 한일관계였던 것이다. 하지만 일본은 구보타 망언에서 경제입국 전략에 막대한 피해를 입힐지 모르는 과도한 배상 요구를 상실하고자 과거를 미화하려했다. 이러한 일본의 태도는 이승만의 반일의식을 더욱 강화시킬 뿐이었다.

더군다나 앞서 살펴본바와 같이 일본 정부가 국내 보혁대립을 이유로 선명한 반공정책을 추구하지 않는 것은 '반공의 전사'를 자처하던 이승만에게 극히 불만이었다. 53년 8월 덜레스(John F. Dulles) 국무장관이 일본을 포함한 집단안보체제 결성을 이승만에게 권유했을 때, 이승만은 "일본이 반공국가로서 확실한 태도를 보이지 않은 만큼 예비회담에 초청할 수 없다"는 입장을 표명하였다. 또한 한국의 조정환 외무부장관은 58년 1월, 자유주의 국가 간의 안전보장망을 강화하려는 덜레스 국무장관의 정책을 지지하는 성명을 발표하면서 일본에 대해 다음과 같이 언급하였다(한국외무부 1962, 447).

대한민국은 지역방위체제에 일본을 포함하는 것에 주저해 왔다. 그것은 일본에 대한 한국의 편견이 아니라, 아직까지 일본을 반공산주의 국가로 인정할 수 없기 때문이다. (중략) 일본은 북한과 중공 등 공산정권과 다양한 관계를 맺어왔다. 이러한 행동은 우리의 적을 이롭게 할 뿐이다.

위 성명서는 이어서 1) 공산당을 비합법화할 것, 2) 공산국가와의 외교적 및 문화적 관계를 절단할 것, 3) (아시아에의) 침략과 지배를 추구하는 행동을 방기할 것을 조건으로 일본을 반공동맹의 구성국으로 인정할 것이라고 언급하였다. 여기에서 말하는 공산국가와의 관계에는 재일 조선인 귀국문제도 포함된다는 것은 명확하다.

이와 같은 반공과 반일 사이의 모순 현상을 동아시아 국가기구(Organization of East Asian Nations) 구상을 통해 살펴보자. 이승만 대통령은 58년 8월 금문도 충돌사건이 일어나자, 특별성명을 발표하고 "금문도에 대한 중공군의 공격은 대만에 대한 침공을 의미할 뿐만 아니라, 한국과 필리핀 및 남베트남, 더 나아가 아시아 민주국가의 안전을 위협하는 것이다"고 언급하고, 공산주의 침략에 대항하기 위해 자유국가의 결속을 호소했다. 또한 동년 11월에는 남베트남을 방문하여 "(자유세계의) 약점 중 하나는 (공산주의와의) 투쟁의 선봉에 서있는 사람들 간의 단결이 결여되어 있다"는 것이다며 자유세계의 단결을 호소했다(한국외무부 1962, 456-457). 주지하는 바와 같이 한국은 54년 한국군의 인도차이나 반도에의 파병을 미국에 제안했다. 이것은 한반도 문제와 베트남 문제를 연동시켜 미국의 대한 방위공약을 확보하기 위한 것이었다.

이러한 배경 하에 한국 외무부는 이승만 대통령의 지시로 아시아 자유국가의 결속방안을 연구하기 시작했다. 그리고 59년 8월 29일, 주대만 대사, 주필리핀 대사, 주남베트남 대사에게 공문을 보내 아시아 반공국가 외상회의를 타진하도록 지시했다. 위 외상회담은 동아시아 국가기구를 창설하기 위한 예비회담으로 위치설정되었다.[10)

동아시아 국가기구 계획은 동년 8월 4일 수립되었다. 계획서에 의하면, 예상 참가국은 한국, 대만, 필리핀, 남베트남, 태국, 라오스, 캄보디아, 말레시아, 버마로 "그러나 일본은 배제한다"고 명확히 규정되었다. 또한 동아시아 국가기구는 "반공산주의와 반제국주의를 기본이념으로 한다"고 되어 있어, 반일의 자세가 명시되어 있었다. 또한 동계획서에는 동아시아 국가기구

의 정치적 필요성을 논하면서 일본에 대해 다음과 같이 서술하고 있다.[11]

> (예상참가국의) 대부분은 소국으로, 세 가지 시련에 직면해 있다. 건
> 전한 민주주의를 발전시키면서, 대외적 및 대내적 공산주의 위협에 대처
> 하지 않으면 안된다. 동시에 새롭게 소생하는 일본 제국주의에 대해 자
> 국을 지키지 않으면 안된다.

그러나 이 계획서는 반일의 성격을 강조하면서도, 일부의 국가 및 미국
이 소극적이라고 분석하면서 "초기 단계에서는 반일의 성격을 감추어야 한
다"고 제안했다. 동아시아 국가기구 구상의 주요 목적이 반공국가의 결속
인 이상, 한국의 반일정책은 한국의 리더십을 제한하기 때문이었다. 실제
한국이 아시아 국가 중 외교관계를 맺고 있던 나라는 대만, 필리핀, 남베트
남, 태국뿐이었기에 위 구상에 리더십을 행사하기는 애초부터 불가능하였
다. 따라서 동 계획서는 필리핀 혹은 태국에 리더십을 양보하고 "전략적으
로 무대 뒤에서 (위 계획을) 촉진하는 것이 현명하다"고 제안하였다.[12]

이렇듯 동아시아 국가기구 구상은 이승만 정권의 반공과 반일을 축으로
하는 냉전전략을 가장 상징적으로 보여주고 있으나, 동시에 반일과 반공
사이의 모순을 적나라하게 드러내기도 하였다. 즉 한국 구상의 반일적 성
격 때문에 오히려 반공연맹의 구축이 불가능해진 것이다. 결국 이승만의
'타협적 대일인식'과 '강경한 대일인식'이 교차적으로 반복되는 현상은 반공
과 반일을 두 축으로 하는 한국 냉전전략의 모순성 때문일 것이다.

또 하나의 문제는 미국의 경제적 지역통합 전략이었다. 한국에게 일본과
의 수직적 통합을 종용하며 일본의 역할을 강조하는 미국의 경제적 지역통
합 전략은 받아드리기 힘든 것이었다. 이미 언급한 대로 한국전쟁 이후 일
본과의 수직적 통합 전략이 본격화되면서 일본에의 달러조달 정책이 추진
되었고 한미 갈등을 유발했다. 53년 미국의 경제원조를 둘러싼 회담 과정

에서 원조물품의 일본 조달을 둘러싼 한미 갈등, 55년 미국의 무상원조 기금(ICA) 일부에 대한 일본 상품 구매를 둘러싼 한미 갈등은 구체적 예이다(이현진 2009, 191-193; 박태균 2009, 112).

오히려 한국은 수입대체산업화 전략을 추구하며 자기 완결적인 독립적 경제를 구축하려 했다(신욱희 2005, 44). 이 과정에서 한국은 미국의 적극적인 원조를 요구하였으나, 미국이 요구하는 국교정상화를 통한 일본과의 긴밀한 경제 연계구조에는 소극적이었다. 물론 이승만 대통령은 한국전쟁으로 피폐해진 경제상황을 극복하고자 50년 2월 맥아더의 초청에 의한 방일을 전후로 해서 한일 해운잠정협정 및 한일 통상협정을 체결하였고, 이후 일본과의 무역이 지속적으로 증가했다(홍순호 1995, 33-35). 하지만 이승만은 50년대 후반 수립된 경제개발 3개년 계획에서도 알 수 있듯이 일본 등 해외시장과의 적극적 연계를 통한 경제성장 보다는 국방을 포함한 자립적 경제의 구축을 목표로 수입 대체품 산업의 육성 등 수입대체산업화 전략을 추구했다(이현진 2009, 240-267). 이 과정에서 한국경제 부흥정책을 둘러싼 한미 갈등은 불가피하였다.

이처럼 반공과 반일이라는 두 가지 목표를 동시에 추구해야 했던 한국은 어려운 상황에 처해있었다. 미국에 안보를 의존하고 있는 상황에서 한미관계의 안정적 관리는 한국 외교의 핵심과제였다. 하지만 미국은 한국의 과도한 냉전논리를 억제하고자 하였으며, 이는 미국의 대한 방위공약에 대한 불안감을 야기하였다. 동시에 미국의 냉전전략에 의해 야기된 일본의 발언권을 약화시킬 필요가 있었다. 한국은 이러한 목표 하에, 대만 및 남베트남 등 다른 반공 전선국가와의 연계를 강화하면서 한국문제의 '국제화'를 도모하면서 미국의 대한방위공약에 대한 확실성을 높이고자 했다. 또한 이러한 반공연맹의 구축에 있어 일본을 철저하게 배제시켰다. 하지만 국지적(local)이며 반일적 요소가 강한 반공정책으로 미국 및 일본과의 마찰은 불가피하였다.

2. 60년대 한미일 협력관계의 제도화

이와 같은 한미일 삼국의 냉전전략이 불안정하게 동거함으로써 한미일 삼각관계는 복잡하게 전개되었으며, 한일관계에 부정적 영향을 미쳤다. 이들 삼국을 유일하게 묶고 있는 것은 소련과 중국 및 북한의 위협에 대처하는 것이었다고 해도 과언이 아니었다. 이러한 한미일의 불안정한 동거는 삼국의 냉전전략이 '협조적 냉전전략'으로 이행되는 60년대에야 비로소 해소되었으며, 한미일 삼각관계는 65년 한일 국교정상화에 따라 삼각변이 완성되어 그 제도적 모습이 갖추어졌다.

하지만 '협력체제'라고 불리기에는 한미일 삼국의 역할분담은 애매모호하였다. 한국과 일본의 구원(舊怨)을 넘어 삼각 변 중 누락된 한 변을 연결하는 것 자체만으로 한미일의 외교적 역량이 소진되었기 때문이었다. 실제 국교정상화 즈음에 한국과 일본 모두 자국 외교 전략에 상대국을 어떻게 위치설정할 것인지에 대한 확고한 상이 있었다고 볼 수 없다.

예를 들어, 한국은 국교정상화 교섭 당시 일본의 영향력 증대를 우려하는 국민을 의식하며 한미일 상호불가침 성명을 제안하려 할 정도로 대일 불신이 컸다. 한국과 일본이 정치문제를 정부 간 기구에서 협의하기 시작한 것은 67년 한일 각료회담이 설립된 이후였다. 일본 또한 국교정상화에 따라 한국에 대해 경제협력을 해야 했지만, 어떤 방식으로 할 것인지 국내적 갈등을 안고 있었다. 보혁대립 상황에서 냉전 전선국가인 한국에 대한 경제원조가 국내의 정치적 갈등을 유발하였기 때문이었다. 미국 또한 일본의 지역적 역할을 강조했지만, 베트남 전쟁의 수행으로 인한 '과도한 개입'으로 일본의 역할을 규정할 만한 공간이 존재하지 않았다. 동시에 한국의 대북 억지력 제고를 위한 미국과 일본의 역할분담 또한 반드시 명확한 것만은 아니었다. 무엇보다 미국과 일본 사이에서는 미일 안전보장협의위원회와 미일 무역경제합동위원회라는 제도를 통해 한반도 문제를 포함한 양국의 현안을 정기적으로 협의할 수 있는 제도가 구축되어 있음에 비해, 한국과 미국 사이에서는 정상회담 등 비정기적 수뇌회담을 제외하고는 한반도 안보 및 군사원조 등을 협의할 어떠한 제도적 기반도 갖추고 있지 않았다.

그러나 68년 이후 한미일 관계는 전환점에 접어들게 되었다. 1·21사건과 푸에블로호 사건 등 '68년 한반도 위기'를 계기로 한미관계는 한미 국방각료회의, 한미 안보협의회 등 정기적 협의기구를 갖추는 등 제도화되어갔고, 그 주요한 테마도 한국의 자주국방에 대한 미국의 군사원조 문제로 전환되어가는 등 한미 역할분담이 가시화되어 갔다.

동시에 오키나와 반환을 계기로 한반도에 대한 일본의 역할이 '한국조항'의 형태로 명확해져 갔다. 특히 68년 베트남 전쟁의 피로현상이 나타나면서 미국의 아시아 전략이 전환되는 과정에서, 동맹국의 자조노력과 후방지원 국가로써 일본의 역할에 대한 논의가 활발해지면서 한미일 사이의 역할분담이 명확해져 갔다.

1) 한국 국가전략의 변화와 미일

한국은 68년부터 시작된 한반도 정세의 변화를 심각하게 받아드렸다. 한국은 북한이 한국의 베트남 파병에 따른 혼란과 공백을 이용하여 도발하지 않을까 우려하였기 때문이다. 실제 비무장지대에서 북한의 도발은 66년의 88건에서 67년에 단숨에 784건으로 급증했다. 이 상황에서 68년 1월 21일에 북한 무장부대가 청와대를 습격하려 했던 사건(1·21사건)이 벌어졌다. 23일에는 북한이 원산항 근처에서 미국 정보수집함 푸에블로호를 나포하는 사건(푸에블로호 사건)이 발생하여 한반도 내 긴장을 고조시켰다. 특히 청와대 1km 앞에서 총격전이 벌어지고, 간신히 이를 저지했던 1·21사건은 체포된 공작원 조사로 습격의 목표가 박정희 대통령의 암살이었던 것이 판명되어 큰 충격을 주었다.

이러한 '68년 한반도 위기'는 한국 안보 문제를 둘러싼 한미 대화를 촉진시켰다. 2월 밴스(Cyrus R. Vance) 대통령 특사가 방한하여, 1.21 사건과 푸에블로호 사건에 수반하는 한국 안보문제를 협의했다. 여기에서 한국은 한미 상호방위조약에 자동개입조항을 추가할 것을 요구하면서 미국의 방위공약을 확고히 하려 했다. 그러나 밴스 특사는 자동개입조항이 미국의 행동을 제약할 수 있다고 우려하여 이를 거부했다(김동조 2000, 232). 미국은 북한의 도발이 계속되는 경우, 한미안보조약에 기반하여 "양국이 취해야 할 조치를 신속히 결정하여, 한국의 안보가 위협을 받는다고 인정될 경우 언제라도 즉각 협의를 개시할 것을 재확인하였다"는 약속에 머물렀던 것이다. 대신 미국은 매년 양국 국방장관이 참가하는 한미 국방각료회의를 개최함과 동시에, 1억 달러 특별 지원을 통해 한국군의 현대화를 지원하며 향토예비군 강화를 위해 M-16 소총의 공급을 약속했다(한국외무부 1971, 76).

동년 5월에 개최된 제1차 한미 국방각료회의에서는 한국군 현대화 지원에 관한 구체적 협의가 이루어졌다. 특히 여기에서는 북한 무장간첩 진압체제 강화문제가 거론되어, 미국이 간첩 관련 정보체제 및 간첩진압 장비의 강화를 위해 500만 달러를 지원하는 것이 합의되었다.[13] 다음 해 6월에 개최된 제2차 국방각료회의에서도 한국군 방위능력 제고를 위한 군사원조계획 등이 논의되었다.[14]

이렇듯 한국은 한반도 위기 상황에 직면하여 미국의 방위공약을 확고히 하면서 미국의 군사원조를 확보하기 위해 노력했다. 동시에 한국은 자주국방을 주창하며 대북 억지력 제고를 위한 체제를 정비하려했다. 한국정부는 4월 1일 향토예비군을 창설하여 북한 무장 간첩 진압을 위한 체제를 정비했다. 박정희 대통령은 향토예비군 창설 기념식 연설에서 한국의 국가적 과제는 자주국방과 경제건설이며, 한국 안보의 제 1차적 책임은 어디까지나 한국에 있으며 그것이 한국 국민의 신성하고 절대적인 의무라고 언급하며 '자주국방론'을 본격적으로 주창하기 시작했다(청와대비서실 1969, 143과 146). 한국은 베트남에 파병한 한국군의 대우와 한국군 현대화에의 원조를 규정한 브라운 각서에서 자주국방에의 열망을 들어냈지만, 자주국방이 공식적으로 제기된 것은 '68년 한반도 위기' 후였다. 실제 한국은 68년 7월에 전투태세 완비 3개년 계획 및 제1차 방위산업정비 3차년 계획을 발표하여 군수산업의 육성을 추진하면서 "군수산업을 저변에서 지탱하는 중화학공업의 충실을 당면의 과제로" 생각하였다(倉田秀也 2001, 157-159). 일반적으로 박정희 정권의 중화학공업화는 중화학공업발전전략이 발표되는 72년 시작되었다고 인식되어지고 있으나, 자주국방을 위한 군수산업 육성이라는 측면에서 68년 지점에서 이미 시작되었다고 볼 수 있다.

동시에 한국은 68년 한반도 위기에 수반하는 미국의 안보공약에 대한 불안을 다자간 관계를 강화함으로써 해소하려 했다. 한국은 1·21사건과 푸에블로호 사건에 대한 미국의 태도에서 "(미국이) 해양 방위를 위한 형식적인 대응만 했다"고 보고, "한국에의 공격을 격퇴할 필요가 생길 때, 미국이 이러한 결단을 내릴 것인가 하는 우려"를 가지게 되었다. 실제 한국은 보복공격을 주장하며 북한에 대한 단호한 자세를 보여야 한다고 주장했다. 미국 또한 엔터프라이즈 원자력 항공모함을 북한 원산해안에 파견함과 동시에 350기의 전투기를 한국"에 급파하고, 미국 본토에서 예비군을 동원하는 등 강경한 자세를 보이기는 했다. 하지만 미국은 한국과 상담 없이 북한과 접촉을 도모하였고, 유엔을 통한 해결을 도모하는 등 아시아 대륙에서 '제2의 전선'을 만드는 것을 회피했다(ヴィクター·D·チャ 2003, 67).

,이렇듯 미국의 방위공약에 불안해하던 한국은 다자간 관계를 강화하는

것으로 이러한 위기감을 해소하려 했다. 이 전략은 이승만 정권 이래 한국의 단골 정책이었다. 한국은 미국의 안보 공약에 대한 불안으로 인해, 아시아에서의 반공연합 혹은 집단안전보장체제를 구축함으로써 대만문제 및 인도차이나 문제를 한반도 문제와 일체화시켜 미국의 안보 공약에 대한 불안을 해소하려 했는데, 이러한 '한반도 문제의 국제화 전략'이 그대로 계승된 것이었다.

한국은 먼저 베트남 참전국 외무장관회담에서 한반도 문제를 협의함으로써, 베트남 문제와 한반도 문제를 일체화시키고 장래에는 아시아 집단안전보장체제를 구축하려 했다. 68년 3월 9일에 작성된 '제2차 베트남 참전국 외무장관회담에 임하는 한국의 입장'은 이를 잘 반영하고 있다. 위 문서는 "월남문제와 북괴의 침략행위가 조성한 안전에 대한 위협에 관한 한국의 방위문제를 결부시킴으로써 마닐라 정상 협의체제를 한국에 기여할 수 있게 한다"는 것과 "(이 회담을) 새로운 형태와 양상의 공산침략에 공동으로 대처할 수 있는 실질적인 지역적 집단방위체제로 발전시켜 나간다"는 것을 목표로 설정하였다.15)

그러나 아시아 집단안전보장체제 문제를 의제로 상정하려 했던 계획은 미국의 소극적 태도로 실패하였다. 전상진 주미 공사는 동년 3월 13일 하비브(Philip C. Habib) 베트남 담당 국무부차관보와 회담했으나, 하비브는 베트남 참전국 외무장관회담은 베트남 문제를 협의하는 회의이며, 아시아 집단안전보장체제 문제를 협의하는 것은 아니라고 언급하며 한국의 제안을 거절했다. 그 대신 미국은 동 회담에서 한국 문제를 협의하는 것에는 이해를 표명했다.16)

또한 한국이 3월 16일에 "만약 북한에 의한 침략이 계속되는 경우, 7개국이 공동으로 대처한다"는 문구를 공동성명에 포함시킬 것에 대해 미국의 의사를 타진했을 때, 하비브는 "한국에 대한 미국의 커밋트먼트는 충분한 것이므로 본 구절을 삽입함으로써 새로운 개념의 커밋트먼트를 하는 듯한 인상을 주는 것은 피해야 할 것"이라며 부정적 반응을 보였다.17) 후술하지만, 존슨 특별성명이 3월 31일 발표된 것을 고려하면 이 단계에서 미국은 '베트남 전쟁 종결' 방침을 굳히면서 베트남 참전국 협력체제를 강화하는 것에 흥미를 잃어가고 있었다고 보여진다.

이렇듯 68년 위기에 직면한 한국은 미국의 대한 방위공약을 확인하면서 자주국방의 모토 하에 미국의 방위원조를 전제로 하여 한국의 방위능력을 증강하는 한편, 베트남 참전국 협력체제 등 다자간 관계를 강화하는 것으로 이를 보완하려는 전략을 취하고 있었다(한국외무부 1971, 74).

이러한 한국 국가전략은 미국의 아시아 전략이 전환되는 과정에서 더욱 강화되었다. 존슨(Lyndon B. Johnson) 대통령은 68년 3월에 대통령 선거 불출마를 표명함과 동시에, 북베트남 폭격을 정지한다고 선언하고 평화회담의 개시를 제안했다. 이로써 5월부터 미국과 북베트남이 참가하는 파리 평화회의가 시작되고, 10월에는 남베트남 해방민족전선과 남베트남이 참가하는 파리 확대평화회의를 개최하는데 합의했다. 또한 11월에 실시된 미 대통령 선거에서, 닉슨(Richard M. Nixon)이 정부지출의 삭감과 베트남 전쟁의 조기종결을 공약하고 대통령에 당선되었다. 닉슨 정부의 등장에 따른 미국의 베트남 정책의 변화는 영국이 68년 1월에 스웨즈 동쪽의 영국군을 철수한다고 결정한 것과 함께, 재정적 문제로 더 이상 미국과 영국이 아시아의 안보에 적극적 역할을 할 수 없다는 점을 보여주었다(제임스 도거티 1997, 338-342).

특히 닉슨 대통령은 취임 후 바로 69년 6월, 2만 5천명의 미군을 베트남에서 일방적으로 철수한다고 발표하며 '베트남 전쟁의 베트남화'를 본격화시켰다. 또한 동년 7월 아시아 5개국 방문 시 닉슨 독트린을 발표하였고, 70년 2월 외교교서에서 1) 미국은 동맹국 및 미국의 안전에 사활적인 국가에 대해 조약상의 약속을 모두 엄수함과 동시에 핵우산을 제공한다, 2) 이 외의 경우에는 적절하다고 판단되어지는 때에 군사 및 경제원조를 실시하지만 위협에 직면한 국가가 자국 방위를 위해 병력을 제공할 일차적 책임을 질 것을 기대한다고 언급하여 다시금 닉슨 독트린을 구체화했다(川上高司 2001, 96-97).

닉슨 독트린은 69년 후반 경부터 주한 미군과 주일 미군의 감축이라는 형태로 구체화되었다. 이로써 닉슨 독트린이 한국의 기대와는 달리, 베트남뿐만 아니라 '한국문제의 한국화' 전략임이 판명되었다. 실제, 69년 10월 7일, 레어드(Melvin R. Laird) 국방장관이 미 국회에서 "주한미군을 가능한 철퇴하고, 그 임무를 한국군에 맡기고 싶다"고 언급한 이후, 한미 양국은 주한 미군 감축 문제를 둘러싸고 심각한 갈등을 겪었다. 실제 70년 3월 20일에는 주한 미군 1개 사단의 철수를 내용으로 하는 국가안보회의 정책결정서(NSDM) 4848이 채택되었으며, 한국과 협의에 들어갔다. 결국 한미 갈등은 71년 2월 최규하 외무부장관과 포터(William J. Porter) 주한 미국대사 사이에 1) 지금까지의 한미 국방장관회담에 외무부 관료도 참가하는 한미안보협의회를 매년 개최한다, 2) 한국군의 현대화에 총 15억 달러를 원조한다, 3)한국의 방위공약을 재확인한다는 공동성명이 발표되면서 수습되었다. 하지만 그 수습 과정에서 문제가 되었던 것은 주한 미군의 감축 그 자체가 아니라, 감축 후 한국군 현대화에 대한 미국의 군사원조 규모였다(한국외무부 1979, 132).

반면 한국은 이러한 미국의 정책 전환이 아시아에서 힘의 공백을 초래하고 북한의 도발을 유도할 것이라 우려했다. 실제 68년 11월에는 울진·삼척 무장간첩사건이 발생하였다. 69년 3월에는 주문진 간첩사건이 발생하였고, 4월에는 미국 정찰기 EC-121기가 북한의 미그 전투기에 의해 격추되는 사건이 발생하였다. 이러한 안보불안을 해소하고자 한국은 앞에서 설명한 국가전략을 강화해갔다. 특히 후술하는 아시아태평양 조약(APATO) 구상을 추진함으로써 다자간 틀에 의한 한국안보의 유지라는 기존 정책을 더욱 구체화하였다. 하지만 미국은 한반도 문제를 대만 및 베트남 문제에 연계시키려는 한국의 요구를 거절하였다. 미국은 반공 전선국가에게는 대립하고 있는 공산권에 대한 억지력을 확보하게 하면서도 이들 사이의 무력충돌이 소련과의 세계전쟁으로 확대되지 않도록 반공 전선국가의 과도한 냉전논리를 억제하여왔다. 이러한 '분쟁의 국지화' 정책이 유지된 것이다. 결국 한반도 문제의 국제화를 통한 안보확보라는 외교전략은 실패로 돌아갔다.

이렇듯 미국은 베트남 전쟁과 이로 인한 다대한 국가 경제력의 소모를 좌시할 수 없었다. 이에 따라 각 조약국에 자국의 안보에 대한 일차적 책임을 지우고 미국의 관여를 최소화하려고 했다. 미국이 각 조약국에 요구하고 있었던 것은 자주국방에 대한 열의였으며, 이를 지탱할 수 있는 경제력의 확보였다. 미국은 이러한 자주국방에 대한 노력에 대한 안보지원에는 적극적 자세를 보이면서 장래적으로 미국의 부담을 줄여나가려 하였다. 이 과정에서 한국과 미국 사이에서 자주국방을 둘러싼 논의가 중심 과제가 되었다. 미국 입장에서 한국의 자주국방론은 환영할 만한 것이었다. 한국 스스로 자국 안보를 위해 노력하는 것은 향후 미국의 부담을 경감할 수 있기 때문이었다. 다만 한국 군사력 현대화를 위해 당분간 미국이 얼마만큼 지원할 것인가가 문제였다. 특히 주한 미군을 감축하려는 상황에서 억지력의 약화를 보완하기 위해 한국군의 현대화에 대한 지원은 필수불가결하였다. 이를 위한 지원문제로 한국과 미국의 교섭이 난항을 겪은 것은 군사원조의 효율성 자체에 대한 논의였다기보다는 그 지원의 정도에 대한 문제였다. 이는 68년 한미 국방각료회의에서 한국군의 현대화 문제가 논의된 이후 계속 되어온 문제였다.

이러한 변화는 한미 관계에 중요한 함의를 지니는 것이었다. 즉 미국은 이승만 정부 이래 한반도 문제를 국제화하려는 한국 정부의 냉전전략에 불안을 느끼고 '한반도 문제의 국지화'를 위해 노력하였다. 이는 이승만 정부 시기 한미 관계를 악화시키는 주요한 요인 중 하나이기도 했다. 박정희 정권의 베트남 파병 또한 이러한 전략의 일환이기도 했다. 하지만 한국은 더 이상 이러한 전략이 미국의 아시아 전략 전환으로 인해 통용될 수 없다는 것을 자각하게 되었다. 이는 한국이 자주국방과 이를 지탱할 수 있는 경제발전의 동시병행 전략을 본격화하는데 결정적 역할을 하였다. 한국 냉전전략의 중심이 '아시아'에서 '한반도'로 전환되면서, 북한과의 체제경쟁을 효율적으로 수행할 국내체제 정비로 중점이 이동된 것이다. 이는 72년 데탕트의 도래로 더욱 명확해졌다.

이에 한국은 자주국방에 대한 미국의 군사원조를 확보하기 위한 외교적 노력을 경주하면서, 한국과 미국의 역할 분담이 조금씩 확고해져 갔다. 즉 한국은 자국 안보에 대한 일차적 책임을 지고 이를 실현하기 위해 자주국방과 이를 지탱하는 경제발전을 동시적으로 추진하며 미국의 부담을 경감시켜 간다. 반면 미국은 한국에 대한 전반적 방위공약을 확인하면서, 자주국방 전략에 대해 재정적 제약 하에 적극적으로 지원한다. 이러한 역할분담이 조금씩 명확해져 간 것이다. 이 과정에서 한미관계는 한미 국방각료회의(71년 이후 외무부 관계자도 참가하며 한미 안보협의회로 개칭) 등 정기적 협의기구를 갖추는 등 제도화되어갔다. 뿐만 아니라, 한미 연합방위체제 구축을 위해 68년 10월 한미 기획단이 창설되었고, 이후 점차 개편되어 71년에는 한미 제1군단, 78년에는 한미 연합사령부로 발전되어 갔다(김일영·조성렬 2003, 83과 96).

한미 역할분담과 함께, 한국은 미국의 동아시아 전략의 전환과 더불어 이를 보완하기 위한 일본의 역할에 주목할 수밖에 없었다. 이는 아시아에 있어 일본의 적극적 역할을 요구하던 미국의 아시아전략과도 일치하는 것이었다. 한국이 패권 약화로 인해 아시아에의 관여를 축소하려는 미국을 대신해서, 자주국방과 경제발전의 동시 병행전략에 일본이 적극적으로 역할을 해줄 것을 기대하는 것은 당연한 것이었다. 이러한 한국의 대일 인식 전환은 아시아태평양조약기구(APATO) 구상을 살펴봄으로써 극명하게 알 수 있다.

68년부터 미국의 동아시아 전략이 변화하면서 힘의 공백이 우려되는 상황에서, 오히려 한반도를 둘러싼 남북 긴장관계는 제고되었으며 이는 한국의 대일인식을 전환시켰다. 한국은 베트남에서의 철군을 염두에 두고 APATO를 창설하려고 하였다(劉仙姬 2005, 100-106). 이러한 배경에서 68년 11월에 개최된 국회 예산위원회에서는 힘의 공백을 메우기 위해 아시아태평양 집단안전보장체제를 창설하는 것에 대해 논의가 이루어졌다. 한 야당의원은 68년의 일련의 사건을 언급하며, 북대서양 조약기구(NATO)와 같은 집단안전보장체제의 필요성을 주장하였으나, 일본과 같이 재무장을 피하고 있는 국가를 제외하고, 그 외의 태평양 연안 자유국가로 구성된 태평양 협정과 같은 방위조직을 구성해야 한다고 주장했다. 더군다나 그는 한일관계가 지금까지 정경분리의 입장에서 발전되어 왔다고 지적하며, 일본과의 안보대화를 간접적으로 거부함과 동시에 아시아 집단안전보장체제에서도 일본을 제외해야 한다고 주장했다.[18]

이에 대해 정일권 총리는 정부가 아시아태평양 집단안전보장체제에 대해 다양한 방안을 검토하고 있다고 밝힌 후에, "(APATO의) 행동부대 기동사령부를 설치하는 문제 여기에 관해서는 또 한국과 미국과 일본 (사이에) 외교기술상의 여러 가지 행동에 관한 문제점이" 있다고 언급하며, 구상 중에 있는 아시아태평양 집단안전보장체제에 일본을 참여시킬 자세를 명확히 했다.[19]

실제 한국 외무부는 박정희 대통령의 지시 하에, 새로운 국제기구의 필요성을 검토했다. 외무부는 68년에 '한국과 자유아시아와의 안전보장대책시안'을 수립하였으나, 이것에 대해 박정희 대통령은 동년 11월 26일에 외무부에 대해 다음과 같이 언급했다.[20)

1) 본 지역적 방위기구 형성에 있어서 전반적인 목적과 방향을 더 뚜렷이 하여 중공을 위시한 아세아 공산주의를 저지한다는 방향으로 하여야 할 것이다. 동시 시안에 있어서는 그런 면이 명확치 않으니 예를 들면 자유중국은 어떻게 해서 빠졌고, 또 일본은 어떻게 해서던지 가담시켜 공산주의를 저지하는데 실질적으로 힘을 쓸 수 있는 기구가 되어야 할 것이다. 극동에 있어서 한국, 일본, 중국 등 3개국을 빼놓고 이런 힘을 쓸 수 있는 공동방위체가 어떻게 형성될 수 있겠는가. (중략) 미국의 눈치나 기타 실현 가능성을 생각하는 모양인데 그 실현여부는 우리가 노력해 보고 나서 일이지 이런 실효성 있는 것이 아니면 할 수 없는 일이 아닌가.
2) 구성에 있어서 한, 일, 중을 포함시키는 방향으로 검토하라. (중략)
3) 이것을 단시일 내로 실현시키려고 할 필요도 없다. (중략) 시일을 두고 실효성 있는 기구 실현을 위하여 노력하여야 한다.
4) 이런 뚜렷하고 실효성 있는 복안을 가지고 미국과 교섭하라. (중략)
5) 대미 각서교환이다, 공동선언 또는 문서교환 등으로 할 것이 아니라 확실한 조약기구로서 형성하도록 검토하라.
6) 대미 교섭을 할 때는 우리의 확실한 개념과 자세를 제시하고 다른 나라와도 사전타진을 한 후 교섭에 임하도록 하라.

최초의 시안은 현재 공개된 한국 외교문서에서 찾을 수 없기 때문에 어떤 내용인지 알 수 없으나, 적어도 외무부는 일본을 배제하고 실현가능성을 염두에 둔 시안을 작성했다는 점을 알 수 있다. 실제 최초 시안보다 늦게 작성된 외무부 보고서는 영국군의 철수 및 미국의 베트남 정책 변화 등에 의해 자유진영의 '힘의 공백'과 그것에 수반되는 공산진영의 공세가 전개될 것으로 판단하고, 새로운 지역안전보장체제가 필요하다고 주장했다.

동 보고서는 이러한 새로운 지역 안전보장체제를 구축하기 위해 1) 아시아 태평양 이사회(ASPAC)와 같은 국제기구를 군사동맹기구로 발전시키는 것, 2) 새로운 지역방위기구를 창설하는 것을 제안하고 각각을 검토했다. 우선 아시아 국가는 지역방위기구를 창설하는 것에 회의적이거나 반대하고 있다고 분석하고, ASPAC을 군사동맹으로 발전시키는 것은 ASPAC의 붕괴를 초래할 것으로 보았다. 따라서 "장기적으로는 방위기구의 설치가 필연적인 것으로 생각하나 관계 각국의 반응이 소극적인 점을 감안할 때 제 1단계로 당분간 우선 아세아자유 진영 간의 결속의식을 강화시키고 상호이해를 도모함으로써 종국적으로는 이와 같은 방위기구 창설에 협조토록 할 필요가 있음"이라고 결론지었다.[21]

그러나 박정희 대통령과 정일권 총리 등 지도부는 NATO와 같은 사령부와 행동부대를 갖춘 군사동맹협정을 생각하고 있었으며, 일본과 대만을 참가시킬 것을 고려하고 있었다. 대통령의 주장이 관철된 새로운 시안은 69년 2월 10일에 만들어졌다.[22] 이 보고서도 상술의 보고서와 동일한 국제정세인식에 바탕을 두고 지역안전보장체제의 필요성을 역설했다. 다만 자유진영의 힘의 공백은 "중공에 대항할 수 있는 일본이 그의 안정세력으로서의 기능을 다하고 있지 못하고 있기 때문에" 더욱 문제가 되며, "만약, 미국이 월남전 후 철병하고 아주(亞洲) 제국이 아무런 방위능력과 태세를 갖추지 못한다면 자유진영의 심한 힘의 공백을 초래할" 것이라고 지적하며 일본의 역할을 강조하였다.[23] 이러한 상황인식 속에서, 동 보고서는 "종국적인 목표를 지역 공동방위조약 기구형성에 두되, 제 1단계로 순(純) 군사적인 자유 아세아 상설 비상국(가칭) 기구를 설치"할 것을 제안했다. 이것은 베트남 전쟁 종언에 수반하여 철퇴하는 각국의 군대를 자유아시아 상설군 형태로 조직화하려는 것이었다.[24]

이렇듯, 한국은 베트남 참전국 협력체제와 ASPAC을 기반으로 아시아 집단안전보장체제의 창설을 계획했으며, 힘의 공백을 메울 수 있는 안정세력으로써 일본을 인식하고 이 구상에 일본을 포함시켰다. 국내의 반대와 외무부 내의 회의적 시각도 존재하였지만, 적어도 박정희 대통령과 정일권 총리 등 지도부는 일본의 적극적 역할을 모색하고 있었음은 틀림없다.

실제 이전까지 한국은 일본과의 안보 군사대화를 피하고 있었지만, 68년 이후 한국은 일본과의 안보대화를 모색했다. 예를 들어, 69년 6월 10일부터 15일까지 야마다 마사오(山田正雄) 육상자위대 막료장이 한국을 방문하였으며, 16일부터는 문형태 합참의장이 일본을 방문하여 한일 군사교류가 시작되었다. 또한 일본과의 안보대화를 제안하는 움직임도 존재했다. 70년 2월 국방보고, 6월의 국회 국방위원회 보고는 주한 미군의 철퇴에 수반하는 안전보장의 공백을 메우기 위해, 일본과의 군사훈련, 정보수집활동, 그 외 다른 형태의 방위협력을 실시할 것을 제안하였다. 주목할 것은 69년 제3차 한일각료회담에서 "양국의 각료는 국제정세 일반, 특히 아시아 태평양 정세에 대해 광범위한 의견을 교환하여 오키나와 문제에도 언급했다"는 공동성명을 발표했다는 점이다(ヴィクター · D · チャ 2003, 52). 어떠한 협의가 이루어졌는지 알 수 없으나, 한일 양국이 오키나와 반환을 둘러싼 안보문제를 협의한 사실은 틀림없다. 물론 "오키나와 문제도 언급했다"는 너무나 짧은 공동성명에서 알 수 있듯이, 일본은 오키나와 반환 문제를 한일 간에 협의한 것을 강조하지 않으려 했다. 따라서 한일 간에 본격적인 안보대화가 추진되었다고 말하기는 어렵다. 하지만, 일본과의 안보교류를 적극적으로 도모하려 했다는 것은 주목할 필요가 있다.

이러한 변화는 65년 한일 국교정상화에 대한 한국의 인식을 살펴보면 얼마나 극적인 변화인지를 알 수 있다. 한국은 한일 국교정상화와 더불어 '한미일 협력체제'가 형성되리라 예측했다. 예를 들어, 최덕신 외무부장관은 62년 8월 16일 주미 대사에 보낸 공문에서 다음과 같이 언급했다.[25]

한일 국교가 정상화된다면 과거 대미 관계만이 중추적인 요소를 이루고 있던 아국의 정치, 경제 및 군사면의 외교관계에 있어서 일본이 새로운 요소로서 등장하게 될 것이며, 따라서 아국의 안전보장 및 경제개발을 위한 외교정책은 한미일의 3국간의 관계라는 새로운 각도에서 전개될 가능성도 검토되어야 할 것임.

그러나 한국은 한미일 협력체제의 형성에 따라 미국이 자국의 역할을 일본에게 떠넘길 것을 우려했다. 동 공문에서 최덕신 외무장관은 주미대사에게 한일국교정상화와 미국의 원조는 별개의 문제이며, 미국이 담당해왔던 군사적 및 경제적 원조의 모든 것 혹은 일부를 일본에 분담시켜서는 안된다고 미국 측에 설명하고 이에 대한 미국의 확약을 받으라고 지시했다. 또한 한일국교정상화 후, 일본으로부터 얻게 되는 경제협력은 어디까지나 미국의 대한 원조에 추가되는 것으로, 이것을 대체하는 것은 아니라는 것을 미국이 보증하도록 설득할 것을 지시했다.26)

이렇듯 한국은 한일국교정상화를 한미일 협력체제의 형성으로 인식하였으나, 실제는 미국 방위공약의 유지, 어디까지나 미국의 경제원조에 추가하는 형태로의 일본의 경제원조를 생각하고 있었다. 한국은 일본과의 정치안보대화를 피하고 있었던 것이다. 오히려 한국은 일본에 대한 국민의 거부감을 고려하여, 한일 불가침 공동성명까지도 고려했다. 한미 외무장관회담에 대비하여 63년 7월 1일에 작성된 준비자료에서 한국은 한국국민이 과거의 식민지 지배에 대한 기억으로 인해 한일국교정상화를 두려워하고 있다고 지적하며, "국교 정상화 직전에, 한미일 3국 간의 한일 불가침에 관한 공동 선언의 발표가 필요하며, 이러한 선언은 어느 면에서는 날로 증가하는 중공의 위협에 대처하는 의미도 될 것이다"고 제안했다.27)

식민지 지배라는 어두운 과거가 한일관계를 제약하는 현상은 국교정상화 이후 양국 간 정부협의체를 살펴봐도 알 수 있다. 국교정상화와 더불어 처음 설립된 한일 정부 간 회의체는 한일 외무장관을 대표로 하여 경제문제를 협의하는 한일무역회의(65년 3월 설립)였다. 66년 9월에는 한일 경제각료간담회가 설치되었으나, 한일 외무장관은 그 멤버가 아니었다. 양국 외무장관이 참가하여 정치외교문제가 논의된 것은 67년 한일 각료회담이 개최된 이후였다.

이렇듯 한국의 대일 인식은 68년 이후 나타난 미국의 아시아 전략 전환과 더불어 더욱 적극적인 형태로 변모하게 되었다. 한반도에 대한 일본의 영향력 증대를 우려하는 국민을 의식하며 한국정부는 '정경분리'에 입각해 경제 중심 대일관계를 추구하였으나 68년도 한반도 위기를 계기로 정치안보적 측면에서의 협력관계를 강화하려 하였던 것이다.

2) 오키나와 반환과 일본의 역할 문제

앞에서 살펴보았듯이 68년 이후 미국의 동아시아 전략이 전환되면서, 미국은 한국 정부가 자국안보에 대해 일차적 책임을 지도록 유도하며 미국의 부담을 경감하기 위해 주한 미군을 삭감하려 했다. 반면 한국은 자주국방과 경제발전의 동시 수행 전략을 본격적으로 추진하며 미국의 적극적인 군사원조를 요구하였다. 이렇듯 한국과 미국은 크고 작은 마찰과 인식의 차이를 보이면서도 한국의 자주국방, 미국의 군사원조라는 역할 분담이 점점 확고해져 갔다.

문제는 일본이었다. 이미 한국은 아시아로부터의 미국의 퇴각이 힘의 공백을 초래할 것이며 일본이 이러한 공백을 메울 수 있는 유일한 존재임을 인식하고 한일협력을 강화하려고 했다. 미국 또한 '자유 아시아'에 대한 일본의 적극적 역할을 주문하였다. 미국은 이미 60년대부터 아시아에 대한 일본의 적극적 역할을 요구하고 있었다. 60년 미일 안보조약의 개정 시, 미일동맹의 포괄적 발전을 위해 설립된 미일 무역경제합동위원회와 미일 안전보장협의위원회 첫 회합이 61년 개최된 이래, 미국은 이 제도를 통해 자유 아시아에 대한 일본의 경제원조를 확대할 것을 지속적으로 주문해왔다. 물론 미국의 요구는 어디까지나 경제적 역할에 머물렀다. 실제 67년 9월 4일 러스크(Dean D. Rusk) 국무장관은 대통령에 보낸 서한에서 "우리는 일본을 경쟁자가 아니라 아시아에 대한 정치적·경제적 부담을 분담하는 파트너로 볼 것을 요구한다. 우리가 일본에게 자국의 방위를 넘어선 더 큰 군사적 역할을 요구하지 않더라도, 일본의 (정치적 및 경제적 협력) 행위가 미국의 안보공약의 효율적인 수행에 기여를 할 것이다"고 말하고 있다.[28]

당시 미국에서는 경제대국으로 발전한 일본이 미일동맹에서 벗어나 독자적 대국으로 이탈할 것에 대한 우려가 존재했다. 특히 64년 수상에 취임한 사토 에사쿠(佐藤榮作)가 라이샤워(Edwin O. Reischauer) 주일 대사에게 헌법 개정의 필요성을 역설하며 핵무기 보유 의사를 피력하자 일본의 대국주의에 대한 미국의 우려가 증폭되었다. 이에 미국은 일본의 군사적 역할을 자국 방위에 한정시키고 자유 아시아에 대한 경제적 원조를 증대하는 '전략적 경제원조'에 그 역할을 한정시켰던 것이다. 미국은 이러한 일본의 전략적 경제원조가 미국 안보공약의 효율적인 수행에 기여할 것으로 파악한 것이다. 이러한 정책은 69년 3월 책정된 국가안보연구 비망록(NSSM) 5에서도 기본적으로 유지되며 닉슨 정권에도 그대로 계승되었다(潘亮 2004, 178-179).

일본의 역할 문제는 여기에 머물지 않았다. 아시아 관여 축소로 야기되는 힘의 공백과 그로 인한 자유 아시아 국가들의 우려를 어떻게 해소할 것인가, 그 속에서 일본의 군사적 역할을 어디까지 설정할 것인가는 미국의 주요한 관심사였다. 특히 이러한 일본의 군사적 역할문제는 오키나와 반환 문제와 엉키면서 국제적인 문제가 되어갔다. 점증하는 일본의 대국주의를 견제하면서도 미국의 아시아 관여 축소의 충격을 최소화할 수 있는 일본의 군사적 역할 문제가 미국뿐만 아니라 자유 아시아 국가의 주된 관심사항이 되었던 것이다.

67년 11월 미일 정상회담에서 오키나와 반환이 합의된 이후, 한국은 처음에는 오키나와 반환에 대해 발언을 피하고 있었다. 하지만 미일 간에 본격적으로 반환교섭이 전개됨과 동시에, 69년 3월 사토 수상이 "핵 제외, 본토와 같은 조건의 반환" 정책을 공식적으로 발표하자, 한국은 본격적으로 오키나와 반환문제에 대응하기 시작했다. '본토와 같은 조건의 반환' 정책 하에서 오키나와가 반환되면, 사전협의제도에 의해 주일 미군의 한반도 전개에 차질이 생긴다. 무엇보다 오키나와가 반환되면서 핵의 반입이 불가능해지면 핵우산의 제공에 차질을 빚게 된다. 이렇게 미국의 핵우산이 충분히 확보되지 못하면, 한국, 대만, 필리핀 등의 안보에 중대한 영향을 미칠 것으로 보았던 것이다.[29] 따라서 일본이 오키나와 반환 이후 어떤 형태로 극동의 안보에 역할을 할 것인가 등, 지역안보문제에 대한 일본의 역할을 협의하지 않으면 안되었던 것이다.

당초 한국은 다자간 틀을 이용하려 하였다. 즉 오키나와 반환문제를 베트남 참전국 외무장관회담에서 협의함과 동시에 APATO 구상과 연계시키려고 했다. 최규하 외무부장관은 3월 21일 기자회견에서, 오키나와 반환문제가 동북아시아의 방위 및 안보와 큰 관련이 있기 때문에, 오키나와 반환이 지역의 안전을 보증하는 방향으로 해결되도록 외교적 노력을 할 방침이라고 언급한 후에, 오키나와 반환문제를 5월에 개최될 베트남 참전국 외무장관회담에서 협의할 방침을 피력했다.[30] 또, 5월 12일 기자회견에서는 "오키나와 반환을 둘러싸고 아시아 지역안보체제의 필요성이 제고되었다"고 언급하며, 오키나와 반환과 APATO 구상을 연계시켜 협의한다는 기본방침을 표명했다.[31]

그러나 베트남 참전국 외무장관회담에서 오키나와 문제와 APATO 구상을 협의하려던 정책은 미국의 반대로 실패하였다. 최규하 외무부장관은 4월 8일 포터 미국대사에게 한국의 입장을 설명했다. 이에 대해 포터 미국대사는 오키나와 반환에 대한 한국의 우려에 이해를 표명한 후에, 오키나와 반환은 어디까지나 미일 간의 문제로 한국은 자숙해달라는 의견을 피력했다.[32] 미국은 베트남에의 관여를 축소하려고 했기 때문에, 베트남 참전국 외무장관회담에 흥미를 잃어가고 있었다. 이런 상황에서 베트남 참전국 외무장관회담에서 오키나와 반환문제를 협의하게 되면, 미국의 아시아에 대한 안보공약에 대한 문제까지 파급될 우려가 있었던 것이다.

일본 또한 오키나와 반환문제는 미일 간의 문제라는 자세를 굽히지 않았다. 한국은 4월 10일, 포터 미국대사에 설명한 내용을 일본대사에게도 전달했으나, 아이치 기이치(愛知揆一) 외상은 이에 대한 답변에서 오키나와 반환에 수반하는 한국의 우려를 이해하지만, "미일안보조약의 극동조항이 있기 때문에 우려하지 않아도 된다"고 언급하는데 머물렀다.[33]

그러나 자국 방위를 넘어선 일본의 군사적 역할에 소극적이었던 미국 입장에서도 극동 방위에 핵심적 역할을 담당해 왔던 오키나와가 반환되었을 시 어떠한 구조 속에서 그 역할을 담보할 것인가를 고민하지 않을 수 없었다. 그 결과 미국은 일본의 군사적 역할 확대가 아니라, 주일 미군의 극동 방위 역할을 '방해하지' 않고 이에 협조하는 '소극적' 역할만을 기대했다. 실제 69년 5월 28일 결정된 NSDM 13에서는 다음과 같은 방침이 결정되었다.[34]

> 일본에 관한 NSC 회의 결과, 대통령은 다음과 같이 미국의 대일정책을 결정하였다. (중략) 미국은 일본 방위력의 적당한 증강과 질적 향상을 위해 노력하도록 장려하는 현재의 정책을 계속 유지하고 질적으로 강한 병력과 지역안전보장에 커다란 역할을 하는 국가로 발전하도록 일본에 압력을 가하지 않는다.

(중략) 오키나와와 관련하여 (중략) 일본 정부와 다음과 같은 요건에 기반하여 협상한다. (중략) 군사기지에서 최대한으로 자유롭게 재래식 무기를 사용, 특히 한반도와 대만, 베트남을 위해 사용하기를 바란다.

오키나와가 핵무기를 보유하기를 원하지만 만약 오키나와 합의의 다른 요소가 만족된다면, 대통령은 협상의 최종단계에서 긴급상황 발생 시 핵저장, 통과권을 유지하면서 핵무기 철수를 고려할 준비가 되어 있다는 사실을 표명한다. (중략)

결국 위 문서에서 확인되었듯이, 미국은 일본의 대국주의를 견제하기 위해 자국 방위 이상의 군사적 역할을 요구하지 않으면서도, 오키나와 기지의 자유로운 해외 전개 및 핵 반입의 자유권 확보를 통해 극동 지역에 대한 오키나와의 군사적 역할을 유지하고자 했으며 그 한도에서 일본의 역할을 요구하였다.

하지만 일본은 "(아시아에의 경제협력에 의해) 오키나와를 반환 받더라도 아시아 정세는 힘의 균형을 상실하지 않고, 평화유지에 대한 일본의 의사와 능력에 의해 아시아의 안정은 더욱 제고될 것이다"는 논리를 일관되게 주장하면서 군사적 역할을 요구하는 것에 반대하고 있었다(楠田實 1983, 14). 특히 핵무기의 보유, 제조, 반입을 금지한 '비핵 3원칙'을 천명하며 '본토와 같은 조건의 오키나와 반환'을 주장하던 사토 정권으로써는 오키나와 핵문제에 민감할 수밖에 없었다.

이렇듯 미국은 일본에 대해 자유 아시아에 대한 경제적 원조, 주일 미군의 극동방위에의 협력을 요구하며 일본을 압박해 갔다. 한국 또한 '68년 한반도 위기'와 오키나와 반환을 계기로 자유 아시아에 대한 전략적 경제원조, 오키나와 역할의 수용이라는 군사적 역할을 주문하기 시작했다. 그렇다면 일본은 어떤 형태로 한국과 미국의 요구에 배려했을까? 이를 찾기 위한 실마리는 69년 미일 정상회담 공동성명에서 발표된 한국조항과 한일 각료회담 공동성명에서 발표된 한국조항을 분석하지 않으면 안된다. 전자를 '미일관계에 있어 한국조항'이라고 한다면, 후자는 '한일관계에 있어 한국조항'이라 부를 수 있다.

'미일관계에 있어 한국조항'은 한반도의 유사사태를 상정하여, "한국의 안보가 일본의 안보에 긴밀히 연계되어 있다"는 논리 하에, 주일 미군의 한반도 전개를 사전협의제도 예외조항으로 인정하는 것에 의해 오키나와가 수행해왔던 한국안보에의 역할을 일본이 수용하는 것을 약속한 것이었다. 따라서 이는 '전시' 시, 한국을 포함한 극동에 대한 일본의 군사적 역할을 규정한 것이었다(倉田秀也 2001).

물론 위와 같은 주일 미군의 자유로운 한반도 전개는 이미 60년 미일 안보조약 개정 당시 밀약되었던 내용이었다(소토카 히데토시 2006, 495-506). 안보조약 개정 시에, 문제가 되었던 것 중 하나는 새롭게 신설될 사전협의에 주일 미군의 한반도 전개를 제외하려고 했던 미국의 요구였다. 51년 9월 구안보조약과 함께 서명한 교환공문, 즉 요시다-애치슨 교환공문은 "1개국 혹은 2개국 이상의 유엔 가입국 군대가 극동에서의 유엔활동에 참여할 경우는 해당하는 1개국 혹은 2개국 이상의 가입국이 이러한 유엔활동에 따른 군대의 일본 내 및 그 부근에서의 활동을 일본이 허용하고 이를 용이하게 해야 한다"는 것으로 한반도 유사시, 주일 미군의 자유로운 한반도 전개를 보증하는 것이었다. 결국, 미일 양국은 60년 1월 6일, 미일 양국은 비공개문서(한국의사록안)를 작성하였다. 이는 요시다-애치슨 교환공문과 연동하는 형태로 한반도 유사시 주일 미군의 한반도 전개에 일본이 적극 협조하는 것이었다. 실제 내용은 다음과 같다(김두승 2010, 37 재인용).

맥아더 대사: 한반도에서는 미군이 즉각적으로 군사전투 작전에 착수하지 않으면 유엔군이 정전협정을 위반한 무력공격을 격퇴할 수 없는 사

태가 발생할 수 있다. 그러한 예외적인 긴급사태가 발생할 경우 일본의 (주한미군) 기지를 작전상 사용하는 것에 대한 일본 정부의 견해를 묻고 싶다.

후지야마 외상: 주한 유엔군에 대한 공격이 발생한 긴급사태 시, 예외 적인 조치로서 정전협정을 위반한 공격에 대해 유엔군의 반격이 가능하 도록 유엔군 통일사령부 하에 있는 주일 미군이 즉각 실시할 필요가 있 는 전투작전행동을 위해 일본의 시설, 구역을 사용할 수 있다는 것이 일 본 정부의 입장이다.

일본 정부 또한 2010년 3월 외교문서 조사팀의 조사 결과 이러한 미일 안 보밀약이 존재했다는 사실을 공식적으로 인정했다.[35] 그렇다면 69년의 한 국조항은 어떤 의미를 가지는 것일까? 사토 수상이 미일 정상회담 후 프레 스클럽에서 한 다음과 같은 발언을 통해 그 의미를 밝혀낼 수 있다(일본연 구실편 1977, 643-646).

특히 한국에 대한 군사공격이 발생한다면 일본의 안보는 심각하게 영 향을 받을 것이다. 따라서 그러한 경우에 대응하는 군사작전을 위해 미 군이 일본 내의 시설과 지역을 사용할 필요가 생기면, 앞서 설명한 인식 에 근거하여 일본정부는 적극적이고 신속하게 입장을 마련할 것이다.

위의 사토 수상 발언은 극동 방위에 있어 오키나와의 역할을 충분히 인 식하여 한반도 유사시 주일 미군의 한반도 전개에 대해 사전협의 제도를 실질적으로 적용하지 않겠다는 '가시화된 약속'인 것이다. 즉 60년의 '밀약' 이 가시화되면서, 한반도 유사시 일본의 역할이 명확해진 것이다. 물론 사 토 수상은 69년 미일 정상회담에서 한국의사록의 폐기를 요구하며 오키나 와 반환에 따른 사전협의 제도의 완결성을 확보하려 했으나, 미국의 반대 에 부딪혀 한국조항의 형태로 타협했던 측면이 없었던 것은 아니었다(김두 승 2010, 37-40; 소토카 히데토시 2006, 527-528).

문제는 오키나와에 있는 핵문제였으며, 실제 오키나와 반환 교섭에서 위 문제는 미일 간 첨예한 대립을 보인 대목이었다. '비핵 3원칙'과 '본토와 같은 조건의 오키나와 반환'을 공식적으로 표방한 일본에게 있어, 오키나와 반환 후에도 오키나와 주일 미군이 핵을 보유하는 것은 수용하기 힘든 일이었다. 이러한 사실을 인지하고 있던 미국은 위에서 언급한 NSDM 13에서 알 수 있듯이 핵 저장권과 통과권이 확보된다면 핵무기를 철수할 수 있다는 방침을 정해둔 상황이었다. 결국 미국은 오키나와에서 핵무기를 철수하는 데 동의하는 대신, 오키나와 및 일본 본토에 핵을 '유사시' 재반입할 수 있다는 약속을 일본으로부터 받아냈다(소토카 히데토시 2006, 243-250). 실제, 2010년 3월 일본 정부의 조사 결과, 69년 당시 미일 양국은 유사시 오키나와에 핵 반입을 인정한다는 약속을 하였다는 사실이 밝혀졌다. 다만 일본 정부는 위 약속에 대한 "구속력이 없기에 반드시 밀약이라 볼 수 없다"고 주장했다.[36]

　하지만 이러한 핵 재반입에 대한 약속은 기실 새로운 것이 아니었다. 일본 정부도 공식적으로 인정한 60년 미일 안보조약 개정 시의 또 다른 미일 안보밀약, 즉 '핵탐재 함선 등의 기항과 통과'를 사전협의에서 제외하는 밀약이 이미 존재했기 때문이다. 신안보조약에서 사전협의를 규정한 교환공문에 대한 비밀 토의 기록에서 "사전협의는 미군의 일본 내 배치에서 중요한 변경일 경우를 제외하고 미군 및 그 장비의 일본국내 배치에 관한 현행 절차, 혹은 미군용기의 일본 비래나 미 해군 함정의 일본 영해나 항만 진입에 관한 현행 절차에 영향을 끼치는 것으로 해석하지 않는다"고 기록함으로써 핵의 반입을 사전협의 대상에서 제외시켰다(김두승 2010, 27-34; 소토카 히데토시 2006, 500-505).

　이처럼 69년의 오키나와 핵 재반입 약속은 60년 밀약을 재확인하는 것에 불과하지만, 오키나와의 핵우산 역할을 실질적으로 일본이 수용한 것으로 파악할 수 있다. 이는 '일본의 오키나와화'를 의미하는 것이다. 즉, 오키나와 반환과 더불어 일본은 핵우산 제공에 결정적이었던 오키나와의 역할을 '유사시에 한해' 수용할 것을 약속함으로써 극동안보에 대한 일본의 역할을 명확히 하게 되었다.

이렇듯 지역동맹(regional alliance)으로써의 미일동맹은 국지동맹(local alliance)으로 기능했던 한미동맹을 보완하는 차원에서 한반도를 포함한 극동지역의 안보에 중요한 역할을 하였지만, 69년 확정된 일본의 군사적 역할은 한반도 유사시 주일 미군의 자유로운 한반도 전개 및 핵반입 허용 등 매우 소극적인 것에 머물러 있었다. 한국 안보에 대한 적극적 역할은 상정되지 않았던 것이다. 이는 보혁대립이라는 특수한 국내구조를 가지고 있는 일본에게 있어 불가피한 것이었다.

물론 일본 방위청은 한국유사를 상정하여 한반도 정세와 일본의 안전보장과의 관계, 미일 양국의 공동대처방안에 대해 '미츠야 연구'로 불리는 연구를 실시하여, 한일국교정상화에 수반되는 한미일 방위체제를 모색하려 했다. 그러나 65년 2월 중의원 예산위원회에서 사회당의 오카다 하루오(岡田春夫) 의원에 의해 정치 문제화된 이후, 주변유사에 대한 연구는 불가능해졌다(高崎宗司 2004: 86-87). 78년 舊가이드라인 책정 시에 한반도 사태를 포함한 주변사태에 대한 미국과 일본의 군사협력 문제가 논의되지 못하고 차후 연구과제로 미루어진 것 또한 이러한 보혁대립 구도 때문이었다.

한국 또한 한일 국교정상화가 과거사 청산을 도외시 한 결과, 식민지 지배의 어두운 기억이 여전히 남아 있기 때문에 일본과의 군사협력에 대해 극히 부정적이었다. 물론 빅터 차의 연구에서 보여주었듯이, 한일 양국은 미국으로부터 '버려짐(abondonment)의 우려'를 공유하고 있을 때 안보대화를 추진하려는 움직임이 있었으나 이미 언급한 한국과 일본의 사정으로 인해 매우 제한적일 수밖에 없었다.

반면, '한일관계에 있어 한국조항'은 '평시'에서의 경제적 역할을 규정한 것이었다. 이는 미국의 요구이기도 하였다. 68년 8월에 개최된 제2차 한일각료회담에서는 "양국의 각료는 한국의 안전과 번영이 일본의 그것에 중대한 영향이 있다는 것을 인정한다"는 한국조항이 등장했다. 당초, 일본은 제1차 한일각료회담에서 발표된 "아세아에 있어서의 평화와 번영이 양국의 공동목표이라는 것을 확인하고 이 목표의 실현을 위하여 양국이 계속 협조하고 노력할 것에 합의"한다는 문구를 채용하려 했다. 하지만 한국의 강한 반대에 부딪쳐 위의 문구를 수용하게 되었다(한국외무부 1968, 74). 반면, 한국은 "양측이 중공에 의한 핵무기 개발을 포함한 제문제에 주목하여 중공 사태가 아직도 불안하며 금후에도 계속 주시하여야 한다는 점에 합의하였다"는 문구를 공동성명에 포함시켜야 한다는 주장을 철회함과 동시에, 일본이 푸에블로호 사건에 대한 국내사정을 설명한 것을 수용하여 공동성명에서 이에 대해 언급하지 않는데 동의해 주었다(한국외무부 1968, 63과 75).

이렇듯, 일본은 한국의 주장을 수용하는 형태로 한국조항을 받아드린 것이다. 따라서 여기에 어떠한 군사적 의미가 포함되었다고는 볼 수 없다. 일본은 "한국의 안보가 일본의 안보에 중요하다"는 인식을 재확인한 것에 불과하였다. 실제 제2차 한일 각료회담에서 발표된 한국조항은 일본 69년 미일 정상회담에서의 한국조항과는 달리 일본 국내에서 어떠한 관심도 받지 못했다. 예를 들어 68년 8월 29일 아사히신문은 한일 각료회담 공동성명을 분석한 기사에서 한국조항에 대한 어떠한 설명도 없었다.[37)]

한국 또한 한국조항에 군사적 의미를 부여했다고 볼 수 없다. 오히려 한국은 일본의 안보에 있어 한국의 위치를 강조함으로써, 경제원조를 확대하려는 생각을 가지고 있었다(倉田秀也 2001, 168). 예를 들어, 68년 8월 28일, 한일 각료회담 후, 미키 다케오(三木武夫) 외상과 회담한 박정희 대통령은 경제협력은 세계사의 대세이며, 지역적 경제협력은 그 근본이 된다고 언급하며 일본의 경제협력을 강조했다.[38)]

이러한 '한일관계에 있어 한국조항'은 69년 제3차 한일각료회담에서도 재확인되었으며, 한 층 구체적인 형태로 전개되었다. 공동성명에서는 "양국의 안전과 번영이 매우 긴밀한 관계에 있다"는 것을 재확인하였다. 이 회담에서 가장 중요한 의제가 된 것은 한국의 포항종합제철 문제였다. 한국은 군수산업을 저변에서 지탱할 중화학공업화의 상징으로 종합제철소 설립을 위치설정하여 적극적으로 그 실현을 위해 노력했다(니시노 준야 2005, 162). 하지만, 포항종합제철소에의 투자를 검토했던 한국 국제경제협력기구(The International Economic Consultation Group on Korea)에 대해, 69년 4월 세계은행이, 또한 동년 5월에는 미국 수출입은행이 경제적 타산성이 없다는 이유에서 차관 제공을 거부했다. 결국 이 사업에 협력할 수 있는 것은 일본뿐이었다. 따라서 한국은 한국조항을 적극적으로 활용하여, 일본의 지원을 요구한 것이다. 일본 내에는 통산성과 대장성이 경제적 타산성을 이유로 소극적 태도를 보였음에도 불구하고, 일본은 "이에 대해 협력하기 위해, 본 계획의 보다 구체적이고 실제적 조정을 위해 조사단을 파견할 것을 약속했다." 일본이 국내적 반대를 무릅쓰고 종합제철소에 지원을 결정한 것은 결국 '정치안전보장에 관한 결정'이었다(劉仙姬 2006, 59-61).

일본은 지금까지 경제적 합리성에 근거한 경제원조의 방침 하에 한국적 사정에 맞는 경공업 및 농업 중심으로 경제원조를 해왔으나, 종합제철소에의 지원은 이러한 정책에서 이탈한 것으로 정치적 고려의 산물이었던 것이다. 국교정상화 이후 일본은 어디까지나 경제적 합리성에 맞는 경제원조를 일관되게 주장하였다. 실제 65년 12월에 체결된 한일 청구권 경제협력협정 제1조 1항에 일본은 "전기의 공여 및 대부는 대한민국의 경제발전에 도움이 되어야 한다"라는 문구를 삽입하는 것에 의해, 일본의 경제원조가 정치군사적 고려가 아니라 경제적 합리성에 기초하여 실시되어야 한다는 점을 명확히 했다. 이 청구권 경제협력 협정에 의해 제공되는 자금의 운영을 협의하기 위해 66년 4월에 개최된 한일합동위원회에서 제 1차년도 실시계획이 결정되었으나, 대부분의 자금은 농업과 수산업 및 인프라 구축에 사용되었다 (外務省情報文化局 1966, 95-96).

　문제는 이러한 경제협력이 정치성을 띠지 않을 수 없었다는 점이다. 일본의 경제원조는 '자주국방과 고도경제성장의 병행'이라는 박정희 정권의 정책에 협조하는 정치적인 의미를 가지고 있었다. 한국은 60년대 중반 이후 자주국방을 주장하며, '군수산업의 개발과 고도경제성장의 병행'을 추진하고 있었다. 한국은 일본이 자주국방과 고도경제성장을 동시에 추진하는 한국의 정책을 이해하고, 한 층 적극적인 경제원조를 할 것을 기대하였던 것이다. 한국은 "한국의 안보가 일본의 안보에 긴밀히 연계되어 있다"는 논리를 연장하여 한국이 일본의 방파제 역할을 한다는 점을 부각하여, 한국의 대북 억지력 제고라는 측면을 고려한 일본의 적극적인 경제협력을 요구하였다. 이른바 '정치적 경제원조' 혹은 '전략적 원조'를 요구하였던 것이다. 결국 일본 정부는 미국이 측면 지원하는 이러한 요구를 수용하며 정치성 짙은 경제협력을 하지 않을 수 없었다. 이는 경제적 합리성에 기초한 경제원조를 주창하던 기존 입장에서 선회한 것으로, 한국의 반공정부를 측면에서 지원하는 정치적 함의가 짙은 경제협력이었다. 이는 한국 반공정부의 안정화 및 정통성 확보에 일본이 적극 관여하는 것을 의미했다. 그런 의미에서 장달중 교수는 이러한 일본의 경제지원 방식을 대리 군국주의(proxy militarism)이라고 명명했다. 즉 대리 군국주의는 경제개발에 전력하면서 공산주의의 위협에 대항할 수 있는 방패로서 주변국가의 안보능력을 강화하는 데 역할을 하지만, 직접적인 군사 협력이 아니라 경제지원 등 간접적인 안보협력을 취하는 것을 의미한다(장달중 1994, 379).

　이처럼 일본의 군사적 역할은 한국과 일본 사이에 직접적인 형태는 아니었지만, 60년 미일 안보조약 개정 당시의 두 가지 밀약을 계승하면서 오키나와의 역할을 일본이 그대로 수용하는 형태로 그 역할이 명확해졌다. 동시에 한국의 자주국방과 경제발전 동시 수행 전략에 대한 정치적 이해를 바탕으로 경제협력을 강화하여 한국 안보에 간접적으로 기여하는 역할이 명확해졌다. 사실, 보혁대립의 국내정치와 헌법상의 제약을 감안하면, 군사면에서의 지원과 관여는 불가능해서 경제협력 이외의 선택지는 존재하지 않았다. 그렇다면 경제협력은 어떠한 내부적 역학관계를 가지고 있었을까? 이하에서 살펴보도록 하겠다.

3. 안보협력의 대체재로써의 한일 경제협력: 리얼리즘의 정치와 명분의 정치

자민당 내부에는 기시 노부스케, 이시이 미츠지로(石井光次郎) 등의 친한파를 중심으로 '안보경제협력방식'을 주장하는 세력이 존재했다(木宮正史 1995, 31-31; 李鐘元 1994, 273; 金斗昇 2005, 180). 그들은 61년 4월에 자민당 외교조사회 내부에 일한문제 간담회를 설치하여, 한일국교정상화의 조기실현을 촉구했다. 그들은 반공논리 하에 일본의 안보에 있어 한국의 지정학적 위치를 중요시했다. 이들은 "한일국교정상화는 무엇보다도 반공진영의 강화를 위해 타결되어야 하며 한국의 경제건설도 방위산업, 중화학공업에 우선순위를 두어야 한다"고 생각했다(木宮正史 1995, 31-32).

이러한 논리는 중화학공업이 북한에 비해 정체되어 있다는 위기감 속에 급속한 공업화를 달성하려는 '내포적 공업화 전략'을 채용했던 박정희 정권의 논리와 거의 동일하였다. 실제 위 그룹은 박정희 정권과 긴밀한 연결고리를 유지하면서, '관료적 교섭'에 일관했던 이케다 정권과 외무성에 정치결단에 따른 국교정상화의 조기타결을 촉구했다.

또한 위 그룹은 대만과의 연대를 모색하였다. 위 그룹은 일화협력위원와의 연대를 염두해 두고 65년 2월에 일한협력위원회(회장 기시 노부스케)를 설립했다. 일한협력위원회와 일화협력위원회는 그 가입 멤버가 중복되어 있으며 지도이념으로 반공을 전면에 내세우고 있던 점에서 민간이긴 하지만, 한국과 일본 그리고 대만의 긴밀한 협력에 의해 반공 협력체제를 강화하려는 노력으로 평가할 수 있다(山本剛士 1983, 119-120).

그러나 보수본류와 외무성 등은 상술한 안보경제협력방식과 일정의 거리를 두었다. 한국의 안전이 일본의 안보에 긴요하다는 지정학적 측면을 부인하지는 않지만, "한일국교정상화의 군사적 이데올로기적 측면을 강조하는 것은 오히려 국내의 반대여론을 격화시킬 수" 있기 때문이었다(木宮正史 1995, 31). 따라서 한일국교정상화에 수반하는 한국에의 경제협력은 아시아 저개발국에의 경제협력과 동일하다는 명목 위에 서서, 이것을 '양국 간 관계'로 처리하려 했다. 특히 중시한 것은 정치적 안정에 직접 연결되는 경제의 안정이었으며 국민의 생활과 밀접한 관계를 지닌 경공업과 농업의 개발이었다.

이러한 경제적 합리성에 기초한 '순수한 경제협력방식(金斗昇 2005, 178; 李鐘元 1994, 273)'은 이케다 내각이 한일국교정상화교섭의 수석대표로써 관서 경제인이었던 스기 미치스케(杉道助)를, 사토 내각이 경단련의 다카스기 신이치(高杉晋一)를 기용한 것에서도 알 수 있다. 예를 들어, 다카스기 신이치는 한국에 대한 경제원조에 있어 가장 중요한 것은 농업 및 수출 산업을 진흥시켜 한국경제의 안정을 도모하는 것으로 "그것이 또한 자유 아시아의 안정에 기여하는 길이다"고 주장하며, 한국에의 경제협력을 일본의 안보가 아닌 아시아의 안정과 결부시켰다(高杉晋一 1965, 11).

실제 일본정부는 65년 12월에 체결된 한일청구권경제협력협정의 1조 1항에서 "전기의 공여 및 대여는 대한민국 경제의 발전에 기여하여야 한다"는 문구를 포함시켜, 일본의 경제원조가 정치군사적 배려가 아닌 경제적 합리성에 기초해 실시되는 것임을 명확히 했다. 이후 이 협정에 의해 제공될 자금의 운영을 협의하기 위해 66년 4월에 개최된 한일합동위원회에서, 일본 측 주장대로 많은 자금이 농업과 수산업 및 인프라 구축에 사용되도록 하는 1년도 실시계획이 결정되었다.

이렇듯 안보경제협력방식과 순수한 경제협력방식이 다른 지향과 논리를 지닌 것은 사실이나 반드시 양자가 대치했다고는 말할 수 없다. 순수한 경제협력방식이라 하더라도 한국의 과도한 반공정책을 견제하고 일본 국내의 혁신세력을 배려한 결과이지, 한국의 지정학적 의미를 부인하는 것은 아니었다. 안보경제협력방식 또한 한일국교정상화의 군사적 측면을 부인하고 어디까지나 경제협력을 통한 한국에의 관여를 구상하고 있었다. 동시에 양자 모두 미일협조에 의한 한국에의 경제협력을 주장하고 있었다는 점도 주의해야 한다.

다만 안보경제협력방식이 일본의 안보에 직접 영향을 미칠 수 있는 한국과 대만에의 경제협력을 중시하며 삼국간의 연대를 강화하려는 것이었던 반면, 순수한 경제협력방식은 한국에 대한 경제협력을 양국 간 관계로 처리하면서 일본의 아시아 경제협력이 대중 봉쇄를 위한 포위망으로 확대되는 것을 억제하려 했다. 그런 의미에서 안보경제협력방식에 공명했던 사토가 수상이 된 것은 큰 의미를 지닌다. 사토 수상은 지론이었던 정치적 결단에 의한 한일국교정상화의 조기타결에 노력하면서도, 경단련의 다카스기 신이치를 회담 수석대표로 기용하여 순수한 경제협력방식을 유지했다. 이러한 사토 내각의 자세는 사토 수상의 정책제언 그룹으로 알려진 'S 오페'의 제언에서도 잘 나타났다. S 오페는 65년 3월에 '외교방침'이라는 제목하의 제언에서, "한국에의 경제협력은 한미경제협력과 다른 것으로, 남북문제의 해결이라는 방식으로 처리해야 하며 한국의 민정 안정을 위해 일본이 인접국으로써 협력한다는 것을 어필해야 한다. 이를 위해 정말 한국의 경제성장에 도움이 될 구체적 프로그램을 준비할 필요가 있다"고 제언했다(楠田實 2001, 939).

그러나 사토 수상은 68년 1·21 사건과 푸에블로호 나포사건 및 미일 오키나와 반환 협상의 진전으로 일본의 대한 경제협력 정책을 재조정할 수밖에 없었다. 즉 극동조항에 입각해 한국 및 대만 안보에 중요한 역할을 하던 오키나와를 반환받는 일본은 점증되는 북한의 '모험주의'에 따른 한국의 안보 위협을 해소하기 위해 정치적 배려가 가미된 경제협력을 실시해야 했다. 69년 한일각료회담에서 종합제철소 설립에 있어 일본의 협력과 지원이 약속된 것은 그 예이다. 실제 앞에서도 언급했듯이 종합제철소 건설은 세계은행, 미국, 일본에 의해 경제적 채산성이 없다는 이유로 기각되었던 사안이었다. 통산성과 대장성의 반대에도 불구하고 일본이 종합제철소 지원에 나선 것은 '정치안전보장에 관한 결정'인 것이었다. 당시 한국은 북한의 안보 위협에 대응하기 위해 '자주국방'을 내걸면서 군수산업의 기간인 철강 산업을 육성하려 했기 때문이다.

그럼에도 사토 수상은 푸에블로호 나포사건의 평화적 해결을 위해 소련과 함께 미국과 북한 사이의 중재를 시도하였으며, 박정희 대통령이 요구했던 1·21 사건에 대한 공식적 비판을 피함으로써 한반도의 긴장 완화에 노력했다는 점을 간과해서는 안된다(佐藤榮作 1998, 224와 227). 이는 분쟁지역의 긴장을 완화시키려는 평화외교에 바탕을 둔 외교적 노력으로 평가될 수 있다.

이렇듯 사토 정권은 안보경제협력방식과 순수한 경제협력방식의 최대공약수인 한일국교정상화의 군사적 의미의 부정, 경제협력에 의한 한국에의 관여 입장을 유지하면서 대한 정책을 수행했던 것이다. 다만 냉전논리를 강조하려는 경향, 기존 아시아 정책과 정합성을 유지하려는 경향이 혼재하며, 구체적 상황에 따라서는 다른 방향의 정책이 실시되었다. 이는 앞에서 살펴본 평화외교를 둘러싼 일본의 내재적 모순을 다시 한 번 확인시켜주는 것이었다.

물론 이러한 간접적 형태의 안보협력은 일본의 보혁대립 상황에서 순탄한 것만은 아니었다. 따라서 일본은 한국에의 경제협력 과정에 '명분'을 중시하지 않을 수 없었다. 즉, 한국에의 경제협력은 아시아 저개발국에의 경제협력과 동일하다는 논리에 치중할 수밖에 없었다. 또한 한국에의 경제협력이 군수산업 및 이와 연관된 산업을 지원함으로써 실질적으로 방위협력의 대체물로 기능할지 모른다는 우려를 불식시켜야 했다. 따라서 일본은 대한국 경제협력은 국민의 생활과 밀접한 관계를 지니는 산업 혹은 프로젝트를 지원하는 것임을 명백히 할 필요가 있었다. 반면, 한국 또한 '명분의 정치'을 고집했다. 일본이 위와 같은 명분으로 한국의 경제협력 요구에 소극적으로 대처하거나 한국의 요구를 검증하는 사무적 협상에 집착하며 정치적 결단을 회피함에 따라, 일본의 적극적 태도를 유도하기 위해 '한국조항'에 입각한 일본의 역할분담을 정당화하려고 한 것이다.

이렇듯, 반공 전선국가와 반공 기지국가의 연계를 통해, 반공 기지국가에게 적극적인 역할 분담을 요구하며 반공 전선국가의 억지력을 제고하려는 미국의 냉전전략 하에 한일 경제협력이 안보협력을 대체하며 실행되는 양상이야말로, 냉전 시기 한일의 '특수관계'를 특징짓는 것이며, '리얼리즘의 정치'인 것이다. 그러나 한일 양국 모두 국내적 사정을 고려하며 '명분의 정치'에 집착할 수밖에 없었다. 그 와중에 복잡한 외교교섭이 진행되었을 것은 쉽게 상상할 수 있는 것이다.

예를 들어 70년대 한국이 군수산업의 육성을 목표로 중화학공업화 전략을 추진했을 때, 일본은 이에 대한 지원에 주저했다. 70년 7월 주한 미군 감축에 직면해서 박정희 대통령은 자주국방을 역설하며 무기생산이 가능한 공장건설을 지시했다. 경제기획원은 이에 맞춰 주물선 공장, 특수강 공장, 중기계 공장, 조선 공장을 방위산업 육성을 위한 전략산업으로 보고 이른바 4대 핵공장 건설을 추진하였다. 이에 한국정부는 동년 7월의 한일 정기 각료회의에서 중공업공장 건설이라는 명목을 내세워 일본에 지원을 요청하였다. 이에 일본은 "중공업 육성에 관해 필요한 조사 등 소요의 협력을 행할 용의가 있다"며 기본적 조사에 기초하여 이에 협력할 의사를 피력했다. 그러나 10월 일본은 조사단을 파견하여 조사한 후, 특수강 공장과 중기계 공장만이 협의 대상이 된다며 제한적으로 협력할 뜻을 비쳤다. 결국 외자조달에 의한 4대 핵공장 건설계획은 좌절되었다(니시노 준야 2011, 182-186).

박정희 대통령은 방위산업의 기반이 되는 중화학공업 육성을 결코 단념하지 않았다. 73년 1월, 방위산업 육성과 경제구도의 심화를 목표로 철강, 비철금속, 기계공업, 조선, 전자공업, 화학 등 6대 전략산업을 육성하려는 중화학 공업 정책을 선언하면서, 일본의 지원을 요구하였다. 한국 정부의 중화학 공업 전략은 기본적으로 일본의 사양 산업이 된 중화학 업종을 한국으로 유치하여 한일 간 산업분업체제를 구축하려는 전략을 취하고 있었고, 이에 따라 일본 또한 한국의 중화학 공업 전략에 협력적 입장을 표명했으나, 73년 1차 석유 위기의 발생과 김대중 사건으로 인한 한일관계의 파국적 갈등에 직면하여 소극적 자세로 변화하였다(니시노 준야 2011, 201-204).

사실 4대 핵공장 건설 및 중화학 공업전략에 대해 일본에 원조를 요구할 때, 한국 정부는 무기를 생산하기 위해 혹은 방위산업을 육성하기 위해 차관을 받는다는 사실이 알려지면 일본 국내의 반대여론에 의해 차관교섭이 힘들어질 것을 예상하고 무기생산을 극비리에 하고 경제구조의 심화를 명목으로 지원을 요청했다(류상영 2011, 157). 이처럼, 일본의 한국에 대한 경제협력은 '실질적으로는' 안보협력을 대체하는 것이었지만, 국내 보혁대립으로 인한 '한국문제의 국내화'를 차단하기 위해 한국의 경제발전이라는 명목 뒤에 숨을 수밖에 없는 구조였던 것이다.

이러한 전략적 경제원조는 80년대 초반 전두환 정권 시기에 핵심 문제로 재등장하게 되었다. 전두환 대통령은 당시 2차 석유위기로 위기에 처해있던 한국 경제를 위해 일본에 대규모 원조를 요구할 자세를 취했다. 한국 정부는 여기에서 미국을 먼저 설득하려했다. 81년 2월 레이건(Ronald W. Reagan) 대통령과의 회담에서 "일본은 미국이 2개 사단의 병력을 한국에 주둔시키는데 필요한 만큼의 금액을 방위비 형태가 아닌 경제협력의 방식으로 한국에 지불해야 한다"며 미국의 지지를 부탁했다. 일본의 역할을 강조하던 미국이 한국 입장을 지지하자, 한국 정부는 일본에 60억 달러의 정부차관, 일본수출입은행 자금 40억 달러, 총액 100억 달러에 이르는 경제협력을 공식적으로 요청하였다. 이러한 한국 정부의 대규모 원조 요청에 대해 당시 외무부장관 노신영은 다음과 같이 '방파제'론을 다시금 이용했다(노신영 2000, 279).

> 우리 정부와 국민은 한국의 방파제 역할로 인하여 일본이 안정과 번영을 누리고 있으므로 일본은 과다한 방위비 부담으로 어려움을 겪고 있는 한국을 도와야 한다는 생각이었고, 일본의 남북한 등거리정책이라든가 기회주의적 자세를 못마땅하게 여기고 있었다.

반면 일본정부는 이러한 정치적 고려에 의한 경제협력은 불가능하며, 경제원조의 구체적 프로젝트를 제시하기를 요구했다. 한국에 대한 경제원조를 반공망의 구축으로 이해한 혁신세력의 반발을 의식했기 때문이다. 한국 정부가 제5차 경제사회발전 5개년 계획의 추진에 사용될 것이라며 구체적 프로젝트를 제시하자 경제협력을 둘러싼 한일 교섭이 시작될 수 있었다. 한국 정부의 제안에 대해 일본 정부는 15억 달러 차관과 수출입은행 자금

25억 달러, 총액 40억 달러 제공으로 맞섰다. 하지만 스즈키 젠코(鈴木善幸) 내각은 경제협력 교섭을 철저히 관료적 방식으로 처리함으로써 교섭은 진전이 없었다. 더군다나 역사교과서 파동으로 한일관계가 급속히 냉각됨에 따라 교섭은 중단되었다(小此木政夫 2001; 손기섭 2009).

자유진영국가의 일원임을 강조하며, 국제적 역할을 적극 수용하려는 나카소네 야스히로(中曾根康弘) 내각이 들어서자 교섭은 급진전되어, 최종적으로 엔차관 18.5억 달러, 수출입은행 융자 21.5억 달러, 총액 40억 달러로 타결을 보았다. 나카소네 수상은 스즈키 내각에서 갈등 일로에 있었던 미일관계를 회복하기 위해서는 미국이 요구하던 국제적 역할을 수용하는 것을 보여주어야 한다고 생각했기에 한일 안보경협 문제에 적극적으로 임했던 것이다. 결국 전두환 시기의 40억 경제원조는 미국을 매개로 한국과 일본이 전선국가와 기지국가로 연결되는 구도를 명확히 보여주는 것이었다.

50년대 냉전전략의 불협화음으로 상호 갈등이 심했던 한미일 삼국은 60년대를 거치면서 협력적인 관계를 구축하며 〈표 1〉과 같은 역할분담을 암묵적으로 형성하였다. 미국은 글로벌 파워로써 동맹국가에게 소련과 북한의 위협에 대한 억지력을 제공하면서도 반공 전선국가의 자조적 노력과 반공 기지국가의 지역적 역할을 강조하며 자신의 부담을 경감하려 했다. 한국에게는 자주국방과 경제발전의 동시적 달성이라는 매우 제한적인 역할만을 요구하며, 한국의 과도한 냉전논리를 억제하였다. 반면 보혁대립으로 '냉전의 국내화' 우려가 강했던 일본에게는 주일 미군의 극동전개에 적극적으로 협조하는 정도의 제한적인 군사역할만이 요구되었으며, 그 대신 대규모의 전략적 경제원조로 반공전선국가의 자주국방과 경제발전에 공헌할 것이 요구되었다. 더불어 한미일 삼국의 정책 조율을 위한 제도적 기반은 없었지만, 한미 국방각료회의, 미일 안전보장협의위원회, 한일 각료회담 등 양자 간 정책 협의 제도를 갖추고 있어서 간접적으로 삼국의 정책조정을 수행하였다. 위와 같은 구도는 미국과 일본 그리고 대만 사이에서도 비슷하게 나타났다. 그런 의미에서 일본은 리저널 파워(regional power)로써 미국의 동아시아 정책을 '보좌'하는 중요한 역할을 담당했다.

〈표 1〉 한미일 협력체제의 냉전적 원형: 역할과 제도

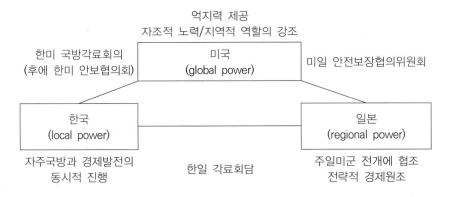

제2장_ 역사문제의 봉합과 영토문제의 보류

1. 역사문제의 봉합

1) 식민지배의 법적 성격을 둘러싼 이견과 그 봉합

'탈식민화된 한일관계'는 과거사 청산 위에서만 가능한 것이었다. 이 때 한일 역사문제의 해결이란 일본정부가 제국주의에 대한 철저한 반성 위에 식민지 지배의 불법성을 인정하고, 여기에 기초하여 강제징용 등에 대한 개인 보상과 배상을 철저하게 실시하여 과거의 불행한 역사를 종결시키는 것이다. 즉, 한국 입장에서 역사문제 해결은 식민지 지배의 불법성에 기초하지 않으면 안된다.

그러나 한국이 처해진 조건은 그리 녹녹치 않았다. 51년 체결된 샌프란시스코 강화조약은 제 4조(a)에서 식민지로부터 독립된 국가와 상호 청구권 문제 청산을 위해 특별협의를 실시하도록 규정하였다. 전승국에 대해서 배상을 요구한 것과 달리 식민지 국가에게는 청구권 해결을 요구한 것이다. 이는 '전승국=배상', '식민지국가=청구권'이라는 이중 구조를 통한 전후 처리를 의미하였다. 또한 샌프란시스코 강화조약 제 2조(a)는 일본에 의한 한반도 독립을 승인한다고 규정되어 있다. 물론 위 조항에는 식민지 지배가 불법적이었는지 합법적이었는지 유권해석을 내리고 있지 않다. 그러나 병합조약이 불법적이었다면 굳이 승인할 이유가 없다는 측면에서 일본에 유리한 조항이었다(장박진 2009, 216). 더군다나 한국은 샌프란시스코 강화조약에 참여하여 전승국 지위를 획득하려 했지만, 미국과 영국의 반대로 무산되었다. 이러한 상황 속에서 한국은 병합조약의 불법성과 배상에 입각한 교섭을 진행하기 힘들었던 것이다.

따라서 식민지 지배의 법적 성격을 규정하는 기본관계조약이 기타 조약의 근본을 이루는 조약이기에 가장 우선적으로 교섭되어야 했지만, 기본관계조약은 청구권 교섭에 밀려 주변화되었고 국교 정상화 교섭 끝자락에 가서야 본격적인 협상이 이루어졌다. 이처럼 다른 조약의 '헌법' 역할을 해야 할 기본관계조약에서 과거청산 규정이 소멸됨에 따라, 청구권 관련 조약, 문화재 조약, 재일한국인 법적지위 조약을 체결하는 이유가 식민지 지배의 불법성에 기초한 과거청산을 위해서가 아니라, "양국 간의 경제협력을 증진할 것을 희망하여", "양국의 학술 및 문화의 발전과 연구에 기여할 것을 희망하여", "대한민국 국민이 일본국의 사회와 특별한 관계를 가지게 되었음을 고려하여" 등이 되었다. 이상과 같이, 한일회담에서 과거청산은 '소멸'되었다(장박진 2009, 520-525).

또한 한일 기본조약 2조에 "1910년 8월 22일 및 그 이전에 대한제국과 일본제국간에 체결된 모든 조약 및 협정이 이미 무효임을 확인한다"라는 애매모호한 규정을 삽입하게 되었다. 여기에서 '이미 무효(already null and void)'의 구체적 시점에 대해 한국과 일본은 상이한 해석을 하면서, 불행한 과거의 완전한 청산은 불가능하게 되었다. 후지사키 마사토(藤崎萬里) 외무성 조약국장은 48년 11월 25일 참의원 한일 조약 특별위원회에서 다음과 같이 언급하며, 한일 합방조약이 유효했음을 주장했다.

영어의 null and void는 당연히 당초부터 무효였다는 생각도 있는 것 같지만, 전혀 그렇지 않다고 생각합니다. 특히 이미라는 글자가 삽입된 것은 예전에는 유효였다는 것을 확실히 말해주는 것으로, 처음부터 무효였다면 이미 무효라는 것은 성립하지 않습니다. 그리고 무효인 시점의 문제이지만, 일한 병합조약은 대한민국 독립일인 48년 8월 15일에 실효하여, 병합 이전의 모든 조약, 협정은 각각 유효기간의 만료, 혹은 병합까지 존속했던 것은 병합 시에 실효했다고 생각합니다.

반면 한국은 한일 합방조약의 체결 자체가 불법이어서 애초부터 이미 무효였다는 입장을 취하고 있다. 한국 정부는 1965년 발간한 '한일회담 백서'에서 "1910년의 한일 병합조약과 그 이전의 대한제국과 일본제국 간에 체결된 모든 조약, 협정, 의정서 등의 명칭 여하를 불문하고 국가 간의 합의문서는 전부 무효이다. 무효의 시기에 관해서는 무효라는 용어자체가 별단의 표현이 부대되지 않는 한, 원칙적으로 당초부터 효력이 발생하지 않으며 '이미'라고 강조되어 있는 이상, 소급하여 무효(null and void)이다"고 기술하며, 원천 무효론을 주장했다(이원덕 2000, 47-48 재인용).

이러한 한국의 인식은 65년 11월 5일 중의원 일한특별위원회에서 사토 에사쿠(佐藤榮作) 수상이 "(1910년에 체결된 병합조약은) 대등한 입장에서 또 자유의사로 체결됐다고 생각하고 있다"고 발언한 것과 비교하면 극과 극의 차이였다. 일본은 한일합방 조약의 합법성을 넘어 비강제성(자율성)까지 주장하는 것이었다. 샌프란시스코 강화조약에서 일본의 한국 독립승인 규정이 채용됨에 따라 병합조약의 합법성이 간접적으로 인정된 상황은 이러한 일본 입장을 더욱 견고하게 하였다.

물론 65년 2월 20일, 기본조약 체결을 위해 방한했던 시이나 에쯔사부로(椎名悅三郎) 외상은 공항에서 식민지 지배에 대해 '유감'의 뜻을 표명한 뒤 이에 대해 깊이 '반성'한다는 성명을 발표한 바 있다. 하지만 시이나 외상이 준비했던 도착성명 원안은 "36년간의 식민통치에 대한 반성의 표현이 조금도 들어 있지 않았다." 이동원 외무장관이 한국 국민 감정에 맞는 역사에 대한 언급이 필요하다며 강력히 요구했고, 한국에 파견되었던 마에다 도시카즈(前田利一) 조사관의 진언에 따라 "양국의 오랜 역사 가운데 불행한 기간이 있었던 것은 매우 유감으로 깊이 반성한다"는 구절로 바뀌게 되었다고 한다. 불행한 기간이 무엇을 의미하는지 불명확하고, 반성하는 주체도 구체적으로 언급되어 있지 않는 등 한일 국교정상화를 위한 정치적 언급에 불과하였다. 실제 66년 시이나 외상은 이때를 회상하며 "큰마음 먹고 잘못했다고 사과했으면 좋지 않았을까 하는 자도 있다. 이 또한 경솔하고 비굴하게 들린다. 어떻게 하면 좋을 것인가 여러 가지로 궁리해봤다"고 회상했다(다카사키 소지 2010, 238-241). 즉, 시이나 성명은 식민통치에 대한 언급 없이는 한국 국민 감정을 완화시킬 수 없다는 정치적 고려에 의해 급조된 발언이었으며, 식민통치에 대한 반성과 거기에 기반을 둔 미래지향적 한일관계 구축을 위한 의지를 보여준 것은 아니었다.

이처럼, 당시 일본 정부는 식민통치에 대한 최소한의 형식적 사죄의식밖에 없었다. 이는 한일합방조약이 합법적인 것이었으며 강제성 없이 대등한 입장에서 체결된 것이었다는 인식때문이었다. 동시에 53년의 구보타 망언에서처럼, 국내적으로는 식민통치가 한국에도 좋은 일이었다는 인식이 강하게 자리잡고 있었기 때문이다. 무엇보다 과거청산에 중요한 역할을 담당할 것으로 기대되었던 일본 혁신세력은 오히려 한국 정부를 비판하며 한일회담 반대논리에 치우쳐져 과거청산을 더욱 어렵게 하였다.

이렇듯 일본 정부는 대외적으로 샌프란시스코 강화조약을 수용하며 최소한도로 과거사에 반성을 표명하지만, 대내적으로는 전쟁책임이나 아시아에 대한 가해책임을 불문시하거나 오히려 이를 정당화하려고 했던 '이중기준(더블스탠다드)' 입장을 취하고 있었다(吉田裕 2005). 가령 다나카 가쿠에

(田中角榮) 수상은 74년 1월 24일의 중의원 본회의 답변에서 "긴 합방의 세월 동안 지금도 그 민족의 마음에 남아 있는 것은 일본이 김 양식법을 가르쳐줬고, 나아가 일본의 교육제도, 특히 의무교육제도는 지금까지도 이어지고 있는 훌륭한 것이라고 했다"고 언급하는 등 시이나 외상 성명을 무색케 하는 발언이 별다른 문제없이 이루어졌다.

물론 한국 정부 또한 과거사 청산에 적극적이었다고 말하기 힘들었다. 이승만 시기 이래 한일회담의 목적은 북한과의 체제경쟁에서 승리하기 위한 청구권 문제의 해결이었으며, 이를 위해 '식민지 지배 자체에 대한 청산'이 아니라 '식민지 시대에 일어난 문제들의 처리'를 추구했다. 예를 들어, 49년 이승만 정권이 작성한 '대일 배상요구서'는 식민지 지배 자체의 불법성에 기반을 둔 책임추궁이 아니라 중일전쟁 이후의 인적 물적 피해, "영토 분리분할에서 오는 재정상 및 민사상의 청구권 해결 문제"에 불과했다. 그나마 배상이라는 단어를 사용하였으나, 이마저도 청구권 문제로 그 이후에는 경제협력 문제로 전환되어 갔다(장박진 2009). 한일합방조약의 합법성, 즉 식민통치의 합법성을 전제로 교섭에 임하는 일본 정부의 협상자세는 전쟁의 폐허에서 다시 시작해야 하는 한국에게는 어찌 보면 넘기 힘든 벽이었는지도 모른다.

이러한 구조적 제약 속에서 박정희 정권은 '반공'과 '경제건설'을 위한 일본의 경제지원을 얻고자 한일회담에 더욱 현실적인 입장을 취하게 되면서 과거사 청산 문제는 더욱 주변화 되어 갔다. 이에 따라 '과거사의 완전 청산'을 요구하는 목소리는 한일 협상 반대데모의 형태로 나타났고, 박정희 정부는 '6·3 항쟁'과 같이 반정부 투쟁으로 확산되어가고 있던 한일회담 반대데모를 극력 저지하였다.

이렇듯 일본 정부는 한일합방 조약의 합법성 및 비강제성에 기초하여 교섭을 진행했으며, 최소한도의 사죄만 표명했을 뿐 식민통치에 대한 반성과

거기에 기반한 미래지향적 한일관계를 구축하기 위한 의지를 보여주지 않았다. 한국 국민은 권위주의 체제 하에 침묵을 강요당했을 뿐, 과거사 청산에 침묵하는 한일 양국 정부에 비판적이었다. 한국 국민 누구도 65년 국교정상화가 과거사를 청산하고 미래지향적 한일관계의 토대를 구축했다고 믿지 않았고, 오히려 '사죄하지 않는 일본'이라는 이미지를 각인시키는 계기가 되어버렸다. 결국 역사문제의 미해결로 양국 사이의 역사적 앙금은 해소되지 못했고, 이러한 불신은 한일 안보협력 등 다차원적 발전을 불가능하게 만들었던 것이다.

2) 식민지배의 법적 청산을 둘러싼 이견과 그 봉합

한일 국교정상화 과정에서 가장 중요한 부분은 주지하는 바와 같이 청구권 문제였다. 청구권 문제는 기실 식민지 지배의 법적 청산 문제를 의미했다. 그러나 현실은 달랐다. 박정희 정권의 경제발전전략과 대북 봉쇄전략에 있어 가장 중요했던 것은 일본으로부터의 경제협력이었고, 그런 의미에서 청구권의 금액 문제가 가장 중요했다. 일본 또한 앞에서 살펴본 과거사 인식 속에서, 강제징용 문제 등 불법적 식민통치를 전제로 개인 배상이나 보상 문제를 극구 외면했다. 한국 등 자유 아시아에 대한 경제원조의 증대를 요구하는 미국의 지속적인 압력 하에 어떻게 최소한의 금액으로 한국의 청구권 요구를 묵살하느냐가 핵심이었던 것이다.

따라서 배상에서 청구권으로 전환되어 가는 과정, 청구권 교섭에서 개인 청구권이 소멸되어 가는 과정이 1-6차 한일회담의 전반적 흐름이었다. 이후 7차 한일회담에서는 재일 조선인 청구권 문제 및 개인 청구권의 완전한 해결을 더욱 정교화 하는 작업이 진행되었다. 결국 청구권 문제 해결과정을 보면 양국의 입장이 타협하며, 그 속에서 개인 청구권, 재일 조선인 청구권 문제 등이 완전히 해결되었다는 식으로 결착되었고, 동시에 미래의 청구권을 현재의 청구권으로 모두 해소하는 방식을 통해 양국의 이해관계를 조정했던 것이다. 하지만, 이 과정에서 일본 및 한국 정부는 개인적 재산인 개인청구권을 양국 간 협정으로 완전히 해소시키는 것의 법리적 문제점을 충분히 인식하고 있었다는 사실 또한 알 수 있다.

49년 이승만 정권은 '대일 배상요구서'를 작성하였다. 이는 한국이 대일 강화조약에 참가한다는 것을 전제로 작성된 것으로, 태평양 전쟁과 중일 전쟁 시의 인적 물적 피해 보상, 일본의 강제징용에 대한 배상과 보상을 요구한 것이었다. 여기에서 주목되는 것은 중일 전쟁 및 태평양 전쟁에 기인하는 인적 물적 피해에 대해 121억 엔(인적 피해 5억 엔 포함)을 요구했다는 점이다. 당시 만주, 화북, 내지 등에서 귀환한 한국인이 150만 명 정도로 파악되었으나, 인적 피해는 더욱 늘어날 것이 확실한 상황에서 한국 정부는 전쟁에 의한 인적 피해(개인청구권)를 5억 엔 정도로 한정하였다. 이는 한국의 대일 배상 요구가 징벌적 속성이 아니라, "희생의 회복을 위한 공정한 권리의 이성적 요구에 있다"는 기본 원칙에 입각한 것이었기 때문이다 (아사노 도요미 2010, 299; 장박진 2009, 246). 물론 이러한 인적 피해에 미래에도 밝혀질 수 있는 개인 피해에 대한 배상도 포함되어 있었는지 여부는 확인할 수 없다. 다만 이러한 인적피해에 대해 5억 엔이라는 구체적 금액으로 이를 한정했다는 점, 미래에 밝혀질 지도 모를 개인 배상권에 대한 규정이 없다는 점, 한국 정부가 전쟁으로 인한 한국 국민의 개인적 피해의 전모를 파악하지 못하고 있었을 것이라는 점에서, 미래에 발생할 지도 모를 인적 피해에 대한 배상 및 보상의 길을 염두하고 대일 배상 요구를 했다고는 말하기 힘들지도 모른다.

무엇보다 재한 일본인의 재산을 배상 요구서에 포함시켰다는 점도 특이하다. 이러한 정책은 "예외로서 연합국은 각각 자기영토 내에 잔존하는 일본의 재산을 차압할 수 있고, 여기에서 나오는 수익으로 전쟁 중 일본이 연합국 재산에 가한 손해에 대해 각각의 국민의 배상 요구에 충당할 수 있다"는 미국의 배상정책에 기초하는 것이었다. 이에 대해 유진오는 다음과 같은 논리를 전개했다(아사노 도요미 2010, 299-300에서 재인용).

> 한국정부는 최근 국제법의 추세에 비추어 사유 재산권은 불가침이 아니라는 것, 군정령 제 33호는 '강화조약의 규정과 대응해 일본의 재외재산에 대한 광범위한 비일본화 조치의 일환으로 이뤄진 것'으로 '몰수적 효과를 갖는다'는 것으로, 14조 (a)에 열거된 것과 같은 종교단체 등의 예외조치가 인정받지 않는 것은 '조선 인민의 노예적 지위에 착안한 결과이며, 해방국은 전승국에 우선한다'는 것, 따라서 '특별협정에서는 일본 측은 아무런 권리도 소유하지 않고, 조선 측의 일방적인 권리만이 주제가 된다'는 법적 논리를 전개했다.

비록 일본인의 개인 재산에 관한 것이지만, 한국 정부 또한 국제법적으로 개인재산이 불가침의 권리가 아니라는 점을 인정하고 있다는 점이 특기할만하다. 일본 정부가 이른바 역청구권을 주장할 때, 중요한 논쟁 지점이 되는 곳이기도 했다.

하지만 이러한 배상 요구는 미국의 배상정책이 전환되고, 한국의 전승국 위치 즉 강화조약 참가권리가 인정되지 않음에 따라 실패하게 되었다. 제1차 한일회담에서 한국은 '재산과 청구권 8항목(대일 청구요강 8항목)'을 제시하면서 배상이라는 단어를 삭제하였다. 이는 배상이라는 단어에 반대하는 미국과 일본의 입장, 샌프란시스코 강화조약 참가에 실패한 한국 정부의 노선전환에 그 원인이 존재한다. 이후 청구권 문제로 불리게 되었다(이원덕 1996, 43-44).

여기에 주목할 것은 8항목의 제 5항과 6항 및 7항에 개인 청구권이 포함되었다는 사실이다. 즉 5항에서 한국법인 또는 한국 자연인의 일본 국채,

공채, 일본은행권, 피징용 한인 미수금 등 기타 청구권을 변제할 것, 6항에서 주식 또는 기타 증권을 법적으로 인정할 것, 7항에서 상기의 제 재산 또는 청구권에서 발생한 제 과실을 반환할 것을 주장하고 있다. 이에 기반하여 61년 2월 3일부터 개최된 일반 청구권 소위원회에서, 한국은 청구권 8항목 중 5항목, 즉 "한국 법인 혹은 한국인의 일본 혹은 일본국민에 대한 일본국채, 공채, 일본은행권, 피징용 한국민의 미납금, 보상금, 그 외 청구원의 변제", 즉 개인 청구권을 제안하였다. 이 때 일본은 "개인별로 지급하는 것이 좋다", "금후, 국교가 회복되면 일본의 일반 법률에 의거 개별적으로 해결하는 방법도 있다"는 생각을 피력하였다. 이에 대해 한국은 "여기에서 제시된 청구는 국교회복 전에 해결되어야 한다," "지금은 한국 정부가 행한다"라며 개인 청구권에 대한 일본의 개별보상을 거부하였다.[39]

왜 한국은 개인 청구권을 포함하여 일괄적으로 한국 정부가 지급하는 것을 요구했을까? 이는 청구 금액을 높이기 위해서였을 것이다. 특히 한국전쟁에 의해 관련 자료가 전멸한 상황을 생각하면, 한국 국민이 진정 개인 청구권을 행사할 수 있을까하는 우려도 존재했을 것이다. 또한 일본이 법률을 성립시키기까지 상당한 시간이 필요하기 때문에 빠른 시일 내에 개별보상을 받는 것도 쉽지 않았기 때문이다.

그렇다면 일본은 왜 처음에 한국 국민에 대한 개별 보상을 실시할 것을 제안했을까? 진정 일본이 개별 보상을 실시할 생각이었을까? 단순히 한국이 개별 보상을 포함함으로써 청구 금액을 높이려고 하는 것을 견제할 목적 때문이었을까? 이에 대한 대답은 좀 더 면밀한 자료 분석이 요구되고 있지만, 일본은 한국 정부가 요구하는 청구권의 금액을 낮추기 위한 방편으로 이러한 제안을 했을 것으로 추측되고 있다.

이와 더불어 일본은 징용이 강제동원이라는 의식이 전혀 없었으며 손해배상을 해야 한다는 생각도 없었다. 오히려 일본 원호법 체제를 이용해서 개인보상을 하면 된다는 생각을 가지고 있었다. 예를 들어 61년 5월 10일의 예비회담 일반청구권 소위원회 제13차 회의에서, 일본은 "징용될 때에는 일단 일본인으로서 징용된 것이므로 당시의 원호 같은 것, 즉 일본인에게 지급 한 것과 같은 원호를 요구하는 것인가"라며 되물으며, "일본 원호법을 원용하여 개인 베이스로 지불하면 확실해진다"는 주장을 하였다(김창록 2010, 249 재인용).

두 번째 문제는 앞으로 밝혀질지 모를 청구권을 어떻게 할 것인가였다. 61년 11월 박정희와 이케다 수상 회담에서는 청구권은 사무적으로 자료에 입각해 계산되어야 하며, 정치절충으로 결정해서는 안 된다는 점이 합의되었다. 이후 12월 21일부터 개최된 일반 청구권 소위원회에서 청구권 문제에 대한 논의가 전개되었다. 일본은 "자연인 혹은 법인 관계의 청구권이 이 회담에서 (완전히) 해결되기를 희망한다"는 뜻을 내비쳤고, 한국은 "한국인의 일본정부 혹은 일본인에 대한 권리로써, 이상의 대일 청구권 요망 제 1항에서 5항까지 포함되지 않은 것은 한일 회담 후에도 개별적으로 행사가 가능할 것을 인정할 것, 이 경우에는 국교가 수립될 때까지 시효가 정지되는 것으로 하자"고 주장했다.[40]

위 회담에서의 한국 정부의 주장은 어찌 보면 한국 정부가 택할 수 있었던 가장 최선의 것이었다. 즉 사실관계 규명이 현실적으로 불가능한 상황에서 향후 밝혀질 지도 모를 전쟁 피해를 염구하고 미래에 밝혀질 문제에 대해서는 개인 청구권을 소멸시키지 않고 온전시키는 것은 당시 한국 정부가 할 수 있었던 최선의 정책이었다.

하지만, 한국과 일본 외교문서 상 이후 협상에서 한국 정부가 '향후 밝혀지는 개인 청구권의 시효 정지'를 주장한 흔적은 보이지 않는다. 어찌되었든, 한국 정부는 청구권의 입증과 법률근거를 한국 정부에 떠넘기는 일본 정부의 강경한 입장에 막혀 경제협력 방식을 수용할 가능성을 가지고 있었으나, 향후 밝혀질 다양한 문제에 대한 개인청구권은 남겨두려고 했다는 점은 확인할 수 있다.

이에 대해 일본은 향후 다양한 문제들이 밝혀지며 청구권 문제가 국교정상화 이후에도 쟁점이 될 것을 사전에 차단하기 위해 모든 청구권의 소멸을 요구했을 것이라는 것도 어렵지 않게 유추할 수 있다. 실제 일본은 청구권의 구체적인 입증과 법률근거를 한국에 요구하며 법률논쟁으로 회담을 끌고 갔다. 제 6차 한일회담 1차 정치절충회의에서 고사카 젠타로(小坂善太郎) 외상은 "청구권인 이상, 법률관계와 사실관계를 엄격히 조사하여 입증이 확실한 것이지 않으면 안 된다. 그 입증책임은 채권자인 한국에 있다"고 주장하며, "결국, 이전부터 한국이 주장한 제 청구권 중 법적 근거가 있는 것은 적으며, 그 금액도 소액이 될 것이다. 또한 미국 해석을 염두에 두면, 그 금액은 더욱 적어질 것이 확실하다는 점을 인식해 주길 바란다"고 언급하였다.[41]

이상에서 보듯이 한국은 청구권 금액을 높이려는 데 주요 관심이 있었고, 일본은 이를 최대한 억제하고자 하였으며 그 연계성 속에서 입증책임을 한국에 돌리려고 하였다. 양국 사이에 식민지 지배의 어두운 기억을 청산하려는 의지는 없었던 것이다. 이러한 인식에 따라 일본은 사실관계 및 법률근거를 한국정부에 요구하는 지리멸렬한 법적 공방만을 시도했다.

하지만 한국전쟁 이후 한국에 있는 관련 자료가 전멸한 것을 고려하면 일본이 가지고 있는 자료를 공개하지 않는 한, 이를 입증하기가 힘들었다. 국교정상화가 식민지 지배의 어두운 기억을 극복하고 탈식민화 된 한일관계의 구축을 의미한다면, 일본은 먼저 자국이 보유하고 있는 자료를 공개하고 잘못을 인정했어야 했다. 하지만, 일본은 이후 청구권에 대한 입증 책임을 한국에게 요구했던 것이다.

61년 2월 유진오 수석대표가 기시 노부스케(岸信介) 전 수상을 만나고 본국에 보낸 보고서에서 청구권 문제에 대한 기시 전 수상의 견해를 다음과 같이 보고하고 있다. 물론 이는 기시 전 수상의 개인적 견해에 불과하겠지만, 당시 일본과 한국의 상황을 객관적으로 설명한 것이기에 특이할 만하다.

> 청구권을 청구권으로 해결해야 한다는 한국 측 주장에 이의가 없다. 다만 이 문제는 첫째, 청구권의 대부분은 북한에도 관련이 있는 것이어서 일본사회당, 북한, 조총련 등의 맹렬한 반대가 나올 우려가 있고, 둘째 법적 근거가 아주 확실한 것이 아니면 일본 국회나 여론이 납득하지 않을 것이므로 액수에 있어서 한국 측이 희망하는 것이 될 가능성이 극히 적다. 청구권에 비하면 경제협력 방식은 국회를 통과하기도 국민을 납득시키기도 훨씬 통과가 수월하다. 액수가 너무 많다고나 조건이 나쁘다고 할 사람은 있겠지만 한국의 경제건설을 위하여 무상이나 차관을 준다는 그 자체에 대하여는 크게 반대하지는 않을 것이다(한상일 2010 180, 재인용).

이렇듯 사무적인 교섭으로 시종일관하는 일본 앞에서, 한국은 법률논쟁으로 빠져드는 청구권 협상을 유리하게 전개하기 위해 62년부터 정치적 타결을 추구하게 되었다. 결과, 62년 11월 김·오히라 회담에서 한국은 청구권 문제의 해결과 경제협력 방식을 취할 것을 합의하였다. 즉 "일본의 유상 무상 자금 제공(무상 3억 달러, 유상 2억 달러), 즉 경제협력 방식에 의해 청구권 문제가 해결된 것으로 한다"는 것에 합의한 것이다.

이러한 정치적 타결방식은 박정희 정권 수립 후 61년 7월 '한일회담에 관한 정부의 기본방침'에 기초한 교섭의 결과였다. 즉 "객관적인 타당성 있는 청구권을 총합하여 정치적인 고려를 가미하여 일정한 절대 청구액수를 회수하여 끝까지 고수한다"는 방침을 수립했으며, 여기에서 말하는 청구권의 총합, 정치적인 고려 방식이 김·오히라 회담에 그대로 반영된 것이다(장박진 2010, 213). 이에 따라, 청구권 문제는 무상원조, 정부차관, 민간차관의 형식, 이른바 경제협력방식으로 총액 베이스로 해결된 것이다. 물론 이러한 방식은 장면 정권부터 이미 고려하고 있었던 것으로 반드시 박정희 정권의 정책만은 아니었다(한상일 2010, 179).

하지만 위 김·오히라 합의가 개인 청구권의 완전 소멸을 의미하는지가 명시적이지는 않았다. 실제 한국 정부는 김·오히라 회담에 의해 모든 개인 청구권 문제가 완전 해결되었는지에 대한 입장이 오락가락하며 혼선을 빚었다. 64년 2월 5일 경제기획원의 질문에 대해, 외무부는 "김·오히라 회담에 의해 정치적으로 일괄 타결되었다. 그러나 이것은 개인 청구권이 소멸되었다는 것은 아니며, 개인 청구권의 각 항목 별로 가부 기준 및 방법을 준비하지 않으면 안 된다"고 답변하였다.[42]

하지만 64년 3월 11일자 한국정부 훈령을 보면 "본 협정의 체결에 따라, 샌프란시스코 강화조약 제4조 a항과 b항에 규정된 청구권 문제가 최종적으로 해결되었다는 사실을 일본정부에게 확인 받을 것"에 대한 보충설명에서 "청구권문제가 최종적으로 해결되더라도, 일본에 살고 있는 한국민의 일본 혹은 일본국민에 대한 청구권은 영향 받지 않도록 별도의 교섭을 통해 확인받을 것"이라고 적혀 있다.[43] 최소한 한국에 살고 있는 국민의 개인 청구권은 모두 해결되었다는 것을 인정하고 있는 것이다. 한국 정부는 한국 국내 국민의 청구권 소멸에 대해서는 인정했지만, 최소한 재일 동포의 개인 청구권은 지키려고 노력한 것이다. 실제 후술하는 7차 한일회담에서는 재일 동포의 개인 청구권 문제가 핵심 의제 중에 하나가 되었다.

또한 64년 3월 21일 일본에 제시된 한국정부안 "대한민국과 일본국 간의 청구권 문제해결 및 경제협력에 관한 협정(안)"에서는 "한일 양국 및 양 국민의 재산, 양국 및 양국민의 청구권은 샌프란시스코 강화조약 제4조에 규정된 것을 포함하여 완전히 최종적으로 해결된 것으로 한다"고 되어 있다.[44] '양 국민의 청구권'이 포함되어 개인 청구권도 최종적으로 해결된 것으로 한국정부가 인식하고 있었음을 알 수 있다.

이처럼, 한국은 김·오히라 회담에서 합의된 청구권 문제의 해결에 대해 처음에는 모든 개인 청구권이 소멸된 것은 아니라는 입장을 보이다가 완전 해결되었다는 입장으로 선회했다. 이는 65년 4월 이동원 장관과 시이나 외상 회담 이후 외무부가 경제기획원의 질문에 대해 작성한 답변서에도 확인되고 있다. 5월 8일, 경제기획원 장관의 질문에 대해, 외무부장관은 "한일회담에 있어서 아측이 일본 측에 제시한 청구권은 대일평화조약 제 4조 (a)항에 근거하는 것으로 이에는 정부 당국의 청구권은 물론 아국국민(법인 포함)이 보유하는 개인청구권도 포함되어" 있다고 입장을 정리했다. 또한 외무부장관은 이러한 합의가 진행된 경위에 대해서 "한일 회담에서 청구권 문제를 교섭함에 있어서 한일 양측은 각 청구항목에 대한 상환의무의 법적 근거, 각 청구항목에 관한 사실관계의 증명, 일본 원화로 표시된 청구권의 환율문제, 대일 평화조약 제 4조 (b)항에 대한 미국 측 해석 각서에 표시된 미국 측 의견의 처리문제, 아국정부의 행정권이 미치지 못하는 지역에 관련되는 청구권의 처리문제 등에 관하여 의견을 달리하고 양측 입장에는 현격한 차이가 있었으므로, 양측은 각 청구항목을 사무적으로 해결할 방도가 없었던 것이며, 따라서 정치적인 해결을 모색하여 62.11.12에 있었던 김·오히라 회담을 거친 후, 양국 정부의 승인을 얻어 62년 말에 해결원칙에 합의한" 것이라고 설명하고 있다. 따라서 "청구권 문제는 아측의 각 청구항목을 일일이 따져서 해결하는 방식이 불가능하였으므로 각 청구항목을 일괄하여 해결하게 된 것인바, 아측 청구권에는 위 2항에서 설명한 바와 같이 아국국민(법인포함)이 보유하는 개인청구권도 포함되어 있는 것이므로, 이번에 일본과 청구권 문제를 해결하게 되면 전기한 개인 청구권도 포함해서 해결하는 것으로 되는 것이며, 따라서 정부는 개인 청구권 보유자에게 보상 의무를 지게 되는 것이라고 생각"한다며 한일 양측 협의에 따라 개인 청

구권 문제가 완전히 해결되었다는 입장을 명확히 표명하였다.[45)]

문제는 65년 4월의 이동원-시이나 회담에서 합의된 청구권 문제의 완전 해결에, '대일 청구요강 8항목' 이외의 미래에 밝혀질지 모를 개인 청구권이 포함되었느냐의 여부이다. 한국 정부는 앞에서 살펴보았듯이 개인 청구권을 포함한 모든 청구권이 해결되었다는 해석을 내렸지만, '대일 청구요강 8항목' 이외의 개인 청구권에 대해서는 향후 여지를 남기려고 했다. 반면 일본은 완전 해결되었다는 사실을 외교문서에 기록하여 이후의 분쟁 요소를 완전히 제거하고자 하였다. 65년 3월 25일 한일 외무장관 비공식회담에서 청구권 관련 합의가 이루어졌는데, 여기에서 양 국민 간의 청구권도 완전히 그리고 최종적으로 해결되었다고 합의되었다(합의사항 5항). 그러나 4월 3일 일본은 국장급 회담에서 "합의사항 5항을 상당히 변화시킨 문안을 제출하여 그 수정을 제안했고", 한국은 격렬히 반발했다. 결국 한국 외교문서에 의하면, 양 정부는 "(중략) 그래서 동 대일 청구권요망에 대해서는 어떠한 주장도 하지 않을 것을 확인했다"는 수정된 합의의사록에 합의하였고, 다만 이를 공개하지 않기로 합의했다.[46)] 최소한 한국 외교문서에 입각하면, 한국 정부는 '대일 청구요강 8항목'의 청구권에 한에서만 개인 청구권을 포함해서 청구권 문제의 완전해결에 동의한 것으로 보인다.

그러나 이후 7차 한일회담에서의 교섭과정을 보면, 한국 정부가 '대일 청구요강 8항목' 이외의 청구권을 주장한 흔적은 없다. 따라서 일본 정부는 "금후 어떠한 주장도 하지 않는다"는 합의 내용을 대일 청구요강 8항목을 포함해서 모든 청구권 문제의 완전해결로 이해했을 가능성이 높다. 물론 외교문서를 통해서는 "금후 어떠한 주장도 하지 않는다"라는 문구를 둘러싼 교섭이나, 위 구절을 포함하는 교섭과정에서의 한일 양국의 태도 등을 알 수는 없다. 하지만 우시로구 도라오(後宮虎郎)는 국교정상화 후에 "시이나 외상이 청구권 방기에 대한 조문안을 제시했으며, 한국은 가조인 당일 아침까지 어떠한 의사도 표명하지 않았다. 그래서 시이나 외상은 가조인을 하지 않을 수밖에 없다며 강경한 자세를 보여 한국이 합의했다"고 회상했다(後宮虎郎 1979, 34).

이렇듯 일본 정부는 개인 청구권을 완전히 방기시키고, 향후 문제가 발생하지 않도록 외교문서를 통해 확인받고자 했던 사실을 알 수 있다. 이러한 노력은 제 7차 한일회담에서 구체적으로 표현되었다. 제 7차 한일회담에서 일본은 개인 청구권의 방기를 더욱 명확히 하고, 개인 청구권 완전해결의 예외조항이었던 재일 한국인의 개인청구권 문제를 명확히 하려고 했다. 청구권과 경제협력 위원회 제 1차 회의에서 일본은 "청구권의 방기에 대해, 한국은 후에 별다른 문제가 없을 것이라고 생각하고 있는 듯하지만 여러 가지 문제가 있다. 즉, 북한에 대한 청구권 문제, 개인 청구권과 관련되는 조선총독부와 한국정부와의 관계 문제, 재일 조선인의 청구권 문제, 종전 시점에 대한 해석문제. (중략) 이것들이 개인 청구권과 관련되어 있는 것이기 때문에 후에 분규를 없애기 위해서는 (중략) 협의가 필요하다"고 언급했다. 또한 "일본은 청구권 방기가 직접적으로 개인의 권리와 관계가 있고, 그 내용과 종류가 복잡한 것에 비해 한일 기본조약의 규정이 막연하기 때문에 이를 명확히 할 필요가 있다"고 주장했다.[47]

이에 대해 한국은 "이동원-시이나 회담의 합의에 의거, 개인 청구권은 소멸된 것이 확실하며, 따라서 금후 문제는 양국이 자국에서 어떻게 대응하는가에 달려있다"고 언급하며 개인 청구권 방기에 대해 심각하게 생각하지 않았다. 앞에서 살펴보았듯이 당시 한국은 김·오히라 회담을 통해 개인 청구권이 모두 해소되었다는 입장을 취하고 있었기에, 이미 합의된 금액의 구체적 실시에 대한 교섭을 우선했던 것이다.[48]

이후 일본은 65년 5월 31일 제 7차 위원회에서 협정문안을 제시했다. 문제는 다음과 같은 제2조였다.

1. 자국 및 그 국민의 재산, 권리 및 이익에 있어 (중략) 동일(서명일) 이전에 생긴 사유에 기초한 체약국 및 그 국민에 대한 자국 및 그 국민의 모든 청구권을 방기한다.
2. 다음에 해당하는 것에는 적용하지 않는다. A. 체약국의 국민으로써, 45년 9월 2일 이전부터 이 협정의 서명일까지 다른 체약국에 거주하는 사람의 재산권 및 이익 (후략)

또한 교환공문(안)에는 "52년 2월 20일에 제출된 한국의 대일청구권 요망 (그 후의 수정 및 보족을 포함)의 범위에 속하는 모든 재산, 권리 및 이익 및 청구권에 대해서는 어떠한 주장도 하지 않는 것으로 한다"라고 되어 있 다.[49] 여기에서 주목해야 할 것은 65년 4월 한일 외무장관 회담에서 합의된 합의사항에서 '재산과 청구권'으로 되어 있는 표현이 '재산, 권리, 이익, 청구권'으로 확대된 것이다. 일본이 개인 청구권의 완전 방기를 더욱 명확히 하고자 했던 사실을 알 수 있다.

이후 문안 작성 교섭이 시작되었고, 6월 9일 한국정부는 회담대표에게 "(청구권 교섭에서) 신중히 일본 측의 설명을 검토하고, 특히 소멸되는 청구권의 내용을 파악한 후, (회담대표의) 재량에 기초하여 최선을 다하라. 이것에 대해서는 합의 가능한 내용을 당신 의견과 함께 사전보고 하라"고 훈령을 내렸다.[50] '소멸되는 청구권 내용을 파악'하라는 한국정부의 훈령은 향후 밝혀질 지도 모를 다양한 문제에 대한 청구권이 존재할지 모른다는 우려가 작용하고 있는 듯하다. 그러면서도 '회담 대표의 재량에 기초하여 결정'하라는 한국정부의 훈령은 김·오히라 회담을 통해 개인청구권이 소멸되었기에 적당한 선에서 타협하라는 뜻이 담긴 것이다. 한국 정부의 고뇌가 스며있는 훈령인 것이다. 이에 6월 11일에는 한국정부는 다음과 같은 협정안을 제출하였다.[51]

1. 이 협정의 체결에 따라서, 협정 서명일에 존재하는 양국 간 및 양국민 간의 재산과 청구권에 대한 문제는 51년 샌프란시스코 강화조약 제 4조에 규정된 것을 포함하여, 완전히 그리고 최종적으로 해결된 것으로 한다.
2. 위의 규정은 다음에는 적용되지 않는다. A. 45년 8월 15일 이전부터 이 협정 서명일까지 체약국에 거주한 사람의 재산과 청구권 (생략).

한국 안에서는 여전히 '재산과 청구권'이라는 단어가 사용되고 있으며, 2항 A에서 '45년 8월 15일'로 규정하고 있다는 점에서 일본안과 달랐다. 6월 17일 일본은 다시금 수정된 일본 안을 제시하는 데, 2항 A에서 '47년 8월 15일'을 사용했다는 점이 이전 안과 다른 점이었다. 또한 합의의사록(안)에서 "(재일 한국인의) 거주라는 것은 외국인 등록을 완료하고 거주한 사람을 말한다"는 구절이 신설되었다.[52] 일본 정부가 개인 청구권을 보호하는 재일한국인을 '47년 8월 15일 이후 외국등록을 완료한 사람'에 한정하려 했다는 점을 알 수 있다. 일본은 '47년 8월 15일'이라는 문구에 집착했다. 왜 일까? 한국 정부의 분석에 의하면, 45년부터 47년 8월 15일까지, 한국에 귀국한 숫자가 100만 명을 넘어, 일본으로써는 그들의 청구권을 포기시키고 싶었던 것이다.[53]

17일 한국은 외국인 등록이라는 거주 조건에 강한 반발을 보이며, '45년 8월 15일 문구를 주장했다. 대신 합의의사록 일본안의 "어떠한 주장도 하지 않는 것으로 한다"는 수용하였다.[54]

한국은 6월 19일 회의에서 '45년 8월 15일'을 명시할 것, 2조 3항은 너무 엄격하기에 합의의사록의 거주조항을 삭제할 것을 들어 이를 받아드리지 않는 경우 일본 안을 거부하겠다고 단호하게 얘기했다. 결국 19-20일 양 일간의 협의를 통해, 한일 양국은 '47년 8월 15일' 문구에 합의하는 대신, 합의의사록의 주거 요건을 삭제하고 대신 1년 이상 거주하는 사람으로 변경하며 동시에 45년에서 47년까지 귀국한 한국인의 부동산에 대해서는 개인 청구권을 인정하는 것에 합의하였다. 동시에 합의의사록의 "어떠한 주장도 하지 않는다"는 것에 합의하였다.[55]

다만, 일본외교문서에서는 7차 한일회담 청구권 협상에 대해서 6월 11일, 한국 안이 제출되고 12-16일 사이의 회합을 거쳐, 16일 합의에 이르렀다고 기록되어 있을 뿐, 6월 17일 이후의 교섭에 대해서는 기록을 찾을 수 없다.[56] 한국 외교문서에서는 자세히 기록되어 있는 최종 문안 교섭에 대해 일본 외교문서에서는 전혀 기록이 안 된 이유는 무엇인지에 대해서는 향후 자세한 논의가 필요할 것으로 보인다.

여하튼, 한국은 청구권 교섭에 대해 매우 만족해하였다. 65년 동북아주과가 작성한 '청구권과 경제협력에 관한 협정의 내용 설명'이라는 문서에서 "일본이 전후 총결한 배상협정 중에 어느 협정보다 한국에 유리한 협정이다"고 기록했다.[57] 역시 한국은 청구권 금액과 그 조건에 집착했던 것이다.

이렇듯, 한일 국교정상화는 냉전의 국제역학이 크게 작용한 결과물이었기에 본래 식민지 지배의 청산이라는 굳건한 토대 위해 탈식민화된 한일관계의 구축을 의미했어야 했던 한일 국교정상화는 냉전의 역학관계에서 그 본래의 모습을 상실하고 말았다. 개인 청구권 문제 또한 이러한 '과거청산 없는 국교정상화'의 전형적인 예였음을 확인할 수 있었다.

여기에서 문제는 개인 청구권을 국가 간 조약으로 방기시킬 수 있느냐의 여부이다. 이미 살펴보았듯이, 일본 정부가 청구권 문제의 완결 해결 과정에서 여러 문구에 집착했던 것은 일본이 청구권 문제에 있어 개인적 재산인 개인 청구권을 국가 간 조약으로 방기시키기 어렵다는 사실을 충분히 인지하고 있었다는 반증이었다. 동시에 향후 개인 청구권을 둘러싼 마찰을 회피하기 위해 협정문에 개인 청구권과 재일 조선인의 개인 청구권 문제의 완전 해결을 명확히 하려고 했다는 사실을 알 수 있다.

실제 국교정상화 이후, 일본 정부는 국제법에 의해 개인 재산권을 방기시킬 수 없다는 점을 명확히 인식하고 있었기에 협정에 의해 "개인의 재산 내지 청구권을 국내법적인 의미에서 직접 소멸시켰다는 것은 아니다"라며, 국가 자신의 권리와 국민의 권리에 대해 국가가 가지고 있는 '외교보호권'만 소멸된 것이며 국민 개인의 권리는 협정에 의해 소멸되지 않았다는 입장을 표명하고 있다(김창록 2010, 236-237). 이러한 입장은 65년 시이나 외상의 국회 발언 이후 일관된 일본의 입장이었다. 91년 8월, 외무성 조약국장 또한 "일한 양국이 국가로서 가지고 있는 외교보호권을 상호 포기한 것입니다. 따라서 소위 개인의 청구권 그 자체를 국내법적인 의미에서 소멸시킨 것은 아닙니다. 일한 양국 간에 정부의 입장에서 이것을 외교보호권의 행사로서 문제 삼을 수는 없다 이러한 의미입니다"고 명언하고 있다(김창록 2010, 237 재인용).

다만 이러한 '외교보호권' 개념은 식민통치 피해자의 개인적 법적 소송에 일본 정부가 이를 수용할 수 있다는 의미는 아닌 것으로 보여진다. 왜냐하면, 이러한 해석은 56년 '일소 공동선언'의 청구권 포기 조항, 즉 일본과 소련 양국 모두가 상대국에 대한 청구권을 포기한다는 조항과의 정합성 속에서 나온 발언이기 때문이다. 즉 일소 공동선언에 의한 일본의 청구권 포기가 일본 국민이 가지고 있는 개인적 청구권을 소멸시킨 것이 아니라, 외교보호권을 포기한 것으로 그 개인들이 자유의사로 소련 정부에 청구권을 요구하는 것까지 소멸시키지는 않았으며, 이의 수용 여부는 소련 법원에 존재한다는 논리를 한국과의 관계 속에서도 전개한 것이다. 외교보호권과 개인 청구권 문제를 분리함으로써, 국가 간 조약에 의해 청구권 문제의 소멸을 꾀했던 모순적 상황을 탈피하고자 하는 논리적 궤변에 지나지 않는 것이다.

현재 한국과 일본은 청구권협정 제2조 1항 "양 체약국은 양 체약국 및 그 국민(법인을 포함함)의 재산, 권리 및 이익과 양 체약국 및 그 국민 간의 청구권에 관한 문제가 51년 9월 8일에 샌프란시스코 시에서 서명된 일본국과의 평화조약 제 4조(a)에 규정된 것을 포함하여, 완전히 그리고 최종적으로 해결된 것이 된다는 것을 확인한다"는 조항을 서로 다르게 해석하고 있다.

65년 시점에서, 한국정부는 청구권협정에 대해서 "영토의 분리 분할에서 오는 재정상 및 민사상의 청구권"이 해결되었을 뿐 "일제의 36년간 식민지적 통치의 대가"는 대상이 아니었다고 해석했던 반면, 일본 정부는 식민지배의 합법성에 근거해서 조선의 분리 독립에 따른 양국 및 양구민의 재산, 권리 및 이익과 청구권 등 모든 법적 청산이 이루어진 것으로 해석했다(김창록 2013).

또한 한국 정부는 당시 '대일 청구요망 8항목' 이외에 새롭게 발생한 사항에 대해서는 개인 청구권이 유효하다는 입장을 취하고 있다. 하지만 일본은 청구권 교섭을 통해 모든 청구권이 완전 해결 되었다고 주장하고 있다. 한국 외교문서 상에 한국 정부는 '앞으로 밝혀질 지모를 사항'에 대해서는 "한일 회담 후에도 개별적으로 행사가 가능할 것을 인정할 것, 이 경우에는 국교가 수립될 때까지 시효가 정지되는 것으로 하자"는 주장을 하면서 여지를 남기려 했지만, 이를 관철시켰다고는 말하기 힘들다. 이에 대해서는 향후 더욱 자세한 연구가 필요할 것이다.

결국 한일 양국은 청구권 협정, 즉 식민지배의 법적 청산에 대해 다른 해석을 하고 있다. 한국 정부는 한일회담에 의해 타결된 청구권협정은 어디까지나 탈식민화 과정에서 발생한 재정상·민사상 청구권의 타결에 지나지 않으며, 그것도 '대일 청구요망 8항목'에 대해서만 개인 청구권을 포함한 모든 청구권이 해결되었을 뿐이라는 것이다. 따라서 한일회담의 이슈가 되지 않았던 사할린 한인 문제와 한인 원폭피해자 문제는 여전히 미해결의 문제이며, 반인권적 범죄인 일본군위안부 문제에 대해서는 일본 정부가 법적 책임을 져야 한다는 주장이 성립되는 것이다. 반면 일본 정부는 모든 청구권의 완전한 해결로 식민지배의 법적 청산이 완료되었다는 입장이다. 기실 이러한 양국 정부 해석의 차이는 90년대 와서야 그 차이점이 명확해지면서 정치문제화되었다. 냉전 시기에는 청구권 협정에 대한 해석을 달리하지만 이를 문제삼지 않고 외교문제화하지 않는다는 양국의 암묵적 합의에 의해 그 갈등이 봉합되었던 것이다.

이렇듯 한일 양국의 '법률적 해결'에 한국 국민이 납득하기 힘든 구조를 가지고 있었다. 따라서 '과거사의 완전 청산'을 요구하는 목소리는 한일 협상 반대데모의 형태로 나타났고, 박정희 정부는 반정부 투쟁으로 확산되어 가고 있던 반대데모를 극력 저지하였다. 64년 6월 3일 서울 지역 대학 1만 5천여 명이 굴욕외교를 규탄하며 격렬한 시위를 벌이자, 박정희 정부는 인혁당이 배후 조종하여 정부 전복을 기도한 반란 사건으로 규정하고 비상계엄령을 선포하고 시위 금지와 진압, 언론검열, 대학휴교 등의 조치를 취했다. 동시에 시위의 주동인물과 배후세력으로 지목된 학생과 정치인, 언론인 등 1천여 명이 검거되었다. 역사문제가 정치적으로 '봉인'되었던 것이다.

이렇듯 한일 회담에서 '과거사 청산'은 정치적 및 법적으로 '봉인'되었다. 하지만 한일의 '역사 화해'는 법과 정치를 넘어 가해자의 올바른 역사인식과 피해자의 용서, 즉 마음과 마음의 화해일 때 가능하다는 사실을 고려하면, 법리적 주장을 넘어 한일 간의 새로운 노력이 요구되었다. 그리고 그것은 90년대 이후 한일관계 2.0의 시대적 사명이었다.

2. 영토문제의 보류

1) 60년대 이전까지의 독도 영유권 문제

근대적 의미의 독도 영유권 분쟁은 1905년부터 시작되었다고 볼 수 있다. 1905년 1월 일본 정부는 '무인도 소속에 관한 건'을 결정하였다. 그 결정문 요지는 (1) 오키시마(隱岐島) 서북에 있는 다케시마(竹島)는 다른 나라가 점령하였다고 인정할 만한 사정이 없고, 1903년 이래 일본인이 이 섬에 이주하여 어업에 종사한 것이 명백하므로 국제법상 점령한 사실이 있는 것으로 인정한다, (2) 따라서 이 섬을 다케시마로 명명하고 일본 영토로 편입한다는 것이다. 일본의 독도편입이 러일 전쟁을 기점으로 한반도 식민화 정책 추구와 시기적으로 일치한다는 면에서 "독도＝일본제국주의"의 등식으로 한국 국민에 다가오는 구조가 형성되었다. 한국 국민이 독도 영유권 문제에 대해 '과잉 대응'하고 있는 것처럼 보이는 것은 이러한 요인 때문이다.

동시에 일본 정부의 독도편입은 국제법상 독도 영유권 분쟁의 시작점이 되고 있다. 일본 정부는 위 조치에서 독도가 무주지(無主地)임을 주장하였지만, 조선제국은 이보다 5년 빠른 1900년 10월, 칙령 제41호 '울릉도를 울도로 개칭하고 도감을 군수로 개정한 건'을 제정하여 울릉도의 관할구역으로 울릉도와 죽도 및 석도(石島)를 규정하고 독도를 편입한 사실을 무시하고 있다. 물론 석도가 독도인가에 대한 논쟁은 존재하지만, 조선제국이 울릉도에서의 일본인 벌목 작업을 규제하기 위하여 울릉도에 대한 편제작업을 시도하는 과정에서 울릉도 주변에 대한 상세한 조사를 행했던 바, 석도가 독도일 가능성이 높다고 하겠다. 결국 영토 개념이 불명확했던 동양적 국제질서를 대체하며 등장한 국제법의 논리에 입각하면, 1900년과 1905년 한일 양국 정부의 독도편입에 대한 해석 여부를 둘러싼 논쟁이 진정한 의미의 근대적 영유권 분쟁의 시작점이 된다.

45년 조선의 해방, 즉 일본 제국주의의 패망으로 독도 영유권 문제는 본격적으로 한일 양국에 정치문제화되기 시작했다. 미국은 초기 독도를 일본 영토에서 제외시키는 것에 기본적 합의가 존재했던 것으로 보인다. 예를 들면 45년 9월 맥아더(Douglas MacArthur) 사령관은 일본의 어로활동을 일본 본토 주변의 일정 해역에 한정하는 조치, 이른바 '맥아더 라인(MacArthur Line)'을 선포하여 독도를 일본 어로활동 지역에서 제외하였다. 또한 46년 1월에 발표된 연합국 최고사령부 지령 677호 '약간의 주변지역을 정치상 행정상 일본으로부터 분리하는데 대한 각서'에서도 독도가 일본 영토에서 제외되었던 것이다(구선희 2007, 356-362).

이러한 자세는 51-2년 샌프란시스코 강화조약 체결과정에도 이어졌다. 연합국에서 준비한 '구 일본영토 처리 합의서(47년)' 및 영국 정부의 강화조약 초안에서는 독도가 한국영토로 상정되었다. 실제 미국 정부도 강화조약 5차 초안까지는 독도를 한국영토에 포함시켰지만, 6차 초안부터는 이 문구가 삭제되었다. 이에 한국 정부는 일본의 영토 포기 조항에 독도를 삽입할 것을 요청하였으나 받아드려지지 않았다. 한국 정부는 연합국최고사령부에 독도, 대마도(對馬島), 파랑도의 영유권을 주장하는 청원서를 제출하였다. 대마도에 대한 영유권 주장은 연합국에게 양보를 얻어내기 위한 전략적 판단에 기인한 것이었으며, 51년 7월 한국정부는 공식적으로 대마도 영유권 주장을 철회하였다. 문제는 실재하지 않는 전설의 섬인 파랑도의 영유권을 주장한 것이었는데, 미 국무부의 조사결과 파랑도의 존재를 확인하지 못했고, 결국 파랑도 영유권 주장이 독도 영유권 주장에 악영향을 미쳤다고 보인다(박진희 2008, 88-93). 또한 일본 정부의 로비, 일본 점령군 최고사령부 정치고문 시볼드(William J. Sebald)의 개입, 미국의 군사전략적 고려도 독도 영유권 문제에 악영향을 끼쳤다. 실제 해방 후 미군은 독도를 공군 폭파 연습장으로 이용하였다. 51년 시점에서 한미동맹 체결의 의사가 없었던 미국에 있어 독도를 일본 영토로 포함시켜 오키나와와 같이 미국이 자유롭게 사용할 수 있는 지역으로 삼고자 했을 것이다. 이러한 상황에서 51년 8월, 이른바 '러스크 문서', 즉 러스크(David Dean Rusk) 당시 국무부 극동담당차관보는 양유찬 주미 한국대사 앞으로 보낸 공한에서 다음과 같이 썼다(정병준 2009, 71)

> 독도, 다른 이름으로는 다케시마 혹은 리앙쿠르암으로 불리는, 이와 관련해서 우리 정보에 따르면, 통상 사람이 거주하지 않는 이 바위 덩어리는 한국의 일부로 취급된 적이 없으며, 1905년 이래 일본 시네마현 오키섬 관할 하에 놓여 있었다. 한국은 이전에 결코 이 섬에 대한 (권리를) 주장하지 않았다. 파랑도를 강화조약에서 일본에서 분리될 섬 중 하나로 지목해 달라는 한국정부의 요구는 기각된 것으로 이해된다.

당시 미국 정부는 리앙쿠르암(독도)이 일본주권에 속한다는 결론을 내렸지만, 다른 연합국의 인식과 반드시 일치하지 않고 한일간 분쟁에 연루되는 것을 우려하여 공식적으로 중립을 지키고, 국제사법재판소 제소에 의한 해결을 주장했다. 물론 샌프란시스코 강화조약이 의도적으로 영토문제의 '미해결'을 추구하여 냉전적 질서의 구축에 일조하도록 했다는 측면이 부정되기 힘들다(原貴美惠 2005).

샌프란시스코 강화조약 체결에 위기의식을 느낀 한국정부는 52년 1월 '인접해양에 대한 대통령의 주권 선언', 이른바 평화선(이승만 라인)을 선포하여 독도를 포함시켰다. 이에 따라 한국 정부는 평화선을 침범하는 일본 어선을 나포하는 등 독도 문제가 격화되었다. 또한 한국과 일본 정부 사이에서 왕복문서의 형태를 통해 독도 영유권에 대한 논리를 상호 전개하는 등 독도 영유권 논쟁이 활발하게 이루어졌다. 결국 일본은 54년 9월 국제사법재판소에 위임할 것을 공식적으로 제안하며, 그 판단에 양국이 반드시 따를 것을 주장했다. 그러나 한국정부는 "역사적으로 분명한 한국 영토를 국제사법재판소에 제소할 필요가 없다"고 주장하며 이를 거절했다. 이와 같이, 독도 영유권 논쟁, 평화선과 일본어선 나포를 둘러싼 갈등, 국제사법재판소 제소를 둘러싼 공방은 이승만 정권 시 한일회담 교섭에 지속적으로 나타났다.

이러한 독도 영유권 문제를 포함한 한일 국교정상화에 대한 이승만 정권의 정책은 매우 소극적이었으며 모순적이었다. 항일 독립운동가 출신인 이승만 대통령에 있어 '반일', 즉 식민주의의 청산은 시대적 과업이었다. 반면 반공의 전사로 알려진 이승만 대통령은 북한과의 체제경쟁에 승리하기 위해 반공을 국가이성으로 삼았던 것도 사실이다. 따라서 한일 국교정상화는 반공망의 구축에 필수불가결한 것이었지만, 동시에 일본 제국주의의 부활을 견제한다는 의미에서 한국 외교에 있어 일본의 역할을 제한적으로 볼 수밖에 없었기에 한일 국교정상화에 적극적이지 않았다. 그런 의미에서 이승만 정권에 있어 한일 국교정상화는 높은 전략적 가치를 지니고 있지 않았으며, 오히려 독도 영유권 문제가 식민주의의 청산이라는 측면, 한국 어업의 보호라는 측면에서 높은 전략적 가치를 지니고 있었다. 따라서 이승만 정권 시에 한일 국교정상화 교섭은 정체될 수밖에 없었으며, 독도 영유권 문제도 해결의 실마리를 찾지 못했던 것이다.

반면 독립운동의 경험이 없었던 박정희는 반공정책에 있어 일본의 역할을 현실적으로 사고할 수 있었고, 반공과 반일이라는 모순된 국가전략에서 탈피하며 반공을 전면화시킬 수 있었다. 이로써 한일관계의 정상화에 높은 전략적 가치를 부여하며 국교정상화에 적극적이었고, 그 속에 연계된 이슈인 독도 영유권 문제에 대해 전략적 사고가 가능해졌다. 이하에서는 박정희 정권 하에서의 독도 영유권 교섭을 살펴보고자 한다.

이는 매우 중요하다. 1905년 독도편입 및 샌프란시스코 강화조약은 한국이 배제된 일방적 선언 혹은 교섭이었기 때문이다. 1905년, 일본의 독도 편입은 당시 소국으로써 서양적 국제법적 질서를 알지도 못한 조선제국의 허점을 이용한 측면이 많다. 샌프란시스코 강화조약은 독도 문제의 당사자인 한국이 배제되어 교섭이 이루어졌다는 측면에서 독도 영유권 문제에 중대한 결점을 가지고 있다.

반면 65년 '분쟁해결에 관한 교환공문'은 명백히 동일 주권국가로써 독도 문제를 당사자 간에 해결하려던 노력의 일환으로써 정치적인 함의는 매우 크다. 어찌보면, 한일 관계 역사상 처음으로 대등한 국가 간에 평화적인 방식으로 독도 영유권 문제를 해결하려고 했던 첫 번째 사례일 것이다. 따라서 교환공문 교섭이 어떻게 시작되었는지, 그 교섭 과정에서 어떠한 정치적 함의가 발견되는지는 향후 독도 영유권 문제를 둘러싼 양국 간 국제법적 논쟁에 중요한 사례를 제공할 것이다. 이하에서는 이러한 정치적 의미를 가지는 교환공문 교섭과정을 살펴보고자 한다. 그 전에 박정희 시기 일본과 한국의 독도 정책을 살펴보고자 한다.

2) 박정희 정권의 대두와 본격적 교섭의 시작

61년 쿠데타로 정권을 장악한 박정희 정권은 일본과의 국교정상화에 적극적이었다. 이는 국가이념으로 반공을 전면에 내세우며 대북 봉쇄망을 구축하고자 했으며, 북한과의 체제경쟁을 위해 발전국가 노선을 탐색하며 일본의 경제적 지원을 확보하려 했던 박정희 정권의 외교전략에 기인한 것이었다. 이후 한일회담은 급물살을 타며 진전되어, 청구권 문제가 가닥을 잡기 시작했다. 이에 일본은 62년 본격적으로 독도 영유권 문제를 제기할 의사를 표명하기 시작했다. 독도 영유권 문제를 둘러싼 한일 양국의 정책과 인식을 잘 알 수 있는 것은 62년 9월 3일에 개최된 제 6차 한일회담 제 2차 정치회담 예비절충 4차 회담에서의 논쟁이다.[58] 길지만 인용하고자 한다. (외교문서 상의 회의록은 문장이 어색한 측면이 많다. 따라서 이하에 인용하는 외교문서는 필자가 읽기 쉽게 교정한 것이다.)

이세키 유지로(伊関佑二郎) 아시아 국장: 청구권 문제가 해결될 가망성이 높은 단계에 가면 여러 가지 문제를 토의케 될 것이다. 독도에 관한 문제도 이 때에 토의하게 될 것이다.

최영택 참사관: 독도 문제를 왜 또 꺼내려고 하는가? 고노 이치로씨는 독도는 국교가 정상화되면 피차가 가지라고 하더라도 갖지 않을 정도의 섬이라는 재미있는 말을 했는데 일측이 왜 이를 또 꺼내려 하는가?

이세끼 국장: 사실상에 있어서 독도는 무가치한 섬이다. 크기는 히비야 공원 정도인데, 폭파라도 해서 없애 버리면 문제가 없을 것이다.

최 참사관: 회담 도중에 이 문제를 내 놓겠다는 말인가?

이세끼 국장: 그렇다. 국제사법 재판소에 제소하기로 하는 것을 정하여야 하겠다.

최 참사관: 국교 정상화 후에 이 문제를 논의하는 것이 좋지 않은가?

이세끼 국장: 국교 정상화 후에 국제 사법재판소에 제소하자는 것을 정하자는 것이다.

최 참사관: 일본에 곤란한 사정이 있듯이 한국에도 사정이 있는 것인데, 이 문제는 내놓지 않는 것이 좋겠다.

이세끼 국장: 섬 자체는 중요한 것이 아니지만 내놓지 않을 수 없다.

배의환 대사: 중요하지도 않은 섬이고 한일회담의 의제도 아니므로 국고 정상화 후에 토의한다는 식으로 별개 취급함이 어떤가?

스기 미찌스께 수석대표: 영토 문제라는 점에서 여러 가지 사정이 있으므로 그렇게 하려는 것이다.

이 회담에서 일본이 왜 국제사법재판소 제소를 요구하는지 그 국내정치적 사정이 구체적으로 나타나지 않았으나, 63년 1월 11일의 회의에서 스기 미찌스께(杉道助) 수석대표는 다음과 같이 얘기하고 있다.[59]

사실 독도 문제는 국교 정상 후에 천천히 토의해도 될 문제다. 그런데 사회당이 떠들고 있으니, 독도문제를 해결하지 않고는 국교정상화의 국회 비준을 받기가 어렵다.

위 논의는 독도 영유권 문제를 둘러싼 일본의 기본자세를 보여주었다.[60] 첫 번째, 일본은 독도 영유권 문제를 주로 국회비준이라는 국회대책 측면에서 접근하였다는 점이다.[61] '60년 안보투쟁'을 겪으며 '저자세, 관용과 타협'을 내세우며 등장한 이케다 내각에 있어 한일 국교정상화를 반대하는 혁신세력의 움직임은 '제 2의 안보투쟁'을 유발하지 않을까하는 우려를 자아냈던 것이다. 당시 사회당을 중심으로 하는 혁신세력은 한일 국교정상화를 미국의 냉전논리에 편승하여 한미일 삼각 군사동맹 수립을 통해 대공산권 봉쇄정책을 강화하는 것으로 파악하며 한일 국교정상화를 반대하였다. 특히 평화선에 기초한 한국 정부의 일본 어선 나포는 독도 영유권 문제에 대한 인식을 높여 혁신세력은 독도 영유권 문제의 완전한 해결을 요구하고 있었다. 이에 일본 정부는 국회 대책을 위해서라도 독도 영유권 문제가 결착될 수 있는 방법을 모색하려 했던 것이다. 후술하지만, 63년 1월 11일에 개최된 제 2차 정치회담 예비절충 제 22차 회의에서 우시로구 도라오(後宮虎郎) 아시아국장이 "일본 정부로서는 국제사법재판소 소송이 문제가 아니라 최종적으로 결말이 난다는 확증을 얻는 것이 문제다"고 언급한 것은 이 때문인 것이다.[62]

두 번째 일본 정계 및 교섭 담당자가 독도에 대해 높은 전략적 가치를 부여하지 않았다는 점이다. 한 가지 흥미로운 것은 지금까지 독도 폭파 발언은 김종필만 했다고 알려져 있었으나, 일본 측도 이에 준하는 발언을 했다는 점이다. 김종필이 62년 10월 29일 러스크 국무장관과의 회담에서 독도 폭파를 얘기했다는 미국 외교문서가 존재한다. 이 회담에서 김종필은 오히라 마사요시(大平正芳)에게 독도 폭파 발언을 했지만, 오히라 외상이 별다른 관심을 표하지 않았다고 러스크에게 말했다.63) 김 · 러스크 회담은 동년 10월 20일의 제 1차 김 · 오히라 회담에 대한 협의였다는 점을 고려하면, 독도폭파발언은 제 1차 김 · 오히라 회담에서 이루어졌다고 보인다. 한국 외교문서에서도 이러한 사정을 보여주는 문서가 있다. 김종필은 제 2차 김 · 오히라 회담을 끝내고 귀국하는 11월 13일, 하네다 공항 귀빈실 기자간담회에서 독도폭파발언을 회고했다. 여기에서 김종필은 기자에게 "농담으로는 독도에서 금이 나오는 것도 아니고 갈매기 똥도 없으니 폭파해 버리자고 말한 일이 있다"고 언급했다.64) 물론 이 문서에는 독도 폭파 발언을 누구에게 했는지, 언제 했는지에 대해서는 기록되어 있지 않다. 하지만 미국 외교문서와의 연관성 속에서 추측하자면, 김종필이 독도 폭파발언을 한 것은 제 1차 김 · 오히라 회담 때였을 것으로 보인다. 다만, 1차 김 · 오히라 회담을 기록한 한국 및 일본 외교문서문제에서는 김종필의 독도 폭파발언은 발견되지 않는다. 결국, 외교문서상, 이세끼 아시아 국장이 김종필보다 독도폭파발언을 먼저 한 것은 사실로 보인다. 이는 이세키 국장이 독도의 전략적 가치를 높게 두지 않았다는 것을 확실히 보여주고 있는 것이다.

이 처럼 위 문서에서 나타난 일본 정계의 거두였던 고노 이치로(河野一郎)의 발언, 그리고 교섭 당사자인 이세키 아시아국장의 발언은 일본 측이 독도에 높은 전략적 가치를 부여한 것은 아니었다는 점을 보여준다. 실제 동년 8월 2일 배의환 주일대사와의 면담에서 요시다 시게루(吉田茂) 전 수상 또한 "고사카 외상이 독도문제를 제기한 것은 몰상식한 일이라고 생각한다. 국교를 정상화하기 위한 회담이라고 하면, 목표를 멀리 두고 대담하게 해결하여야 한다"고 말했다.65) 이후에는 오노 자민당 부총재가 독도 공유론을 제안하기도 했다.66) "섬 자체는 중요한 것이 아니지만 (국제사법재판소에 제소를) 내놓지 않을 수 없다"는 이세키 국장의 발언은 독도에 대해 전략적 가치를 부여하지 않지만, 국내대책을 위해 독도 영유권 문제를 어떻게든 처리하고 싶어했던 일본의 속내를 확실히 보여주고 있다.

물론 한국 또한 독도에 높은 전략적 가치를 부여한 것은 아니었으며, 한일 국교정상화를 반대하는 국내 여론을 의식하지 않을 수 없었다. 김종필의 독도 폭파발언이나 배의환 대사의 언설은 이를 잘 반영하고 있다. 박정희 정권의 독도 문제에 대한 공식 입장은 배의환 대사가 언급한대로, "(독도 영유권 문제는) 한일회담의 의제가 아니며 국교 정상화 후에 (시간을 두고) 토의한다"는 것이었다. 독도의 영유권을 직접 주장하며 테이블을 맞대며 일본 정부와 대립각을 세우려는 것보다, 독도 영유권 문제가 한일회담 교섭 테이블에 오르는 것 자체를 억제하여 한국의 독도에 대한 실효지배를 고착화하려는 전략인 것이다. 따라서 '독도는 중요하지 않은 섬이다. 그러니 이 문제를 한일회담에서 거론하지 말고 국교정상화 후에 시간으로 두고 협의하자'는 논리를 전개했다고 볼 수 있다.

독도 영유권 문제가 본격적으로 교섭 과정에 대두한 것은 62년 제 1·2차 김·오히라 회담 때였다. 김종필은 10월 20일에 있었던 1차 김·오히라 회담에서 "독도문제는 한일회담 협상테마가 아니며, 국교정상화 후에 시간을 두고 해결해야 한다"며 박정희 정권의 기본 입장을 성실히 대변하였다. 이에 일본 측은 국제사법재판소 제소를 주장하며 적극적으로 독도 영유권 문제를 제기했다.[67] 이에 박정희 대통령은 1차 회담에 대해서는 독도 영유권 문제에 훈령을 내리지 않았지만, 11월 12일에 있을 2차 김·오히라 회담을 앞두고 독도 영유권 문제에 대해 다음과 같은 훈령을 내렸다.[68]

> 일측에서 독도문제를 다시 제기하는 경우에는 동문제가 한일회담의 현안문제가 아님을 지적하는 동시, 일측이 이 문제를 제기하는 것은 한국민에게 일본의 對韓 침략의 경과를 상기시킴으로써 회담의 분위기를 경화시킬 우려가 있음을 지적할 것. (11월 8일 훈령)

그러나 김종필은 이와 같은 훈령을 초월한 제 3국 조정안을 제시한다. 12일 김·오히라 2차 회담에서 김종필은 "독도문제는 한일회담의 현안문제가 아니며 한국 국민의 감정을 경화시킬 뿐이다"며 훈령에 근거하여 국제사법 재판소 제소를 강변하는 오히라 외상에 맞섰다. 그러나 오히라 외상이 집요하게 추궁하며 다른 해결 방안이 없는지를 타진하자, 김종필은 훈령을 초월하여 제 3국 조정안을 제시한다. 이에 오히라 외상은 제 3국으로써 미국을 지적하고 검토해보겠다고 답변한다.[69]

이러한 제 3국 조정안은 김종필의 독단적 행위였을까, 아니면 외무부와의 공동 작업이었을까, 아니면 박정희의 암묵적 양해 하에 이루어진 행위였을까? 외무부가 위 회담을 정리하며 작성한 다음과 같은 문서는 제 3국 조정안이 김종필의 독단이었을 확률이 높다는 것을 암시한다.[70]

김부장의 의도는 국제사법재판소 제소를 위한 일측의 강력한 요구에 대하여 몸을 피하고 사실상 독도 문제를 미해결 상태로 유지하기 위한 작전상의 대안으로 시사한 것이라고 생각됨.

왜 '생각됨'이라고 기록하고 있을까? 이는 외무부와의 사전 조율 없이 나온 것이기 때문이리라. 또한 만약 박정희의 암묵적 양해 하에 제안되었다면, 굳이 김종필의 의도를 장황하게 설명할 필요가 없을 것이다. 이를 통해 제 3국 조정안은 김종필의 독단적 행위였다고 추리할 수 있다.

확실히 김종필은 독도 폭파를 언급하며 독도에 대한 전략적 가치를 높게 두지 않는 듯한 인상을 부여한 것은 사실이다. 제 3국 조정안은 이러한 김종필의 인식을 드러냈다고 볼 수 있다. 그러나 대일 협상이라는 외교 최전선에 위치한 존재로써 일본과의 협상에 유연성을 부여하고자 했던 행위로 해석될 여지도 있다. 1-2차에 걸친 김·오히라 회담의 전략적 목표가 청구권 문제의 타결이었다는 점을 감안하면, 일본 측에 독도 영유권 문제에 대한 협상 가능성을 열어둠으로써 청구권 협상에 우위를 확보하고자 하는 전술적 판단도 존재했을 것으로 보인다.

여하튼 김종필의 독단적 행위로 인해 독도 영유권 문제는 다양한 논의를 불러일으켰다. 일본 정부는 62년 12월 중순 국제사법재판소 제소라는 기존 입장에서 약간 후퇴하여 새로운 타협안을 제시하였다. 일본 정부가 제시한 타협안의 구체적 내용은 일본 외교문서에서 먹칠이 되어 있으나, 후술하는 한국 외교문서를 통해 그 내용이 "구속력이 있는 제 3국 조정"임이 확인되고 있다.[71] 63년 1월 11일에 개최된 제 2차 정치회담 예비절충 제 22차 회의에서 우시로구 도라오 아시아국장은 제 3국 조정안의 진의를 묻는다. 일본으로써는 제 3국 조정안이 "독도문제에 최종적인 결말을 내겠다는 생각에서 인가, 혹은 제 3국에 의한 조정방법을 취함으로써 해결을 지연시키겠다는 생각에서 인가"를 확인하고 싶었던 것이다. 이에 우시로구 국장은 다음과 같이 말한다.[72]

> (만일 한국 측이 국제사법재판소 소송에 반대한다면) 제 3국에 의한 조정으로 해결하되, 제 3국의 조정 결정에는 순종한다는 조건을 붙여 제 3국 조정의 구속력을 인정하는 식의 절충안도 고려할 수 있다. 일본 정부로서는 국제사법재판소 소송이 문제가 아니라 최종적으로 결말이 난다는 확증을 얻는 것이 문제.

그러나 한국은 "국교정상화 후에 제 3국 조정으로 해결할 수 있다고 생각하여 3국 조정안을 제안했다고 설명했다." 그리고 "만약 조정에 의해 해결되지 않는 경우, 그 때에 다른 방법을 모색하면 된다"고 얘기하며, 강제력이 없는 조정을 의미한다는 점을 명확히 했다.[73] 이로써 한국 정부는 "독도문제는 한일회담 협상테마가 아니며, 국교정상화 후에 시간을 두고 해결해야 한다"는 기존 입장과 제 3국 조정안을 양립시킬 수 있었다. 즉 위에서 언급한 제 3국 조정안에 대한 외교부의 설명대로, 독도 영유권 문제를 영원히 미해결 상태로 둠으로써 한국의 독도에 대한 실효지배를 고착화하겠다는 전략에 제 3국 조정안을 일치시킨 것이다.

그러나 일본 측은 미련을 버리지 못하였다. 63년 7월 9일 개최된 일본 외무차관 등과의 회합에서 일본은 개인적 의견을 전제로 다양한 주장을 했기 때문이다. 우시로구 국장은 개인적 의견이라는 전제 하에, 1907년에 채결된 The Hague Convention for the Pacific Settlement of International Disputes에 의한 조정(arbitration), 혹은 영유권 문제를 당분간 보류하고 공동 이용할 것(joint usage)을 제안하며 "한국 정부의 견해를 조속히 알려주기"를 요구했다. 그러나 최규하 대사는 "독도문제는 당초 한일회담의 의제에 들어있지 않던 것을 일본 측이 공연히 끄집어내어 오히려 문제를 복잡화시키고 있는 것이다"고 언급하며, 한국이 이러한 조정 혹은 공동 이용을 수용할 가능성이 낮다며 우시로구 국장의 제안을 실질적으로 거절하였다.[74]

3) '분쟁 해결에 관한 교환공문' 교섭과 독도 영유권 문제

더 이상 한일회담에서 국제사법재판소 제소에 합의하는 것이 어렵다고 판단한 일본정부는 "한일 현안일괄 타결 시에 반드시 독도처리에 관하여도 명백한 처리방안에 합의되어야 한다"고 주장하며, 국제사법재판소 제소라는 기존 입장에서 선회하여 '분쟁 해결에 관한 교환공문' 형태로 독도 영유권 문제에 여지를 남기려는 방향으로 전환하였다. 이에 따라 65년 6월 이후 교환공문을 둘러싼 교섭이 실시되었다. 문제는 "독도는 한일회담의 의제가 아니며 국교정상화 이후 논의해도 된다"는 입장을 고수하던 한국, 국제사법재판소 제소를 고수하던 일본이 어떠한 이유로 어떠한 경로를 통해 '분쟁 해결에 관한 교환 공문' 교섭을 시작했을까 하는 것이다. 여기에서는 일본

외교문서 등을 통해 이에 대한 대답을 찾고자 한다.

64년 4월 14일에 일본 외무성은 '한일 기본관계 문제의 처리방침안'을 작성하였다. 여기에서 독도문제에 대한 처리 방식 세목에 관한 합의를 둘 필요가 있다고 생각되어지므로, 별도의 협정으로 하는 것이 바람직하며, 체결되지 않을 경우 별도의 규정을 마련하는 것도 고려 가능하다는 입장을 마련했다.[75] 여기에서 말하는 '별도의 협정' 혹은 '별도의 규정'이라는 것이 무엇인지 명확하지 않으나, 최소한 일본 외무성은 이 시점을 전후로 국제사법재판소 제소가 아닌 다른 방법을 통한 해결방식을 모색했다고 할 수 있다.

흥미로운 것은 미국의 태도였다. 65년 5월 일본 외무성 심의관과 주한 미국대사관 하비브(Philip Habib) 참사관과의 회담에서 하비브 참사관은 다음과 같이 말하였다.[76]

> 한국 측의 정세를 알고 있는 사람으로서는 일본 측의 견해는 너무나 편협하다. 독도 문제에 대해서 한국정부가 교섭하는 것은 현재 상황에서는 불가능하고 정치적으로는 비현실적이다. 독도문제를 교섭의 일부로 삼고 있다는 사실이 알려지면 한국의 감정적인 국가주의적 여론의 화살이 일본 정부의 성실함에 대한 의구심뿐만 아니라 한국정부에게도 향할 것이다. 교섭 타결 후 외교채널을 통해서 해결하는 것이 바람직하다.

물론 하비브 참사관의 이러한 발언이 독도문제에 대한 일본 측 양보를 요구하는 미국의 공식견해인지는 알 수 없다. 하지만 한국의 사정을 일본 측에 설명하여 독도문제에 대해 유연한 대응을 요구한 것은 주목할 만하다. 실제 당시 일본 외무성은 한국 측 교섭 당사자들의 하소연을 익히 들어알고 있었으며, 또한 한국에 대한 정세보고를 통해 한국이 독도문제에 매우 민감해 하고 있다는 사실을 인지하고 있었다. 예를 들어 한국에 대한 정세보고에서 "(독도문제를) 제기하는 것 자체로 국민 전체를 자극하고 제현안의 타협 전부를 뒤집을 수 있는 우려가 존재한다"는 한국 외무부 아주국장의 말을 인용하고 있다.

이렇듯 일본은 64년을 전후로 하는 시점에서 국제사법재판소에의 제소는 현실상 불가능하며, '다른 형태'로 독도문제에 대한 여지를 남길 필요가 있다는 인식을 하고 있었다는 것을 알 수 있다. 예를 들어, 앞에서 서술한 63년 7월 9일 개최된 회의에서 우시로구 국장은 개인적 의견이라는 전제 하에, 영유권 문제를 당분간 보류하고 공동 이용할 것(joint usage)을 제안하였다. 물론 위의 제안은 우시로구 국장의 사견임을 전제한 것이지만, 일본 외교문서 상에 나타난 '별도의 방식'을 설명할 수 있는 하나의 시사점일 것이다.

이러한 방향 전환은 하비브 참사관의 일본 설득에서도 알 수 있듯이 미국의 중재 노력도 크게 작용한 듯 보인다. 동시에 한국 국민에게 있어 독도문제의 민감성을 충분히 인식하고 있었으며, 독도문제를 잘못 건드리면 지금까지 합의되어 온 여러 가지 타협이 수포로 돌아갈 수 있다는 인식도 방향 선회에 일정 정도 작용한 듯하다.

동시에 한국과 일본의 최고 지도자들은 독도 영유권을 둘러싼 교착상태를 회피하기 위해 비밀 채널을 가동했던 것으로 보인다. 65년 3월 11일 시이나 외상과 이동원 장관 회담에서 김동조 대사는 "김종락과 고노 라인의 접촉에 대해서는 최근에 처음 들었다. 이 문서는 이 공사가 어제 보았다"고 말한 것으로 기록되어 있다. 또 이런 비밀 채널을 통한 교섭이라는 흔적은 일본 측의 공문서 '일한국교정상화 교섭의 기록' 중의 제11장에서 고노 국무대신에 의한 교섭을 "고노 라인에 의한 이면교섭"이라고 표현하고 있는 데서도 엿볼 수 있다.[77] 다만 김동조 대사는 비밀교섭이라는 이중 외교에 극히 불만을 표시하며, "이러한 약속을 일본 측이 신용해서는 안된다"며 불편한 심기를 들어냈다. 또한 위 교섭의 중요한 후원자였던 정일권 총리에게 확인한바, 정일권 총리는 이를 부인했다고 전했다.[78] 여기에서 말하는

'김종락과 고노 라인의 접촉', 그리고 그 결과 문서화된 '약속'은 무엇일까?

이에 대한 내용은 노 대니얼의 취재와 거의 동일하다는 것을 알 수 있다. 노 대니얼은 나카소네 야스히로(中曽根康弘) 총리 등과의 인터뷰에서 독도 밀약이 존재했다는 사실을 취재했다. 김종필의 형인 김종락과 고노 이치로의 측근 시마모토 겐로(嶋元謙郎)의 중개역할로 성사된 이 밀약에는 "해결하지 않는 것으로 해결한 것으로 간주한다. 따라서 조약에는 언급하지 않는다"는 것이 핵심내용으로 다음과 같은 4개 항목이 적혀져 있다는 것이다 (노 대니얼, 2007, 107-108).

> 1) 독도는 금후 한일 양국이 자국의 영토라고 주장하는 것을 인정하며, 동시에 그것에 반론하는 것에 이의를 제기하지 않는다.
> 2) 장래 어업구역을 설정하는 경우, 양국이 독도를 자국영토라고 주장하는 선을 획정하고 두 선이 중복되는 부분은 공동수역으로 한다.
> 3) 현대 한국이 점령하고 있는 상황은 유지한다. 다만 경비원을 증강하거나, 새로운 시설의 건축 및 증축은 하지 않는다.
> 4) 양국은 이 합의를 계속 지킨다.

위 독도밀약의 내용이 나와 있는 외교 문서는 확인할 수는 없다. 일본 정부는 독도밀약에 대해 공식적으로 부인하였다. 노 대니얼의 취재에 의하면, 독도밀약 과정에서 이동원 외무부장관, 김동조 주일대사도 배제될 만큼 극비 비밀이었다. 다만 일본 외무 고위관료(외상과 대사 등)는 이를 알고 있었다고 한다. 나중에 사실을 알게 된 김동조 대사 및 이동원 장관 등 교섭 실무진은 반발했으며, 정일권 총리 또한 공식적으로 이를 부인했으나 막후에서 교섭 당사자들을 설득했다고 한다(노 대니얼, 2007, 109-133). 실제 위의 일본 외교문서는 65년 3월 11일 한일 외무장관회담에서 김동조 대사가 하루 전에야 알았으며, 정일권 총리도 이러한 밀약에 대해 공식적으로 부인했다고 기록되어 있다.

결국 독도밀약의 구체적 내용은 알 수 없으나, 일본 외교문서 상 한국과 일본의 최고결정자 사이에 '일종의 협약'이 존재했다는 것을 알 수 있다. 이를 통해 한국과 일본의 최고 지도자들이 독도 영유권 문제에 대해 '애매한 타결' 혹은 '잠정적 타결'을 추구하여 한일 국교정상화에의 걸림돌을 제거하고자 하는 정치적 결단이 '분쟁해결에 관한 교환 공문' 교섭으로 연결되었으리라는 분석은 충분한 개연성이 존재한다.

이러한 배경 하에, 일본 정부는 65년 6월 17일에 1차 시안을 제시하였다.[79] 제 1차 시안은 '분쟁해결에 관한 의정서'의 이름으로 5조 10개항에 이르는 장문의 문서였다. 그 특징은 양국 간 분쟁은 평화적으로 해결하며, 그 분쟁에 대해 양국 간 합의가 안되는 경우 상대국이 분쟁의 중재를 요청하면 60일 이내 3인으로 구성된 중재위원회에 결정을 위탁하며, 중재위원회의 결정에 양국 정부가 복종해야 한다는 것을 주된 내용으로 하고 있다. 중재위원회의 구성은 상대국이 분쟁의 중재를 요청하는 공문을 수락한 30일 이내 각 국은 각각 1명의 중재위원을 지명하며, 이후 30일 이내에 2인의 중재위원의 합의 하에 제 3국 국민인 제 3의 중재위원을 지명하거나 양자가 합의한 제 3국 정부가 제 3의 중재위원을 지명하게 되어 있다. 특히 양국 간 분쟁에 다음과 같이 독도가 포함되어 있었다.[80]

> 양 체약국간의 모든 분쟁은 금일 서명된 모든 조약 또는 협정의 해석 또는 실시에 관한 분쟁 및 독도에 대한 주권에 관한 분쟁을 포함하여, 우선 외교상의 경로를 통하여 해결하도록 하기로 한다.

그러나 독도 영유권 문제에 대한 한국의 강경한 입장을 전해들은 일본은 다음 날 18일 2차 시안을 제시하는데, '분쟁해결에 관한 교환공문'으로 이름이 바뀌면서 동시에 독도 문구가 삭제되었다. 그 외에는 분쟁 처리 절차에 시간적 구속과 법적 구속 및 상대국의 중재요구에 대한 의무적 승낙을 명

시하는 등 1차 시안과 거의 같았다.[81]

이에 한국 대표단은 18일 '본국 정부의 승인을 조건으로' 다음과 같은 시안을 제시하며 일본에 대항하였다.[82]

> (전략) 양국 정부는 달리 규정이 있는 경우를 제외하고, 양국 간의 분쟁으로써 외교상의 경로를 통하여 해결할 수 없었던 것은 양국 정부가 합의하는 제3국 조정에 의하여 그 해결을 도모하는 것으로 한다.

한국 측 시안의 특징은 양국 간 분쟁에 독도문제를 제외하고, 법적 구속력을 명기하기 않은 채 양국 정부의 합의를 전제로 한 제3국 조정안을 제시했다는 점이다. 이는 실제 합의한 '분쟁 해결에 관한 교환 공문'과 거의 유사함을 알 수 있다. 실제 교환 공문은 다음과 같다.

> 달리 규정이 있는 경우를 제외하고, 양국 간의 분쟁은 우선 외교상의 경로를 통하여 해결하기로 하며, 이에 의하여 해결할 수 없을 경우에는 양국 정부가 합의하는 절차에 따라, 조정에 의해 해결을 도모하기로 한다.

그러나 한국 정부는 한국 대표단이 작성한 시안에 대해 구체적 지시를 내리지 않고 이동원 장관이 방일하는 6월 20일까지 교섭을 중단시켰다.[83] 즉 이동원 장관의 진두지휘 하에 교환공문 교섭을 타결하려 했던 것이다.

이 교섭은 한국 측 시안을 중심에 두고 논의가 전개되었던 것으로 보인다. 실제 한국 측 시안과 최종안이 거의 유사하다는 면에서도 일본 측 시안은 이미 논의의 대상에서 사라진 것으로 보인다. 일본은 한국 측 시안을 거의 수용하는 대신, 양국 간 분쟁에 독도를 명기하고자 하였다. 오재희 전 대사의 회고에 의하면, 일본은 "다케시마를 포함한 양국 간의 모든 분쟁은 외교 경로를 통해서 평화적으로 해결한다"는 문구를 고수하여 독도를 명기하고자 하였다. 그러나 한국의 강경입장에 밀려 일본은 독도를 명기하는 것을 포기하였다(오재희 인터뷰 2008, 160-161).

실질적으로 문제가 된 것은 분쟁과 그 처리에 관련된 표현이었다. 한국 정부가 양국 간에 일어날 분쟁이라는 표현을 주장하는 반면, 일본은 위 표현이 독도문제를 제외시키려는 의도가 다분하다고 판단하여 '양국 간 분쟁'이라는 표현을 주장하였다. 동시에 한국은 강제성이 없는 '조정'에만 한정할 것을 주장했던 반면, 일본은 '조정 또는 중재'를 요구하였다.[84]

이에 따라 교섭은 교착상태를 맞이하며, 22일 예정이었던 언론발표 예정 시간까지 타협을 이룰지 불투명한 상황이었다. 결국 최종 판단은 이동원 장관과 사토 수상의 회담에서 이루어졌다. 한국은 일본 측 요구인 '양국 간 분쟁', 한국 측 요구인 '조정' 문구를 수락하는 형태로 타협을 보았으며, 동시에 일본 정부는 교환 공문에서 말하는 양국 간의 분쟁에 독도문제가 포함되지 않으며, 장래에 있을 분쟁만을 의미하며, "우리 정부가 장래의 문제만을 의미한다고 주장할 경우 이에 대하여 반박하거나 이의를 제기하지 않을 것임을" 사토 수상으로부터 보장받았다.[85]

최종 확정안이 5조에 이르는 장문의 일본 시안이 아닌 한국 시안과 거의 유사하다는 측면에서 한국 측 주장이 거의 반영된 결과로 평가된다. 한국 대표단이 교환 공문 교섭 결과에 매우 만족해 한다는 사실은 교환 공문 교섭이 타결되고 기본조약이 조인된 당일(6월 22일) 주일대사가 본국에 보낸 긴급전보를 통해 알 수 있다.[86]

> 이상과 같이 양해사항을 한 것은 일본이 종래에 주장한 독도란 문구 삭제를 통해 독도문제 해결을 위한 것으로 당초 일본이 요구하였던 절차 상 합의에 대한 시간적 구속, 법적 구속, (상대국 제소) 결정에 대한 (아 측의) 복종의무 등을 완전히 해소시킨 것임.
> 따라서 아국의 합의가 없는 한 중재수속은 물론 조정수속도 밟지 못 하게 되는 것이며 독도문제의 해결은 실질적으로 아측의 합의 없이는 영

원히 미해결의 문제로 남게 되는 것임.

위의 한국 대표단의 평가처럼 '분쟁 해결에 관한 교환공문'으로 한국은 독도 영유권 문제를 "영원히 미해결의 문제로" 남게 할 수 있었다. 즉 독도에 대한 한국의 실효적 지배라는 현상을 타개할 수 있는 방법이 일본의 의도와는 달리 교환 공문에 의해 원천 봉쇄된 것이다. 먼저, "양국 간의 분쟁은 우선 외교상의 경로를 통하여 해결하기로 하며"라는 조항에 의해 일본은 독도에 대한 한국의 실효적 지배를 군사적 행동에 의해 변경할 수 없게되었다. 또한 "양국 정부가 합의하는 조정에 의하여 그 해결을 도모하기로한다"는 조항에 의해, 한국 측 합의 없이는 조정이 불가능하게 되었다. 여기에서 말하는 조정에 국제사법재판소 제소도 포함된다는 것은 어렵사리추론할 수 있다.

반면 일본으로써는 '분쟁 해결에 관한 교환공문'에 의해 독도 영유권 문제를 해결할 수 있는 실마리를 마련했다는 논리를 전개할 수 있고, 이를 통해 국회 대책을 마련할 수 있었다. 실제 시이나 외상은 65년 10월 29일 중의원 일본국과 대한민국 간의 조약 및 협정 등에 관한 특별위원회에서 다음과 같이 답변하였다.

> 다케시마 문제에 대해서는 (중략) 日韓 간에 매우 중요한 분쟁문제입니다. 이번의 분쟁처리에 관한 교환공문에 있어 다케시마는 이 분쟁에서제외되었다고 명기되어 있지 않기에 당연히 양국의 분쟁문제가 됩니다. 한국 측이 어떠한 설명을 하더라도 이러한 사실에는 변함이 없습니다. (중략) (교환공문에서) 조정에 맡긴다고 말한 이상은 어떠한 조정도 (한국이) 인정하지 않는 것은 조약위반입니다. 따라서 이 日韓조약이 효력을 발생하면, 적당한 기회에 이 문제 해결을 위해 양국 간에 절충을 하고자 합니다.

제한적 분석에도 불구하고 외교문서를 통해 독도문제를 둘러싼 한일교섭에 대해 몇 가지 흥미로운 분석이 가능했다. 먼저 일본에 대해서는 다음과 같은 분석이 가능했다. 첫 번째, 일본은 지속적으로 독도 영유권을 주장하며, 국제사법재판소 제소를 제안하는 등 표면상 독도문제에 높은 우선순위를 부여한 것은 사실이나, 일본 정부는 독도에 대해 높은 전략적 가치를 부여하지 않았고 국내대책이라는 측면에서 독도문제에 접근했다는 점이 확인되었다. 두 번째, 김종필의 독단적 행위에 의해 제3국 조정안이 제안된 이후 일본에서 다양한 대안들이 제시되면서 국제사법재판소 제소라는 일본 정부의 일관된 정책도 흔들리는 측면을 보였다는 점이다. 세 번째, 일본은 '분쟁 해결에 관한 교환공문'에 의해 독도문제 결착을 위한 실마리를 확보하려 했으나 오히려 한국의 실효적 지배라는 '현상 유지'를 더욱 고착화시켰다는 점이다.

또한 한국에 대해서는 다음과 같은 분석이 가능할 것이다. 박정희 정권의 독도문제에 대한 기본적 정책은 '독도문제는 한일회담 협상테마가 아니며, 국교정상화 후에 시간을 두고 해결해야 한다'는 것이었다. 즉 독도문제를 영원히 미해결 상태로 두어 한국의 실효적 지배라는 현상을 변경하지 못하게 하는 것이었다. 물론 김종필의 독단적 행위로 제3국 조정안이 제시되었고, 일본의 끈질긴 요구로 인해 '분쟁 해결에 관한 교환공문'의 형태로 타협을 하였던 측면이 있었다. 그러나 독도문제를 둘러싼 한국의 교섭 및 기본적 전략은 성공했다고 평가된다. 일본 측 의도와는 달리 '분쟁 해결에 관한 교환공문'은 현상유지를 타개할 어떠한 방법도 봉쇄해버렸기 때문이다. 이처럼 한일회담 내 독도 교섭을 통해 한국은 독도문제에 '우위'를 확보하였다.

위와 같은 사실로 확인되는 바는 한일 양국이 독도 영유권 분쟁의 회피, 즉 전략적 가치가 낮은 독도문제보다 한일관계의 긴밀화라는 높은 전략적

가치를 선택하였다는 점이다(오코노기 마사오 2008). 그런 점에서 72년 중일 국교정상화 내 중일 영토분쟁에서 쓰였던 다나아게(棚あげ) 방식과 유사하다. 이처럼 '한일회담에서의 잠정적 타결방식'이란 일본정부가 한국의 실효지배를 용인하고 독도주변을 실질적으로 공동 이용하는 방식을 취하면서, 독도문제가 양국 사이의 긴장요인이 되지 않도록 양국이 최대한 자제하는 방식을 의미한다. 물론 '분쟁해결에 관한 교환공문'과 이동원-사토 회담에 대한 해석 여부에 따라 한일회담 당시 일본이 한국의 실효지배에 대해 '잠정적'으로 용인했다고 봐야하는지, '영구적'으로 용인했다고 봐야하는지에 대한 해석은 달라질 수 있다. 그러나 적어도 당시 한일 지도자는 '모호성'을 통해 한국의 실효지배를 암묵적으로 인정했다고 해석할 수 있다. 이와 같은 사정을 암시적으로 전달하는 것은 '분쟁 해결에 관한 교환공문'의 최후 교섭이었던 이동원 장관과 사토 총리 회담에 대한 다음과 같은 기록이다.[87]

사토 총리는 일본안은 최종적인 양보안으로 이를 수용할 것을 요구했다. 이에 이동원 장관도 그럼 어쩔 수 없다, 일본 측의 최종안을 수용하는 것으로 하지만 한 가지 요구가 있다. 한국 측 대표단이 귀국 후 위건(교환공문의 양국 간 분쟁)에는 독도가 포함되어 있지 않다는 취지의 발언을 해도 일본 측이 공식적으로 반론하지 않기를 바란다. 우리의 목숨이 걸린 것이다. 다만 일본 국회에서 (양국 간 분쟁에) 독도가 포함되었다는 취지의 답변을 삼가 해 달라고 요구할 생각은 없다. 이것에 대해 총리는 양해한다는 취지의 답변을 했다.

다만 위 발언의 진위는 한국외교문서상 확인할 수 없다. 그러나 위 회담 내용을 어떻게 해석할 것인가는 한일회담 내 독도 영유권 문제가 어떠한 형식으로 타결을 보았는지에 대한 분석에 중요한 포인트가 된다. 위 발언은 일본이 한국의 독도 실효지배를 암묵적으로 용인하고, 다만 양국이 각자 독도를 자국 영토라고 주장하는 것에 이의를 제기하지 않는다는 암묵적 합의가 존재하지 않는 한 이루어질 수 없는 약속이기 때문이다.

4) 영유권과 자원이용의 분리: 한일 어업협정과 한일 대륙붕협정

이렇듯 한일 양국은 '분쟁 해결에 관한 교환공문'의 형태로 타협을 하였다. 이에 대해 일본 정부는 독도가 분쟁 지역에 해당한다는 해석을 내리고 있고, 한국 정부는 독도가 분쟁지역이 아님을 확인했다는 다른 해석을 내리고 있다. 어찌 보면, 한일회담에서의 독도문제는 한일합방의 무효 문제처럼, 의도적으로 양면 해석이 가능한 '전략적 모호성'을 남김으로써 양자의 갈등을 회피하는 방식을 택했다고 볼 수 있다. 이와 같은 전략적 판단은 65년 타결된 한일 어업협정에도 나타났다. 즉 양국은 독도주변에 전관수역을 설정하지 않고 독도를 공동규제수역에 두어, 독도 영유권문제와 어업문제를 분리시켰다.

이승만 정권은 어업자원 보호 및 대북 방위를 목표로 52년 1월 평화선을 선포하며, 이를 침범하는 일본 어선을 나포하였다. 초기의 평화선 책정단계에서는 일본의 반발을 의식해서 독도가 빠졌으나 외무부의 주도 하에 일본과의 영토분쟁을 차단하려는 의도 하에 독도를 포함하게 되었다. 이처럼 평화선의 전략적 목표는 한국 어업 보호(및 어업 자원 보호)와 대북 국방상의 안보 및 독도의 확보에 있었다(박진희 2008, 124-128).

반면 일본 정부는 '공해 자유의 원칙'에 따라 3해리 전관수역을 주장하며, 전관수역 밖의 수역에는 자원보호를 위해 공동규제를 실시할 것을 주장해왔다. 그러나 이승만 정부가 평화선을 침범한 일본어선을 나포함에 따라, 한일 어업협정을 둘러싼 교섭은 진전 없이 나포문제를 둘러싸고 정지와 재개를 거듭했다.

박정희 정권 수립 후 한일 양국의 어업 정책은 조금씩 변화하기 시작했다. 62년 12월 일본은 기존의 3해리 전관수역 주장에서 12해리 전관수역으로 전환하였다. 이는 60년 유엔 제2차 해양법 회의에서 12해리 전관수역안이 채택되지 못했으나, 2/3의 다수파를 점유하게 된 사실에 바탕을 두는 것이었다. 일본은 위 회의에서 12해리 전관수역을 수용하면서도, 전관수역 외측 6해리에 대한 어업권 보장을 주장하는 안을 제출한 바 있는데, 일본의 정책전환은 이러한 자국제출안에 기초하는 것이었다(남기정 2008, 146; 片岡千賀之 2006, 18).

한국 또한 63년 7월 40해리 전관수역 및 그 바깥에 공동규제수역을 설정하는 것, 자원조사 및 어업분쟁 해결을 위한 어업 공동위원회를 설치할 것을 제안했다. 평화선에 대한 언급은 없었지만, 기존 평화선보다는 축소된 형태였다(남기정 2008, 148). 실제 40해리는 당시 국제적으로 인정받기 시작한 12해리를 넘어선 것으로 독도를 포함한 수역이었다. 여전히 한국은 독도를 둘러싼 영토분쟁에 종지부를 찍을 생각을 가지고 있었던 것이다.

청구권 문제가 결착 국면에 이르면서, 어업협정 또한 청구권 문제와 연계되며 결착 국면으로 접어들었다. 이에 따라 외무부는 평화선을 포기할 입장을 63년에 이미 결정한 것으로 보인다. 예를 들어 63년 5월 10일 외무부가 작성한 '평화선에 관한 공보방안 건의'에서 다음과 같이 건의하고 있다(남기정 2008, 151-152 재인용).

국내 여론은 한일 현안중 특히 어업 평화선 문제에 반드시 동조적이라 보기 어렵다. 이 기회에 공보방안을 우선 시행해 정부 입장에 대한 국민의 이해 내지 지지를 촉진하는게 필요하다. 유력 일간지로 하여금 특파원을 평화선 해역 및 남해안 농어촌에 파견해 '평화선의 완벽한 수호는 원래가 불가능하며, 경제적인 관점에서 볼 때 평화선의 존치가 반드시 유리한 것은 아니다. 농어촌의 발전은 평화선의 수호가 전제조건이 아니고 농어촌의 근대화 시장개척 등이 기본 전제다'와 같은 내용의 결론을 갖거나 그러한 결론으로 유도되는 `기사를 수회에 걸쳐 쓰게 한다. 적당한 단계에서 학자 저명인사로 하여금 평화선은 국제법상 난점이 많다는 취지의 내용을 발표케 한다.

하지만 대북 방위선으로써 평화선을 강력 옹호하던 국방부, 한국 어업보호를 우선하던 농림부의 반대에 부딪쳐 의견을 일치시키지 못하였다. 중앙정보부의 중재노력을 배경으로, 박정희 대통령은 평화선을 양보한 대신, 일본의 한국어업 지원을 약속받아 이를 상쇄하려 했다. 이에 따라 64년 12월 어업위원회에서 12해리 전관수역 및 이에 따른 평화선 철폐는 합의되었다.

한국 정부가 12해리 전관수역을 수용하면서, 교섭은 한국 어업 지원 및 일본 어업 활동 규제에 논의가 집중되었다. 64년 3월 한국 정부는 정부차관 형식으로 공여기간 3년, 이자 3.5%, 3년 거치 후 7년간 균등상환 조건의 1억 1천만 달러 규모의 어업협력금을 일본에 요구했다. 일본은 처음에는 청구권 금액에 어업협력금이 포함되어 있다며 이를 거절하다가 민간차관 형식으로 7천만 달러를 제안했다.

동시에 일본은 어업보호를 주장하는 한국 측 주장에 대해 전관수역 밖에 공동규제수역을 설치하는 것, 그리고 일본의 어획량을 제한하는 것에 난색을 표했다. 하지만 일본은 공동규제수역의 설정, 공동규제수역에서 기국주의에 의한 단속 및 일본 어업량을 15만톤을 제한하는 것을 제안하며 타협의 자세를 보였다(片岡千賀之 2006, 18). 결국 양국은 65년 6월, 일본 측 주장을 상당히 수용한 형태로, 12해리 전관수역, 공동규제수역, 공동규제수역에 있어 기국주의 단속, 이를 달성하기 위한 어업공동위원회 설치, 공동규제수역 외곽에의 공동자원조사수역 설치에 합의하며 어업협정에 서명했다. 반면, 한국이 12해리 전관수역을 수용하는 대가로, 일본은 어업협력 금액으로 한국에 9천만 달러(영세어민용 4천만 달러는 정부차관 형식, 이자는 5%,

그 외 5천만 달러는 민간차관 형식, 이자는 5.75%)를 공여키로 합의했다.

이렇듯 한일 어업협정에서 한국은 평화선을 포기하고 12해리 전관수역을 수용했다. 따라서 독도 주변은 공동규제수역으로 편입되었다. 하지만, 앞에서 살펴본 독도 영유권 문제처럼 사실상 독도는 어업협정에서 제외되었다. 65년 12월 18일 한일 어업협정이 발효된 날 한국정부는 독도 주변 12해리에 전관수역을 선포했다. 이에 대해 일본 정부는 반발하였지만 큰 문제가 되지 않았다. 독도는 한일의 전략적 판단에 의해 공백지대로 남았던 것이다.

이러한 타협적 형태는 74년 서명되고 78년에 발표된 한일 대륙붕 협정에서도 나타났다. 69년 UN의 극동경제위원회(ECAFE)는 동중국해 주변 조사를 통해 동 지역에 상당한 양의 석유와 가스가 매장되어 있다는 보고서를 발표하였다. 한국은 이에 발빠르게 대응하여 70년 1월 1일 한반도 주변 대륙붕에 존재하는 해양자원 개발을 위하여 '해저광물자원개발법'을 제정하였다. 5월의 시행령에서는 7개의 해저개발광구를 설정하여 서구 석유해사들과 개발 계약을 체결하였다(신창훈 2006, 62).

이러한 한국 정부의 선제적 공세에 당황한 일본은 6월에 대륙붕경계획정을 위한 정부 간 협의를 요청하였다. 여기에서 한국은 육지영토의 자연연장 원칙, 일본은 등거리선(중간선) 원칙을 주장하며 합의에 이르지 못했다. 마침내 72년 9월 제 6차 한일 각료회담에서 "자원개발의 긴급성과 양국의 공동이익 추구라는 대국적 견지에서 관할권 주장이 중첩되는 구역을 공동개발하자는 데" 원칙적 합의를 이루었다. 이후 10월부터 9차에 이르는 교섭(실무자 회의 4차, 실무자 소위원회 5차)을 거쳐 74년 1월 한일 대륙붕 협정에 서명하게 되었다. 일본은 한일 대륙붕 협정에 대한 중국의 격렬한 반대에 직면하여 그 비준을 늦추다가 결국 77년 6월에서야 국회 비준을 받게 되었고, 78년 6월 발효되었다(박창건 2011, 283-290).

위 협정은 대륙붕 경계획정이 이루어질 때까지의 '잠정적 협정'이다. 실제 협정 28조에서 "이 협정의 어느 규정에도 공동개발구역의 전부나 어느 일부분에 대한 주권적 문제를 결정한 것, 또는 대륙붕 경제획정에 대한 각 당사국의 입장을 침해한 것으로 간주되어서는 안된다"고 규정하고 있어, 위 협정이 양국의 대륙붕 경계에 대한 상호주장을 보류하고 있음을 보여주고 있다. 동시에 위 협정은 50년(2028년)의 유효기간을 설정하여, 종료 3년 전부터 당사국의 서면 통지에 의해 종료가 가능하다. 물론 31조 4항에 당사국이 개발의 가능성이 없다고 판단하는 경우 협정의 개정 및 종료를 위한 협의를 개시할 수 있게 되어 있지만, 위 협의에서 합의가 이루어지지 않는 경우 50년 유효기간 동안 효력을 유지한다고 되어 있어 사실상 중도의 협정 파기는 불가능하다. '50년의 평화' 혹은 '50년의 보류'가 확보된 것이다.

이처럼 한일 대륙붕 협정 또한 독도 영유권 문제를 보류하고 주변을 공동규제수역으로 설정한 어업협정 방식과 유사하게, 해양경계 문제를 보류하고 공동개발방식을 취한 것이다. 물론 중국의 강한 반발, 석유탐사 결과 경제성이 없다는 판단에 의해 공동개발은 지금까지 이루어지고 있지 않지만, 양자 관계를 약화시킬 수 있는 해양영토 문제를 실리적 관점에서 '분쟁의 관리'를 추구했다는 점에서 주목해야 할 점이 있을 것이다(신창훈 2006, 62).

이러한 전략적 판단에 따라 94년 200해리 배타적 경제수역 설정을 기본 골격으로 하는 유엔해양법 협약이 체결되어 독도문제가 배타적 어업수역 문제 및 배타적 경제수역 문제와 연동되기 전까지 독도문제는 한일관계에 큰 문제가 되지 않았다. 70-80년대까지의 독도에 대한 양국 행위 양태를 살펴보면, 일본은 주기적으로 독도가 일본 영토임을 외무성 성명을 통해 발표하면서 독도 영유권을 형식적으로 주장해 왔고, 한국은 그러한 선언에 별다른 반응을 보이지 않음과 동시에 독도에 대한 도항금지 등 '조용한 실효지배 정책'을 추진했다.

이처럼 한일 양국은 냉전 구조 속에서 한일 특수관계를 유지하기 위해, 폭발적 갈등을 유발할 수 있는 역사문제를 봉인하고 영토문제를 보류하는 데 '성공'했다. 이는 냉전시기 한일 관계의 특수성을 가장 극명하게 보여준 것이었다.

한일 양국은 역사문제와 영토문제를 양자가 자기 입맛대로 해석할 수 있는 여지를 남기는 전략적 모호성, 좀 더 적극적으로 평가하자면 양자의 견해 차이를 소여로써 인정하는 비합의의 합의(agree to disagree)를 통해 양자의 갈등을 봉합했다고 볼 수 있다. 그리고 이러한 차이를 애써 메우려 하지 않고 외면하는 것, 즉 이를 문제 삼지 않고 외교문제화하지 않는다는 양국의 암묵적 합의에 의해 그 갈등의 봉합을 영속화했던 것이다.

이는 의견의 일치가 불가능한 영역에 있어 갈등을 수습한다는 측면에서 상당히 높게 평가될 수 있다. 그러나 이러한 갈등 수습 방안은 양국 모두에 있어 국민적 합의 없이 이루어진 '사상누각'에 불과했다. 그런 의미에서 냉전 시기 한일 관계는 무너지기 쉬운 취약한 토대 위에 구축되었다는 것을 의미했다. 결국 한일 특수관계를 '보편화'해야 하는 일은 후세대에 맡겨진 것이다. 비록 일본의 역사인식이 80년대 심화되면서 일정의 성과를 보인 것은 사실이지만, 65년 한일 기본조약에 대한 상이한 해석 차이로 '역사 화해'에 이르기까지는 요원하였다. 동시에 80년대 이후 일본의 국제주의적 속성이 증가하면서 역사인식의 심화를 가져온 반면, 일본의 사죄와 반성을 의심케 하는 민족주의적 속성이 등장하면서 '겉으로만 사죄하는 일본'의 이미지가 고착화되며 역사문제를 더욱 복잡하게 만들었다.

또한 독도 문제 및 한일 어업협정과 한일 대륙붕 협정은 기본적으로 영유권 문제의 보류라는 전제 위에서 성립된 것이어서, 한일 양국이 독도가 자신의 고유영토임을 주장하는 순간, 이러한 관리 방식은 안정된 형태로 자리잡을 수 없게 되는 것이다. 65년 영토문제의 잠정적 타결 방식에 대한 국민적 합의라는 중대한 문제가 여전히 남게 된 것이다.

제3장_ 한일 체제마찰과 정책커뮤니티의 역할

1. 한일 외교 전략의 상충과 갈등

1) 일본의 평화외교와 남북한 체제경쟁

1장에서 살펴보았듯이, 미국의 냉전전략은 소련 및 중국 봉쇄정책이라는 글로벌 전략에 입각해, 반공 전선국가와 반공 후방 기지국가와의 적극적 연계를 모색하며 방공망을 구축하는 것이었다. 문제는 일본이 미국의 냉전 전략에 있어 상정되었던 중추적 역할을 어떻게 내재화하였는가였다. 일본은 미국의 초기 점령정책인 '민주화와 비군사화' 정책에 의해 혁신세력이 육성되었으며, 이후 '역코스'에 의해 추방된 정치인이 복귀함으로써 보수세력이 재구축되었다. 이에 따라 보혁대립이라는 특수한 국내체제가 수립되어 "국제적 냉전이 국내적 대립을 야기하기 쉬운 구조"를 가지고 있었다.

이와 같이 국내 보혁대립 구도 속에서, 일본은 자국의 안보를 미국에 의존하며, 이를 통해 재무장의 정도를 완화하여 남은 여력을 경제성장에 몰입시키려는 외교정책, 이른바 '요시다 노선'을 추구하였다. 이러한 냉전전략은 정경분리의 원칙하에 공산권과도 경제 및 문화교류를 추진하려는 모티

브를 내재한 것이었다. 이는 경제입국을 표방하는 외교전략의 구체적 발현이기도 하였지만, 미국의 냉전논리에서 벗어나서 공산권과의 우호관계 구축을 주장하는 혁신세력에 대한 보수세력의 대응이기도 하였다. 즉 '냉전의 국내화'를 차단하고 정치적 안정성을 확보하고자 하는 일본 정부의 노력이었다.

일본 내부에는 미국의 냉전논리를 부정하는 혁신세력, 아시아 공산권 국가와의 관계를 전후처리 관점에서 중시하는 자민당 내부의 '친중파'가 존재하여, 평화세력을 지지하는 국민여론과 함께 외교정책에 큰 영향력을 발휘하고 있었다. 이러한 상황 속에서, 일본은 미일동맹을 주축으로 하는 외교전략을 취하면서도 아시아 지역 정치문제에 대해서는 미국의 아시아정책과 다른 인식을 지니고 있었다. 일본은 미국의 대중 봉쇄정책으로부터 일정 거리를 두고 '정경분리원칙'에 입각해 중국과의 경제관계를 유지하려 했다(添谷芳秀 1995, 63-67 및 101-105). 예를 들어, 친대만 정책을 취했다고 평가받는 사토 에사쿠(佐藤栄作) 내각조차도 65년 4월 인도네시아에서 개최되는 반동회의 10주년 기념식에 가와시마 쇼지로(川島正次郎)를 특사로 파견하여 주은래(周恩来)와의 회담을 추진한 적이 있다.[88] 또한 정경분리원칙에 입각한 대중접근 원칙을 그대로 유지하며 미국과 인식의 차이를 드러내기도 했다. 가령 67년 9월에 개최된 제6회 미일 무역경제 합동위원회의 다음과 같은 공동성명은 이를 명확히 드러낸다(外交青書 1967, 20-22).

> 미국 대표단은 중공, 북한, 북베트남과의 경제관계를 유지하지 않는 이유 및 미주기구에 의한 쿠바 경제제재 및 금수조치의 이유를 설명했다. 일본 대표단은 중공과의 무역 상황을 설명하고, 소련 및 다른 동구 국가와의 무역관계를 일층 발전시킬 의도가 있음을 천명했다.

60년대 초반부터 본격화한 베트남 전쟁에 대해서도 처음에는 평화적 해결을 목표로 미국과 중국의 중재를 도모하려 했다(菅英輝 2004, 95-99). 이렇듯 국내 상황을 의식하여 미국의 냉전논리와 일정 거리를 두려는 자세는 자주외교의 원망과도 맞물리며, 일본의 지역적 역할을 '평화외교'로 설정한 원인이었다. 예를 들면, 60년 제 26회 국회에 있어 시정방침연설에서 이케다 하야토(池田勇人) 수상은 다음과 같이 연설했다(外交青書 1961, 298).

> 일본이 평화외교를 추진하기 위해서는, 예를 들어 정치이념이나 사회체제가 틀린 국가와도 평화롭게 공존하지 않으면 안된다. 정부로써는 자유민주주의 국가로써 일본의 기본적 입장을 견지하면서도 평화외교의 취지에 맞춰 공산주의 국가에 대해서도 가능한 한 우호관계를 증진하도록 노력하겠다.

물론 이러한 평화외교의 자세가 미일동맹의 틀을 넘어서는 것은 아니었다. 일본의 평화외교는 어디까지나 미국의 아시아정책에의 협조라는 범위 내에서 허용된 것이어서, 일본은 대만, 남베트남, 한국과의 관계를 우선했다. 그 허용범위 내에서 일본은 중국, 북베트남, 북한을 적대시하지 않고, 이들 국가와의 비정치적 관계에 여지를 남겨 긴장완화에 노력했다. 이러한 평화외교는 일본이 지역분쟁에 말려들어 역으로 국내문제를 야기하는 것을 피하기 위한 노력의 일환이었다. 즉 일본의 평화외교는 국내 보혁대립과 미일동맹 사이의 협곡에 위치한 일본 외교의 실상이었으며, 아시아에서 독자적 역할을 모색하고자 하는 자주외교에의 열망을 반영한 것이었다. 결국 일본의 냉전전략에서는 미국과의 관계 속에 '자유 아시아'와의 연계 강화, 경제입국 전략과 국내 보혁대립 완화라는 측면에서 '공산 아시아'와의 정경분리에 입각한 우호관계 구축이 핵심적 외교과제가 되었다.

이러한 일본의 냉전전략은 대한 정책에도 그대로 들어났다. 일본 정부는 한국과의 관계에 있어 군사적 측면의 협조관계는 구상하지 않았다. 즉, 미국이 강력히 요구하는 한일 국교정상화 수립에는 찬성하지만, 군사원조 및 군사협력을 염두에 둔 국교정상화는 거부한 것이다. 이러한 일본의 소극적 자세에는 '한반도 문제의 국내화'를 차단하고자 하는 의식도 작용했다. 일본 내 혁신세력(사회당과 공산당 및 평화운동세력)은 한국과의 국교정상화에 반대하였다. 이들은 한일 국교정상화를 한국과 일본이 아닌 남북한을 포함한 한민족과 일본의 특수한 과거를 청산하는 새로운 출발점이어야 한다는 생각을 가지고 있었기 때문이다. 더군다나 한국 정부의 독재적 정치운영과 과도한 냉전논리는 혁신세력에 있어 한국에 대한 부정적 이미지를 증폭시켜, 한국과의 국교정상화는 이러한 권위주의 정부를 실질적으로 인정하고 지원하는 것으로 비쳐졌다. 무엇보다 한일의 국교정상화에 따라 한미일 반공연맹이 구축되어 공산권 국가와 긴장이 제고될 것을 우려했다. 실제 혁신세력은 일조(日朝) 협회 등의 조직을 만들어 북한과의 우호촉진운동, 이른바 '일조 우호운동(북일 우호운동)'을 전개하였다(畑田重夫·川越敬三 1968, 182-200).

집권 여당이었던 자민당 내에서는 인접국 한국과는 역사적으로 깊은 관계가 있고, 한국의 안정이 일본의 안보에 매우 중요하다는 인식이 대세를 차지하고 있었다(大岡越平 1962, 285). 즉 일본에 있어 한국의 지정학적 위치가 중요시되었던 것이다. 보수본류이며 요시다 노선을 '독트린화'했다고 평가받는 이케다 수상마저도 61년 6월에 개최된 케네디(John F. Kennedy) 대통령과의 회담에서 "일본의 역사가 보여주는 대로, 천년 이상 전부터도 일본에 있어 조선은 일본 자신과 같은 것이었으며, 만약 조선이 공산화되는 경우 일본에 있어 치명적이다"고 언급했을 정도이다(金斗昇 2001, 191).

다만, 한국에의 관여정책을 고려할 때, 북한과의 관계를 어떻게 정리할 것인가가 문제가 되었다. 예를 들어, 친중파이며 북한과의 관계를 중시했던 우츠노미야 도쿠마(宇都宮德馬) 자민당 중의원은 한일국교정상화에 반대하지는 않지만, "일본정부는 한일 국교 성립 후, 바로 북한 및 중국과의 관계를 개선하도록 노력해야 한다"고 주문했다. 또한 그는 "북한과 남한의 교류를 자연스레 촉진시키도록 적극적으로 일본이 노력하는 것이 장래 한민족과 영구적 친선관계를 구축하는 데 좋다"고 주장했다(宇都宮德馬 1965A와 1965B). 이러한 논리는 '한국의 안전이 일본의 안보에 긴요하다'는 냉전논리를 초월하여, '한반도의 평화와 안전이 일본의 안보에 중요하다'는 '신한국조항'의 논리와 유사했다. 이는 실제 사회당 및 공산당 등 혁신세력의 한반도 정책과 일맥상통하는 것이었다. 이렇듯 북한과의 관계를 시야에 넣고, 한국과 국교정상화를 달성해야 한다는 주장은 '서측의 일원'을 표방하는 일본 외교에 있어 주류는 아니었지만, 후술하는 한일회담에서 한국의 관할권을 둘러싼 논쟁에 상당한 영향을 미쳤다.

반면 한국은 냉전 시기 철저하게 북한과의 체제경쟁을 전면화하며, 이를 위해 국내체제를 권위주의체제로 유지하였다. 반공과 권위주의 체제가 양면 일체가 되어 한국의 국가전략을 규정했던 것이다. 이러한 한국의 과도한 냉전전략과 권위주의 체제는 일본 내 혁신세력과 자민당 내 친중파의 반발을 초래하였다. 가령 한국에 대한 경제원조는 미국의 냉전전략에 편승한 공산권 봉쇄정책으로 비추어져 혁신세력의 반발을 불러와 정치문제화되기 일쑤였다.

이렇듯 한국과 일본은 미국의 아시아 전략에 호응하는 형태로 대공산권 억지력 차원이라는 측면에서 '유사동맹적 특수관계'를 구축하였으나, 양국이 처해있는 구조적 환경의 차이로 인한 국가전략의 차이가 존재하여 양국의 갈등을 초래하기도 하였다. 양국 사이에 '체제 마찰'은 불가피한 것이었다(오코노기 마사오 2008: 12-13).

2) 북한문제를 둘러싼 한일갈등

이러한 외교전략의 차이는 특히 북한 문제를 둘러싼 갈등으로 발현되었다. 첫 번째 마찰은 54년 하토야마 이치로(鳩山一郎) 내각의 수립으로 형성되었다. 하토야마 수상은 전 수상이었던 요시다 시게루(吉田茂)의 외교를 미국 일변도 외교 및 종속 외교로 비난하면서, 적극적인 재무장과 헌법개정 및 미일안보조약 개정을 기치로 내걸고 '대미 자주노선'을 추구하였다. 또한 소련 및 북한과의 관계개선, 아시아아프리카 회의(반둥회의)에의 참가를 시도하며 종래의 미국 중심 외교에서 벗어나 외교적 지평을 확장하려 하였다. 이러한 정치변동은 국제정치적 변화와 접목되며 정책전환을 더욱 가속화시켰다. 53년 스탈린 사후, 소련의 평화공존 외교가 본격화되며, 파리 강화회의를 통해 한반도 정전합의 및 베트남 정전합의가 이루어지는 등 미소 냉전은 급격히 완화되었던 것이다.

이런 배경 하에서 하토야마 수상은 55년 연두기자회견에서 소련 및 중국과의 국교정상화를 위한 회담을 개최할 의사와 더불어 북한과의 관계도 개선할 용의가 있음을 밝혔다. 이에 북한은 2월 25일 이른바 '남일 성명'을 발표하며 일본과의 무역 및 문화 교류를 추진할 의사가 있음을 밝혔다. 이로써 북일관계가 개선되는 듯 보였다. 북한은 10월 이후 일본 국회의원 방북단을 시작으로 경제계, 노동계, 문화계 인사들을 북한에 초대하는 '인민외교'를 전개하였다. 일본 내에서도 11월 혁신세력이 주축이 되어 일조협회를 결성하여 북한과의 문화교류를 시작하였다. 56년 3월에는 일조무역회가 결성되어 동년 9월 중국을 매개로 하는 북일 민간무역이 시작되었다(신정화 2002, 31-32; 류상영 2004, 152). 동시에 재일 조선인 북한 귀국 사업에 대한 북일 적십자 회담이 개최되어 재일 조선인 귀국문제가 본격적으로 추진되었다.

하지만 이러한 흐름이 북일 국교정상화에는 이르지 못하였다. 이는 한국의 반발 때문이었다. 56년 변영태 외무부장관은 북일 교류는 "일본이 반역정권(북한)을 사실상 승인하는 것이며, 이는 한국과 국교정상화를 할 의사가 없음을 입증하는 것"이라며 강력히 반발했다. 이에 일본 정부는 55년 8월 히로시마에서 개최될 원·수폭 금지 세계대회에 참가하려는 북한대표단의 입국 거부, 북한과의 직접무역 금지 조치를 발표하면서 북한과의 교류 중단을 선언했다. 한국과의 국교정상화가 이루어지지 않은 상태에서 북한과의 정부 간 교류를 추진하는 것은 미일동맹을 우선하며 자유주의 국가의 일원임을 표방하던 일본 정부에게 있어 부담스러운 것이었다. 실제 냉전논리를 우선하던 자민당 내 우파의 대표적 인물이었던 기시 노부스케(岸信介) 외상은 "남북한의 조정도 일본의 커다란 사명이지만, 북한의 생각, 국제환경, 정세가 복잡하기 때문에 지금 바로 북한과 우호관계를 맺는 것은 어렵다"는 신중한 의견을 표명했다(신정화 2002, 33).

이처럼 일본의 냉전전략은 어디까지나 자유 아시아와의 연대강화가 우선이었던 것이다. 하지만 일본 정부는 북한과의 비정부간 교류(정치인 교류, 민간 무역, 문화교류)를 허용함으로써 대북관계에 여지를 남겨두려 했다. 대표적인 것이 재일 조선인 귀국사업이었다. 반공주의자이자, 그 맥락에서 한국과의 관계를 중시했던 기시 내각에서 귀국사업이 본격화되었다는 것은 혁신세력 및 자민당 내 친중파를 중심으로 하는 대북 관계 개선 운동을 억제하는 경우, 심각한 정치갈등을 유발할 수 있다는 우려 때문이었다. 59년 6월 귀국 협정이 체결되자, 한일 회담은 갈등을 반복하며 중지와 재개를 거듭했다.

두 번째 갈등은 한일회담에 한일 기본조약 및 청구권 협정의 적용범위를 둘러싼 양국 간 이견에서 나타났다. 한일 기본조약 3조에서는 "대한민국 정부가 유엔총회의 결의 제195(3)에서 명시된 바와 같이 한반도에 있어서의 유일한 합법정부임을 확인한다"고 규정하고 있다. 유엔 결의 195(3)은 한국의 유일 합법성을 인정하면서도 그 관할권을 한반도 이남에 한정하고 있는 문서이다. 한국 정부는 한국의 관할권이 한반도 전역에 미친다는 내용을 삽입하고자 했으며, 일본은 일·대만 평화조약과 같이 한국의 관할권을 한국에 한정함으로써 북한을 자극하지 않고 북한과의 비정치적 관계에 여지를 남기려는 생각에 이에 극렬히 반대했다. 결국 양국은 '유엔 결의 195(3)'을 언급함으로써 타협한 것이다.

위 조항을 두고 한국 정부는 대한민국의 유일 합법성을 인정받았으며, 일본이 북한과 외교관계를 맺을 수 있는 가능성을 봉쇄한 것으로 해석했다. 하지만, 일본은 위 조항은 북한에 대해서 아무 것도 규정하고 있지 않아 한일 국교정상화가 북일관계에 어떠한 영향도 미치지 않고 있다고 인식했다(이원덕 2000, 52). 실제 사토 수상은 65년 10월의 중의원 한일특별위원회에서 "(한일국교정상화와 관계없이, 일본과 북한과의)관계는 백지상태이며, 그 관계는 사실적 문제로써 처리해 간다, 즉 케이스 바이 케이스로 처리해 간다는 입장이다"고 말하며, 한일국교정상화가 북일관계를 단절시키는 것은 아니라는 점을 강조했다.

이러한 양국 간의 이견은 청구권 협상의 적용범위를 둘러싼 교섭에서도 그대로 나타났다. 64년 3월 한국 정부는 교섭담당자에게 훈령을 보내, 청구권 협정의 적용 범위에 대해서 이를 협정에서 규정하지 않고, 양 국가가 자국에 적합한 설명을 하는 방안에 서서 교섭을 하도록 지시했다. 물론 위 훈령에서 두 가지 다른 방안에 대해서도 언급했다. 첫 번째 방안은 한국이 한반도가 통일되더라도 북한 지역에 대한 청구권을 주장하지 않는다는 약속을 하고, 일본은 한반도 통일 전에 북한과 교섭하지 않는다는 것을 약속하는 비공개 협정을 체결하는 것이었다. 두 번째 방안은 북한에 대한 청구권은 미해결의 문제임을 일본 정부에 설득시키는 방법이었다. 하지만 한국은 일본이 이 두 방안에 동의하지 않을 것이며, 만약 사회당 내각이 탄생하면 북한과의 수교를 추진할 것이기에 두 방안 모두 의미가 없을 것이라는 이유로 위 두 가지 방안을 기각했다.[89)]

위 훈령에 기반하여 4월 청구권 회담에서, 한국 정부는 가조인된 기본관계조약에 제시된 것으로 충분하기에 청구권 범위문제를 굳이 언급할 필요가 없다고 주장한 반면, 일본은 청구권 조약이 미치는 지역과 대상을 확실히 해둘 필요가 있다고 주장했다.[90)] 결국, 양국은 한국의 주장대로 청구권 조약의 적용범위에 대해서는 언급하지 않기로 했다. 그러나 실질적으로 북한을 국가로 인정했으며 한국의 시정권을 한반도 남단으로 한정했던 일본 정부는 한일 청구권 협정은 남한을 대상으로 한 것이며 결과적으로 북한과의 청구권협정이 필요하다는 입장을 아직까지도 고수하고 있다.

3) 데탕트의 도래와 한일 국제인식의 괴리

한일 간의 지정학적 배경과 국내정치적 배경 그리고 이에 기반한 외교전략 차이는 국제인식의 차이를 가져왔다. 대표적인 예가 데탕트의 도래이다. 2010년대 작금의 상황에서 일본은 한국이 중국에 경사하고 있다고 비판하고 있으며, 한국은 일본에 대해 미국보다 앞장서서 중국을 견제하는데 치중하며 동북아 평화를 헤치고 있다고 비판하는 상황을 염두에 두면 격세지감을 느끼는 공간이다. 데탕트 시기는 오히려 반대의 상황이었던 것이다.

68년 당선된 닉슨(Richard M. Nixon) 대통령과 키신저(Henry A. Kissinger) 대통령 보좌관은 베트남 전쟁에 의한 미국 국력의 상대적 저하를 직시하고 미국의 대외 관여의 축소를 추구했다. 그것은 닉슨 쇼크로 불리며, 베트남 주둔 미군과 한국 주둔 미군 및 일본 주둔 미군의 삭감의 형태로 나타났다. 그러나 베트남으로부터의 명예로운 철수를 완수하기 위해서는 대국간 관계를 조정하여 평화의 구조를 구축할 필요가 존재했다. 닉슨 대통령은 지금까지 미국의 힘에 의한 패권적 봉쇄정책에서 전환하여, 국제질서를 형성하는 유력한 일원으로써 중국과의 관계를 정상화하여 소련에 데탕트 관계 구축을 압박하는 이른바 세력균형 개념에 기초한 국제질서를 구축하는 전략을 취했다. 이러한 데탕트 관계로의 전환은 중국과 소련으로부터 베트남을 고립시켜, 북베트남을 파리 화평교섭에 끌어내기 위함이었다(添谷芳秀 1995, 189-191). 따라서 닉슨 대통령은 취임하자 바로 69년 9월과 12월 및 다음해 3월에 중국에 대한 제재조치를 완화하여 중국에 화해의 메시지를 보냈다.

그러나 닉슨 대통령은 미중화해를 달성하기 이전에, 69년 11월 미일 정상회담 성명에서 한국조항과 대만조항에 합의한 것처럼, 미일 협력관계 및 자유아시아의 연대를 확실하게 구축해 두길 원했다. 닉슨은 사토 수상과의 회담에서 자신의 구상을 이렇게 설명하였다.[91]

아시아 정책에 있어 자유아시아와 공산아시아 사이의 벽을 만들 생각은 없고, 언젠가는 이들 사이에 다리를 놓을 필요가 있다고 생각하지만, 이를 위해 먼저 자유아시아를 강하게 할 필요가 있다고 생각하며, 이러한 견지에서 현 정부의 우선적 목표는 미일 우호관계의 강화에 있다.

실제 70년 11월 20일, '중국 초청, 대만 추방'의 알바니아안이 처음으로 유엔 총회에서 채택되었지만 미국과 일본은 61년 이해 제출해왔던 중요사항 결정방식(중국의 유엔가입에 2/3 찬성을 요구하는 방식)의 공동 제안국이 되는 등 협조정책을 유지했다(伊藤剛 2002, 36).

이처럼 미일 협력관계의 강화는 수차례에 걸친 닉슨 정부의 대중 화해 메시지에도 불구하고 중국을 자극하였다. 70년 4월, 주은래 수상은 북한을 방문하여 부활하는 일본 군국주의와의 공동투쟁을 명기한 공동성명을 발표했다. 또한 같은 달 19일에는 대만 및 한국과 경제적으로 결탁한 일본 기업과는 거래를 하지 않는다는 대중 무역 4원칙, 이른바 주은래 4원칙을 발표하며, 69년의 한국조항과 대만조항에 대항하였다. 더욱이 70년의 캄보디아 분쟁은 미중관계를 더욱 악화시켜 중국은 동년 5월 미국의 캄보디아 침공을 이유로 같은 해 2월 재개했던 미중 대사급 회의를 연기시켰다.

이러한 표면적인 갈등에도 불구하고 미중 양국은 비밀리에 대화를 모색하고 있었다. 파키스탄 루트와 루마니아 루트를 이용해 10월부터 미중 대화를 모색했던 것이다. 이러한 미중 접근은 71년 4월 이른바 핑퐁외교로 연출되었고, 21일에 드디어 "미국 특사(예를 들어 키신저), 국무장관, 혹은 대통령 자신"의 방중을 환영한다는 중국의 메시지가 배달되었다. 결국 7월 9일부터 11일에 걸쳐 키신저 안보보좌관이 비밀리에 중국을 방문하여 닉슨 방중의 일정을 결정했다. 공개적으로도 닉슨 대통령은 4월 14일 대중 제재를 완화하는 대중 5개항 조치를 발표하여 세계에 미중 화해가 근접했다는 것을 암시했다(霞山会編 1998, 1049). 따라서 닉슨 쇼크로 알려진 71년 7월 15일 닉슨의 방중 발표는 내용면에서는 놀랄 것은 아니었다. 이미 세계는 미중화해의 움직임을 알아차리고 있었던 것이다.

그 사이 한국은 70년부터 본격적으로 문제가 되었던 주한 미군 철수문제로 미국과 마찰을 빚고 있었다. 한국은 닉슨 독트린이 한국에는 적용되지 않을 것이라 믿었기 때문에 감축계획은 충격이었다. 70년 8월 4일 박정희 대통령은 포터(William J. Porter) 대사와 2시간에 걸쳐 회담하면서, 69년 한미 정상회담에서 닉슨 대통령이 닉슨 독트린은 한국에 적용되지 않는다고 언급했으며 이는 공동성명에도 들어가 있다며 일방적인 철군계획 통고에 불만을 표출했다. 이 회담에서 박정희 대통령은 한국군 현대화에 만족스러운 지원이 이루어져야 한다고 주장하며 미국의 대한국 안보 공약이 명시될 때까지는 미군 철수에 반대한다고 강조했다. 그러나 포터 대사는 한국이 협력하지 않아도 2만 주한 미군을 철군하겠다고 통보했다. 이렇듯 주한 미군 감축문제는 한미 간의 불신을 키워갔다.[92]

그러나 70년 7월에 1억 5천만 달러 규모의 군사원조 계획이 미 의회에서 통과되자, 한국의 태도가 완화되었다. 동시에 8월에는 애그뉴(Spiro T. Agnew) 부대통령이 방한하여, 주한 미군 철수와 한국군 현대화 지원에 대해 협의했다. 여기에서 한미 양국은 한국군 현대화를 위한 추가지원, 한미 군사전문가 협의 개최, F-4 전투기 부대의 한국에의 배치에 합의하였다(한국외교부 1971, 78). 결국 71년 2월 최규하 외무장관과 포터 대사 회담에서, 1)지금까지의 한미 국방장관회담에 외무부 관료도 참가하는 한미 안보협의회를 매년 개최할 것, 2)한국군 현대화에 총 15억 달러를 원조할 것, 3)한국의 안전보장에 대한 미국의 커트먼트를 재확인한다는 내용을 포함하는 공동성명을 발표하여 주한 미군 철수문제는 일단락되었다(한국외교부 1979, 132).

이렇게 닉슨 독트린을 실감한 한국은 미국의 아시아 철수에 따른 힘의 공백을 이용하여 북한이 한국에 도발할 것을 염려하여 북한에 긴장완화를 호소하게 되었다. 특히 미국의 대중 정책에 변화가 보이자 새로운 정세에 대응할 필요가 생겼다. 따라서 한국은 북한에 긴장완화를 호소함과 동시에 공산권 정책에도 변화를 시도했다. 박정희 대통령은 70년 8월 15일, 이른바 8·15선언을 발표하여 북한이 침략적이고 도발적인 행위를 정지한다면 인도적 견지에서 통일 기반조성에 기여할 수 있도록, 또는 남북의 장애를 단계적으로 제거할 수 있는 획기적이며 실질적인 방안을 제시할 용의가 있음을 밝혔다(청와대비서실 1971, 234). 실제 한국은 미국의 정책 변화에 대처하기 위해 71년 1월 19일 공산권과의 외교접촉을 엄격하게 제한하여왔던 정책을 완화하여 비적성 공산국가와의 외교접촉에 대한 '외교관 등 직무수행에 관한 기본지침'을 개정했다. 정부가 말하는 비적성 공산국가는 북한과

적대국가 혹은 적성 국가를 제외한 공산국가였으며 주로 동구권 공산국가였다. 실제, 정부는 같은 해 시장조사를 위한 민간경제시찰단의 유고슬라비아 방문을 허가하였다. 또한 71년 8월 국무회의에서 체코, 쿠바, 폴란드, 유고슬라비아 등에 대한 GATT 35조 적용의 철회를 결정하여 이들 국가와의 무역거래를 가능하게 했다(김창훈 2002, 112).

이렇듯 한국의 공산권 외교가 완화되는 중, 71년 7월 15일의 닉슨 대통령 방중 발표는 일본과 같이 발표 30분 전에 전달되어 한국에도 충격을 주었다. 비록 한국은 동맹국과의 협의 없이 이루어진 미중 화해에 불만을 나타내면서도 공식적으로는 닉슨 방중을 환영했다. 예를 들어, 같은 해 7월 18일에 김용식 외무부장관은 기자의 질문에 대해 다음과 같이 언급했다.[93)]

> 미중 화해 무드는 전체적으로 보아 한국에 좋은 현상이라고 생각한다. 닉슨 대통령의 성명을 검토했지만 한국은 그의 방중에 희망을 가져볼 수 있지 않나한다. (중략) 북한은 중국과 소련의 지원 하에 (한국에) 위협을 주고 있다. 만약 닉슨 대통령이 중공에 북한의 호전성을 억제시켜 무력통일이라는 무모한 야망을 방기시키도록 촉구할 수 있다면 긴장은 완화될 것이다.

더욱이 김용식 외무장관은 7월 25일 국회답변에서 "정부는 소련과 중국이 한국의 주권을 존중하고 적대행위를 방기함과 동시에 북한에 원조를 중단한다면 국교정상화문제를 유연하게 고려할 방침이다"고 언급하며, 닉슨 방중에 의한 국제정세의 변화에 적극적으로 대응할 자세를 표명했다(김용식 1987, 214). 또한 그는 닉슨 쇼크 직후, 남북 이산가족의 재회를 위한 인도적 차원에서 남북 적십자회담을 개최할 것을 북한에 제안했고 북한이 이를 받아드려 8월부터 남북적십자회담이 개최되었다.

이렇듯 한국은 닉슨 쇼크에도 불구하고 70년부터 실시했던 공산권 외교의 완화를 더욱 적극적으로 추진하고 남북대화를 모색하며 변화하는 국제질서에 적극적으로 대응하려고 했다. 하지만 9월이 되면서 한국의 정책에 변화가 보이기 시작했다. 한국은 북중관계의 긴밀화를 도모하던 중국이 미국과의 회담에서 주한 미군의 철수문제를 의제로 삼지 않을까 우려했기 때문이다. 중국은 주은래가 70년 4월에 북한을 방문하여 문화대혁명으로 소원해졌던 북중관계를 정상화하고 71년 9월 6일에는 북중 국방장관 회담에서 북한에 대한 무상군사원조를 결정하고 북중관계를 긴밀화했다. 이러한 북중관계의 긴밀화가 한국의 중국에 대한 불신을 제고하였던 것이다. 한국이 가장 우려했던 것은 한국과의 상담 없이 중국과 미국이 주한 미군 문제 등 한반도 문제를 협의하여 한국안보에 대한 미국의 안보공약이 흔들리는 것이었다. 예를 들어, 9월 16일 박정희 대통령은 닉슨 대통령에 서한을 보내며 다음과 같이 언급하고 있다.[94]

> 아시아에 있어 중공의 목표가 한국 및 다른 아시아 국가에서 미군을 철수시키는 것에 있기 때문에 한국은 큰 관심과 우려를 가지고 (닉슨 방중을) 주시하고 있습니다. (중략) 미군의 한국 주둔은 한반도에서의 전쟁재발을 피하는 가장 효과적인 억제력으로 작용하고 있으며 그것과 함께 유엔군의 주둔도 한반도 평화와 안전을 유지하는 유엔의 목적과 책임을 다하고 있습니다. 따라서 한국으로부터 외국군의 철수를 주장하는 중공의 요구를 강력히 거부해야 합니다.

그러나 미국은 한국에의 배려가 부족했다. 박정희 대통령의 편지에 대해, 미 국무부 부장관은 김용식 외교부장관과 로져스(William P. Rogers) 국무장관이 충분히 협의했기 때문에 답변할 필요가 없다고 키신저에게 진언하는 등 한국의 우려에 충분한 배려를 보이지 않았다.[95] 결국 박정희 대통령의 친서에 대한 답변은 11월 29일에야 보내졌다. 닉슨 대통령은 이 편지에서 미중회담에서는 제 3국 문제가 토의되지 않을 것이며 추가의 주한 미군 철수는 없을 것이고, 만약 추가 철수할 경우, 한국과 사전협의를 하겠다고 언급하며 한국을 안심시켰다.[96] 그러나 이 답변에도 만족을 하지 못했던 박정희 대통령은 미중회담 전에 한국과의 정상회담을 요구했다. 11월 30일, 김동조 대사는 미 국무부 부장관에 미국이 중국에 접근할 시, 한국의 국익을 무시했다는 비판이 한국 국내에 들끓었다며 호놀룰루 혹은 샌프란시스코에서 한미 정상회담을 개최하자고 제안했다. 그렇지만 국무부 부장관은 닉슨 대통령의 방중에서, 한국문제는 토의되지 않을 것이며 만약 한국과 정상회담을 하게 되면, 필리핀과 태국 및 남베트남 등과도 회담하지 않으면 안된다는 이유로 그 요구를 거절했다.[97]

이 상황에서, 박정희 대통령은 12월 비상사태를 선언하였다. 12월 13일, 하비브(Philip Habib) 대사와 회담했던 박정희 대통령은 비상사태 선언의 이유를 설명했다. 여기에서 박정희 대통령은 "대국이 긴장을 완화하려고 노력할 때에 약소국은 희생이 된다"며 닉슨 방중에 수반하는 위기감에서 비상사태를 선언했다고 시사했다. 실제, 10월의 유엔총회에서 중국 대표권이 대만정부에서 북경정부로 전환되어 중국이 유엔 안보리 상임이사국으로 국제사회에 등장했으며, 이 과정에서 대만이 유엔에서 추방된 것은 한국의 우려를 더욱 크게 하였던 것이다. 미국이 대중 정책을 변경하면서 어디까지 약소국의 이익을 지킬 수 있을지, 미국이 정말 약소국의 이익을 지킬 의향이 있는지, 유엔에 가입한 중국이 유엔에서 북한의 정책을 지지하는 것에 의해 남북의 외교경쟁에 불리한 상황이 도래하지 않을지 염려한 것이었다. 한국에 대한 배려가 부족한 상황에서 중국의 유엔가입은 비상사태를 선포한 중요한 이유 중에 하나일 것이다.[98]

72년에는 미국에 대한 불신을 더욱 제고하는 사건이 벌어졌다. 주한 미군 철수 대가로 제공될 예정이었던 군사원조가 대폭적으로 삭감된 것이다. 71년 7월에 미국은 무상군사원조를 2억 4천만 달러로 결정했으나, 72년 3월에 미 의회는 무상원조를 1억 4천만 달러로 삭감했다. 더욱이 로져스 국무장관은 4월 상원에서 75년부터 한국에 대한 무상 군사원조를 차관으로 전환하겠다고 증언하며 한국에 충격을 주었다(日韓関係研究会編 1975, 209). 미중화해와 이로 인한 데탕트의 흐름을 대국의 횡포로 인식한 한국은 미국에 대한 불만을 증폭할 뿐이었다.

일본도 한국과 같이, 닉슨 쇼크에 출렁거렸지만 데탕트는 평화외교를 표방하던 일본에 있어 기회이자 국내문제를 해결하는 수단으로 다가왔다. 닉슨 방중 발표 3분 전에 통보를 받았던 사토 수상은 미국의 외교정책에 근본적 변화가 생길 경우 반드시 사전에 상담할거라고 믿었기 때문에 큰 충격을 받았다. 전술한 바와 같이, 미국은 중국과의 관계개선을 추구하면서도 중국으로부터 긍정적 반응이 나오기 전까지는 대중 정책에 있어 일본과 긴밀히 협력했다. 69년 오키나와 반환에 수반하여 한국조항과 대만조항을 확인하고, 70년 11월 유엔 총회에서는 중요사항지정방식의 공동제안국으로써 긴밀한 정책협조를 하고 있었다. 그러나 미국은 오키나와 반환 합의 과정에서 약속한 섬유수출 자율규제를 실시하지 않고 있던 일본에 불만을 품고, "일본이 행동하도록 하기 위해서는 쇼크를 줄 필요가 있고 미국이 과격한 행동을 취하면 섬유문제에 있어 과거 3년간에 외교적 방식으로 달성할 수 없었던 일본의 정책전환을 실행시킬 수 있다"고 믿으며, 일본과의 상담 없이 닉슨 방중을 발표한 것이었다(伊藤剛 2002, 84).

닉슨 방중 발표에 충격을 받은 사토 내각은 중국과의 국교정상화를 추구해야 한다는 국내 비난에 직면하면서도 대중 화해를 추구하는 미국의 진의를 파악하기 전까지 '기다림의 자세'를 견지했다. 사토 수상은 닉슨 방중 발표 날인 7월 16일에 "중공의 태도도 유난해졌다는 증거인가(중략). 지금부터는 대만 처리 문제로 한층 어려워질 것이다"고 일기에 쓴 것처럼, 미국이 대만 대신에 북경정부를 중국의 유일 대표로 유엔에 입성시키는 정책으로 전환했다는 것을 확인하기 전까지 어떠한 행동도 취하지 않았다(伊藤剛 2002, 78).

일본 정부는 얼마 지나지 않아 미국의 정책이 중국의 유엔가입에는 찬성하지만, 대만의 추방에는 반대하는 '두 개의 중국' 정책임을 알았다. 예를 들어, 8월 2일에 로져스 국무장관은 "미국은 중국의 대표권을 요구하는 유엔총회의 흐름을 지지하지만, 동시에 대만정부를 추방하는 여러 움직임에 대해서는 반대한다"고 언급했다. 주일 미국 대사는 7월 31일 사토 수상과 회담하며, 유엔 안보리 상임이사국을 중국으로 할지 대만으로 할지는 유엔 안보리의 다수 의견에 따르지만, 대만의 추방에는 총회에 2/3의 찬성이 필요로 하는 역중요사항방식과 복합 이중대표제 제안을 준비하여 대만의 유엔 잔류를 추구하는 방침을 설명하면서 일본에 공동제안국이 되어줄 것을 요구했다(佐藤栄作 1988, 388).

사토 내각은 국내의 반발에도 불구하고, 71년 9월 22일 역중요사항방식과 복합 이중대표제 결의안의 공동제안국이 될 것을 결정했다. 이것은 미 상원에서 오키나와 반환 비준이 진행되고 있어 일본이 공동제안국이 되지 않으면 반환협정 비준에 영향을 미칠지 모른다는 우려 때문이었다(伊藤剛 2002, 126). 또한 사토 수상은 제 2차 세계대전 후에 일본에 대한 전쟁배상 요구를 방기한 장개석과 대만에 특별한 감정을 가지고 있어, '대만 확보'라는 관점에서 공동제안국이 되었다는 분석도 존재한다(佐藤晋 2004, 158).

하지만 공동제안은 유엔 총회에서 채택되지 않았고 이러한 외교적 패배는 사토 내각이 대중 정책을 변화시키는 계기가 되었다. 사토 수상은 유엔에서 알바니아안이 통과되자, 11월 방중할 미노베 료키치(濃部亮吉) 도쿄도 지사를 통해 중일 국교정상화 교섭 전에 자민당과 중국 공산당의 대화를 요구하는 이른바 호리서간(保利書簡)을 주은래에 전달하였다(楠田実 2001, 808). 주은래가 호리서간에 대해 "대만독립론에 연결될지 모르는 수상한 편

156 전후 한일관계 70년: 우리는 어떻게 갈등을 극복해 왔나?

지로써 신용할 수 없다"고 지적하자, 72년 2월 28일에 사토수상은 "대만이 중화인민공화국의 일부라고 생각하는 것은 당연하다"고 언급하며 장애물을 제거하고자 했다(霞山会編 1998, 1055와 1057). 사토 수상은 72년 1월 1일 일기에 "올 해에는 중국과의 국교를 수립하지 않으면 안된다고 생각하지만 그래도 신경 쓰이는 것은 대만의 처우로써, 북경에 직접 가서 단판 짓지 않으면 안된다"고 쓴 것처럼, 중국과의 직접 교섭으로 대만문제와 국교 수립 문제를 도모하고자 하는 적극적인 자세를 보였다(佐藤栄作 1998, 16).

하지만, 중국은 사토 내각과는 대화할 의사가 없음을 확고히 하였다. 이러한 중국의 소극적 자세에 직면한 사토 내각은 69년의 한국조항과 대만조항의 수정 혹은 부정을 통해 중국에 시그널을 보내려 했다. 중국은 이 두 조항이 중국과 북한을 봉쇄하기 위한 것으로 비판하고 있었기에, 이 두 조항의 부정 및 수정을 통해 중국과의 관계개선에 대한 의지를 보여줄 필요가 있었던 것이다. 예를 들어 71년 8월 개최되었던 제 5차 한일 각료회담의 공동성명에는 "양국의 안전이 불가분이다"는 취지의 문구가 빠졌다. 이 회담 후에, 일본 측 단장이었던 기무라 도시오(木村俊夫) 외상은 기자회담에서 한국 산업에의 일본 투자는 어디까지나 민간베이스이며 한국 정부에의 지원을 상징하는 것은 아니라고 강조했다. 전술했던 것처럼, 한일관계에 있어서 한국조항이 한국안보에 관한 일본의 정치적 경제협력을 규정한 것이었으나 이를 부정한 것이었다.

또한 72년 1월의 미일 정상회담 공동성명에서도 대만조항과 한국조항은 제외되었다. 사토 수상은 한국조항을 언급하지 않는 것에 대해 기자회담에 "69년의 성명은 당시 시점에서의 성명이며 이번에는 이번의 시점에 맞는 성명으로 고정적인 상태라고 생각하는 것은 성명으로써 부적당하다"며 양 조항을 실질적으로 거부하였다(ヴィクター・D・チャ 2003, 119).

한국은 71년 1월 미일 정상회담에서 앞서, 정일권 총리를 특사로 파견하여 사토 수상으로부터 한국조항은 엄연히 유효하다는 언질을 받으려 했지만 실패했다. 결국 한국조항은 차기 내각이었던 다나카 가쿠에(田中角栄) 내각에서 일본의 안전에 있어 긴요한 것은 한국의 안전이 아니라 한반도 전체의 평화라는 인식으로 바뀌었고, 미키 다케오(三木武夫) 내각에서 '신한국조항'으로 공식화되었다.

또한 일본은 북한문제를 둘러싸고도 한국과 인식차이를 드러내었다. 71년 8월 제5차 한일각료회담에서 일본은 공동성명에 북일관계 촉진을 요구하는 조항을 넣고 북한을 위협으로 지목하는 지금까지의 조항을 삭제할 것을 요구하였다. 당연히 이에 대해 한국은 격렬히 저항했다. 김종필 총리는 9월 국회에서 북일 접촉을 감시하고 있다며 일본의 움직임을 견제했다.

이런 한일 갈등을 이용한 것은 김일성이었다. 그는 71년 9월 "우리는 일본과의 국교를 수립하기 전에도 가능한 범위에서 기자, 기술자 등의 왕래를 적극 추진하고 경제 및 문화 교류활동을 전개할 용의가 있다"며 일본과의 관계 개선 의지를 표명하였다. 이에 호응하여 일본에서는 자민당 등 국회의원이 11월 북일 국교정상화를 목표로 일조우호촉진의원연맹(이하 일조의련)을 결성하였다. 72년 1월에는 일조의련 대표단과 북한의 조선국제무역촉진위원회 사이에 '일조 무역촉진에 관한 합의서'가 조인되어 북일 무역은 급격히 증가하기 시작하였다(신정화 2002, 37; 류상영 2004, 152-153).

일본 또한 이에 호응했다. 일본 정부는 10월 미노베 도쿄도지사의 방북을 허가했다. 또한 72년 2월 참의원 본회의에서 사토 수상은 북한과의 국교정상화는 추구하지 않는다는 전제 하에 대북한 정책을 다음과 같이 설명했다.

> 북한과의 관계에 대해서 우리나라는 계속해서 한국과의 우호협력관계를 유지 증진해 나가는 것을 기본방침으로 하고 있습니다. 그러나 이것은 북한 적시 정책을 취하고 있다는 것을 의미하지 않습니다. 우리나라와 북한과의 각종 교류에 대해서는 그것이 한반도 긴장완화에 기여한

다고 기대하며, 국제정세의 추이를 보면서 금후 신중한 태도로 케이스 바이 케이스로 대처해갈 방침입니다.

중일 국교정상화를 내걸며 72년 7월에 수상이 된 다나카 가쿠에도 동년 11월 10일 참의원 예산위원회에서 북한과의 국교정상화는 어렵다고 언급한 다음에 "북한과의 교류에 대해서는 국제정세의 추이, 남북의 우호적 대화의 진전을 지켜보면서 추후 확대해갈 것이다"고 언급하며 북한과의 관계개선에 적극적 자세를 표명했다. 같은 해 9월의 제 6차 한일 각료회담에서, 김용식 장관이 북일접촉에 반대한다는 의견을 표명한 것에 대해 오히라 마사요시(大平正芳) 외상은 일본의 입장을 다음과 같이 언급했다(한국외무부 1972, 53).

  1) 학술, 문화, 스포츠, 인도적 교류는 불가피하다.
  2) 수출입은행의 자금을 사용하는 경제교류에 대해서는 검토의 여지가 있으며, 결국 케이스 바이 케이스로 처리해 간다. 그러나 정치적인 것은 (국내의) 큰 압력이 있지만 계속해서 불허할 방침이다.

실제 일본과 북한은 71년 10월 미노베 도쿄도지사의 방북 이후, 일조우호촉진의원연맹과 사회당 및 공명당 대표단이 방북하는 등 교류가 증대되었다. 71년 1월에는 북한과 일조무역촉진합의서가 조인되었고 무역규모도 증대하여, 71년의 58만 달러에서 3억 8천만 달러까지 팽창했다.

무엇보다 북일관계의 개선에 걸림돌이 되었던 남북한의 대립 상황이 72년 7월 남북공동성명의 발표로 완화되었다는 현실인식으로 일본의 대북 접근은 강화되었다. 동시에 북한이 한일 기본조약의 폐기를 요구하던 기존 정책에서 벗어나 남북한 쌍방에 균등한 정책을 취할 것을 요구한 것 또한 일본 외교의 부담을 경감시켜 준 것이었다. 실제 73년 7월 오히라 외상은

"북한과의 관계가 후퇴하는 일은 있을 수 없고, 수출입은행 자금적용문제는 북한과 국교가 없어도 구체적인 프로젝트의 내용을 음미하여 사안에 따라 적용할 것이다"고 언급하며 북한과의 교류에 적극적 태도를 보였다. 심지어 다나카 수상은 6월 29일 중의원 외무위원회에서 유엔 총회에서 남북한을 동시 초청하는 결의안이 나오면 이에 찬성할 것이라며 실질적으로 '두 개의 한국' 노선을 취할 의사를 표명했다(신정화 2002, 39-40).

그러나 일본은 북한과의 국교정상화는 도모하지 않았다. 일본이 북베트남과의 국교정상화를 도모하였던 것과는 대조적이었다. 일본은 한국과의 관계를 고려하여 어디까지나 비정치적인 교류에 한정했다. 그러나 한국은 한국조항을 부정하는 움직임과 북일관계 개선을 도모하는 일본정부의 방침을 데탕트의 흐름에 편승한 '두 개의 한국' 정책으로 인식했다. 한국이 72년에 예정되었던 박정희 대통령의 방일을 일방적으로 취소한 것은 이러한 불만의 표현이었다(ヴィクター・D・チャ 2003, 121). 더군다나 73년 6월 '6·23 선언'을 기점으로 남북관계가 다시 악화되고, 8월 발생한 '김대중 납치사건'으로 한일관계가 국교단절 수준에 이르자 일본 정부는 북일 접근보다 한일관계의 재구축에 중점을 둘 수밖에 없었다.

이렇듯 미중화해라는 국제질서의 변화는 한미일 삼국에 있어 다른 차원의 문제였다. 미국은 글로벌한 관점에서 중국과의 화해를 통해 베트남으로부터의 명예로운 철수뿐만 아니라 소련과의 세력균형을 도모하려고 했다. 동맹국과의 상담 없이 진행된 이러한 정책 변화에 충격을 받은 일본은 미중화해를 아시아 긴장완화로 인식하고 적극적인 데탕트 외교로 전환하였다. 그리하여, 미국보다 먼저 중국과 국교정상화를 달성하였다. 또한 북베트남과도 국교정상화를 달성하고, 북한과는 정경분리에 입각해 관계개선을 추구하며 데탕트의 흐름을 아시아에 고착화시켰다. 반면, 한국은 미국의 정책을 약소국을 이익을 무시한 '대국의 횡포'로 인식하고 불만을 품었다. 또한 한국은 자유진영의 중국과의 국교정상화 및 중국의 유엔가입이 북한에 유리한 외교환경을 창출할 것을 우려했으며, 데탕트를 이용해 자유진영이 북한에 접근하는 것을 우려했다. 특히 일본이 북한에 접근하는 것에 불만이 컸다. 이런 상황에서 한일 간 마찰은 불가피한 것이었다.

2. 체제마찰의 관리: 한일 정책커뮤니티의 생성과 역할

앞에서 살펴보았듯이 한일 양국은 외교전략의 차이와 정치체제의 차이로 인해 여러 갈등에 휩싸였으며, 이로 인해 한일 정부 간 공식 외교라인이 고착관계에 빠지는 경우가 많았다. 이러한 고착상태는 비정부 영역에서 활동하는 정책커뮤니티에 활동 공간을 부여했고, 한일 정부 또한 고착상태를 해소하기 위해 이들의 힘을 빌리고자 했던 것이 사실이다. 다른 양자관계에 비해 한일관계에 나타나는 두드러진 특징 중 하나가 바로 이러한 정책커뮤니티가 발달되어 있다는 점이다.

한일 정책커뮤니티는 한일 정치네트워크, 한일 인맥, 지한파와 지일파 등으로 불리기도 했다. 하지만 여기에서는 한일관계의 전략적 가치를 공유하고 한일관계의 발전에 기여하기 위해 정책결정과정에 영향력을 행사하려는 상호 인적 유대를 지닌 공동체라는 측면에서 정책커뮤니티라는 개념을 사용하고자 한다. 정책커뮤니티는 공식적 정책결정과정에 참여하는 정부 행위자와는 달리, 한일 비정부 교류단체에 참여하는 개인(전현직 정치인, 경제인, 전직 관료, 학자, 언론인, 시민운동가 등)들의 인적유대를 일컫는 말이다. 한일 정치네트워크가 정치인 중심의 인적 유대를 의미한다면, 한일 정책커뮤니티는 정치인을 포함하여 경제인, 학자 등 다양한 행위자들 간의 인적 유대를 지칭하는 것이다. 한일 정책커뮤니티는 기본적으로 한일 인맥이 제도화된 것으로 이해될 수 있으며, 여기에 참여하는 사람들은 대개 지한파과 지일파인 경우가 많다. 그런 면에서 한일 정책커뮤니티라는 개념은 한일 인맥, 지한파과 지일파, 한일 정치네트워크를 포괄적으로 이해하는 데 있어 유용한 개념이 될 수 있을 것이다.

1) 한일 정책커뮤니티의 생성과 제도화

45년 해방과 더불어 전개된 한일 국교정상화 교섭은 여러 난관에 봉착했다. 구보타 간이치로(久保田貫一郎) 망언을 둘러싼 역사인식 문제, 한국의 평화선 선포에 따른 일본어선 나포 문제, 북송문제를 둘러싼 한일 갈등, 청구권 문제를 둘러싼 갈등 등 한일 양국이 넘어야 할 과제는 산적하였다. 하지만 식민지배의 기억으로 한국에서는 대일(對日) 불신이 상존했고, 이에 따라 안이한 타협에 민감했다. 일본은 혁신세력과 자민당 친중파가 북한을 의식하며 한일 국교정상화에 소극적이거나 비판적이었다. 이렇듯 한일 교섭은 한국과 일본 모두에 있어 국내적 갈등을 유발하는 구도를 가지고 있었다.

이렇게 공식 외교라인이 국내적 사정으로 고착상태(deadlock)에 빠지자 이른바 '친한파'의 활동무대가 열리게 되었다. 특히 일본에서는 반공의 관점에서 일본과 한국 및 대만이 긴밀한 우호관계를 맺어야 하며, 이는 지정학적으로 일본의 안보에 긴요하다고 생각하는 일련의 그룹이 존재했다. 기시 노부스케, 시이나 에쯔사부로(椎名悦三郎), 이시이 고지로(石井光次郎), 고다마 요시오(児玉誉士夫), 야츠기 가즈오(矢次一夫) 등은 이러한 인식을 공유하고 있었을 뿐만 아니라, 전전에 만주와 대만 등 외지에 근무하거나 이와 연관된 일에 종사한 경험을 공유하고 있었다. 이들은 기시 내각이 발족하자, 당시 주일대표부 참사관 류태하 및 한일회담 수석대표 김동조와의 개인적 관계를 바탕으로 공식 외교루트와는 별도의 비공식 외교루트를 확보하였다. 이러한 인적 기반을 기반으로 야츠기는 58년 5월 기시 수상 특사 자격으로 한국을 방문하게 되었다. 그는 구보타 망언에 따른 한국 내 대일 불만을 의식하며, "기시 총리는 과거 일본 군국주의자들이 한국에 범했던 과오를 유감으로 생각하고 있다"고 언급하며 이승만 대통령의 신뢰를 획득했다. 이후 이승만 대통령은 기시 수상의 자세를 긍정적으로 평가하고 한일회담 교섭에 적극적인 자세를 드러내기 시작했다(池田愼太郎 2011; 박진희 2003).

이러한 비공식 외교라인은 박정희 정권 수립 이후 더욱 활발하게 가동되었다. 국민 비판에도 한일 국교정상화에 적극적이었던 박정희 정부는 현안을 둘러싼 한일 양국의 견해 차이가 심했기에 정치적 타결을 추구하였고, 이를 위해 비공식 외교라인을 적극 활용하였기 때문이다. 당시 김종필 중앙정보부장과 최영택 참사관이 중심이 되어 류태하로부터 기존의 기시-야츠기 인맥을 물려받아 이들의 도움으로 62년 11월 '김-오히라 메모'를 통해 청구권 문제를 타결지을 수 있었다. 때마침, 한일 국교정상화에 적극적인 기시, 이시이, 후나다 나카(船田中) 등이 61년 4월 자민당 외교조사회에 '일한문제간담회'를 설치하여 이들의 활동을 측면 지원할 수 있는 시스템이 구축되었다.

또한 김종필은 기시의 도움으로 당시 한일회담에 소극적이었던 오노 반보쿠(大野伴睦), 고노 이치로(河野一郎)와 비공식 외교라인도 형성하게 되었다. 이들의 활동은 특히 교섭 막바지 한일회담 발목을 잡고 있던 어업문제와 독도문제의 정치적 타결에 있어 큰 역할을 하였다. 오노파의 나카가와 이치로(中川一郎) 의원, 고노파의 우노 소스케(宇野宗佑) 의원 그리고 시마모토 켄로(嶋元謙郎) 요미우리신문 서울 특파원, 정일권 국무총리와 김종필의 형인 김종락 등은 함께 막후교섭을 이끌어 갔다.

실제, 2장에서 살펴보았듯이 노 대니얼은 독도밀약 과정에서 위 인물들이 큰 역할을 했음을 밝혀냈다. 결국 독도밀약의 존재여부와 관계없이 한국과 일본은 독도와 어업문제에 대한 암묵적 합의를 바탕으로 독도 주변을 공동규제수역으로 하는 한일어업협정을 체결했으며, 독도문제에 대해서는 '분쟁해결에 관한 교환공문'에서 양국을 동시에 만족시키는 양면 해석이 가능한 형태로 영유권 문제를 실질적으로 보류하였다. 김-고노 라인의 비공식적 협상이 정부 간 교섭에 돌파구를 마련해 준 것은 의심의 여지가 없어 보인다.

이렇듯 한일회담에서 형성된 인맥은 두 가지 측면에서 이후 한일관계에 큰 영향을 미쳤다. 첫 번째는 한일 간 인맥 형성이 '권위주의 한국과 자민당의 유착관계'로 고착화되었다는 점이다. 살펴보았듯이 한일회담에 의해 구축된 한일인맥은 한국의 경우, 정부 실세 및 그와 연계된 대일 외교관이 주축이었고, 반면 일본의 경우, 처음에는 기시파를 중심으로 하는 자민당 우파, 이후에는 고노파와 오노파 등 자민당 당인파와 그와 연계된 민간인으로 확대되는 경향을 보였다. 물론 후술하듯 70대 이후 그 외연이 확대되어 갔지만, 기본적으로 '권위주의 한국과 자민당의 유착관계'라는 속성에는 변함이 없었다. 이는 한국의 권위주의와 일본의 자민당 일당우위체제가 오랫동안 지속되면서 정책결정과정에 야당이 지속적으로 배제되었고, 한국과 일본의 야당 또한 상대국에 대한 부정적 인식을 가지고 있어서 상대국과의 인맥 형성에 소극적이었기 때문이다.

두 번째는 한일회담 과정에서 형성된 한일 인맥이 한일 갈등의 관리 및 한일관계 발전에 기여하는 자산으로 활용되었다는 점이다. 한일 국교정상화는 역사문제와 영토문제를 보류한 미완성의 국교정상화였기에 한국 내 대일불신을 완전히 해소하지 못하여서, 향후 한일관계에는 갈등의 씨앗이 잠재되었다. 동시에 한국의 권위주의는 북한과의 체제경쟁을 최우선 국가목표로 설정하였기에 과도한 냉전논리에 함몰되어 있었고, 반면 일본은 보혁대립의 상황 속에서 평화주의적 속성이 강한 요시다 외교를 추구하고 있었기에 갈등의 여지가 많았다. 이러한 한일 갈등 상황에 직면해서, 후술하듯이 한일회담 과정에서 형성된 한일 인맥은 위 해결을 위해 다양한 활동을 펼치는 기반이 되었다. 동시에 한일관계 발전을 위한 정책제언 등의 활동을 펼치기도 하면서 한일관계에 중요한 자산으로 기능하게 되었다.

이러한 한일 인맥은 〈표 2〉처럼 국교정상화 이후 비정부 교류단체로 '제도화'되어 가면서 한일 정책커뮤니티로 발전되어 갔다. 기시와 야츠기가 중심이 되어 69년 발족한 한일협력위원회, 69년 발족한 한일의원간담회(72년에 한일간친회, 75년에 한일의원연맹으로 발전)는 냉전 시기 한일관계의 체제마찰을 관리하는 중요한 제도적 기반이 되었다. 동시에 77년에는 한일친선협회에 설립되어 한일 지방정부 간 교류 및 청소년 교류가 이루어져 왔다. 경제부분에서는 한일경제협회(81년 설립)가 일한경제협회(60년 설립)의 파트너가 되면서 한일 경제 문제에 있어 정부 간 외교를 보좌해왔다(안소영 2011).

특히 '정책 커뮤니티'로의 제도화 과정에서 주목해야 할 점은 한일의원간담회 시기부터 한국의 야당(신민당 등)이 참여했고, 일본에서는 75년에 민사당, 87년에는 공명당, 88년에는 사민련이 합류했다는 점이다. 이는 한국의 경제발전과 민주화 운동으로 인해 그 동안 한국과의 관계에 소극적이었던 이들 정당이 한일관계에 높은 관심을 가지게 되었기 때문이다. 또한 한일관계가 긴밀해짐에 따라 지방정부 간 교류 및 청소년 교류, 경제 교류가 왕성하게 되어 여기에 관여하는 '정책 커뮤니티'가 점차적으로 활동을 강화하면서 한일 인맥이 확장되어 갔다. 이는 개인적 유대관계에 바탕을 둔 비제도화된 한일 인맥이 '정책 커뮤니티'로 제도화되면서 그 외연을 확장해가는 과정을 잘 보여준다 하겠다.

또한 제도화 과정에서 보여주는 특징은 민간인들이 참여할 수 있는 제도적 기반이 마련되어 있지 못하다는 점이다. 이는 정책결정과정이 폐쇄적이고 불투명하며 야당이 철저하게 배재되는 권위주의 정부의 일반적 특징이기도 하다. 특히 한일 인맥이 '권위주의 정부와 자민당의 유착관계'로 비춰진 상황에서 정부에 협조적인 일부 민간인을 제외하고는 당시 한국과 일본의 지식인들과 언론인 등 오피니언 리더들이 이러한 정책커뮤니티에 비판적 견해를 가지고 있었기 때문에 민간인의 참여를 제도화하기 힘들었던 사정도 존재했다.

〈표 2〉 권위주의 시기 형성된 정책커뮤니티

한일의원연맹/일한의원연맹 (75년 설립)	합동총회, 간사회		
한일친선협회(77년설립) 일한친선협회(76년 설립)	합동총회		
	청소년교류 (87년-현재)		
한일협력위원회/일한협력위원회(69년 설립)	합동총회		
	한일 차세대 지도자 교류사업 (2007년-현재)		
한일경제협회(81년설립) 일한경제협회(60년설립)	한일합동경제간담회 (66-68년)	한일 민간 합동 경제 위원회(69-97년)	한일경제인회의 (98년-현재)
	한일경제인포럼(92-93년)		
	한일산업기술협력재단(92년-현재)		
	무역확대균형위원회 무역투자위원회 (76-98년)		한일산업무역회의 (99-현재)
	산업일반위원회(91-98년)		
	한일경제심포지엄(2007-현재)		

2) 한일 정책커뮤니티의 역할

그렇다면 이러한 정책커뮤니티의 역할은 어떠했을까? 이하에서는 한일 갈등 상황 속에 정책커뮤니티의 역할을 구체적으로 살펴보고자 한다. 한일 정책커뮤니티의 역할을 잘 보여주는 것은 2장에서 살펴본 70년대 한일 대륙붕협정 체결과정이다. 64년 대륙붕에 대한 주권적 권리를 표명한 대륙붕 조약이 발효되었으나, 한국과 일본은 그 조약에 가입하지 않았다. 따라서 한일 국교정상화 과정에서 대륙붕 경계획정 문제는 의제가 되지 않았다. 하지만 대륙붕에 대한 주권적 권리가 국제사회에 보편화되자 한일 간에 위 문제를 해결해야 할 필요성이 대두되었다. 또한 69년 UN의 극동경제위원회 (ECAFE)는 동중국해 주변 조사를 통해 동 지역에 상당한 양의 석유와 가스 가 매장되어 있다는 보고서를 발표하였다. 한국은 이에 발빠르게 대응하여 70년 1월 1일 한반도 주변 대륙붕에 존재하는 해양자원 개발을 위하여 '해저 광물자원개발법'을 제정하였다. 5월의 시행령에서는 7개의 해저개발광구를 설정하여 서구 석유해사들과 개발 계약을 체결하였다. 이에 일본은 6월에 대륙붕경계획정을 위한 정부 간 협의를 요청하였다. 하지만 한국은 육지영토의 자연연장 원칙, 일본은 등거리선(중간선) 원칙을 주장하며 의견 의 접근을 이루지 못했다. 마침내 72년 9월 제 6차 한일 각료회담에서 "자원 개발의 긴급성과 양국의 공동이익 추구라는 대국적 견지에서 관할권 주장 이 중첩되는 구역을 공동개발하자는 데" 원칙적 합의를 이루었다. 이후 10 월부터 9차에 이르는 교섭을 거쳐 74년 1월 한일 대륙붕협정에 서명하게 되었다.

기실, 한일 간 공동개발 구상은 기실 한일협력위원회에서 처음 제기되었 다. 70년 8월 동경에서 개최된 한일협력위원회 4회 상임위원회에서 야츠기 는 해양자원의 공동 조사연구개발을 제안했다. 또한 야츠기는 72년 7월 서울에서 개최된 한일협력위원회 8회 상임위원회에 참석한 김종필 총리에게 공동개발을 제안했고 긍정적 대답을 얻었다고 한다. 이러한 공동개발론은 앞에서 기술한 독도밀약이 영유권 문제를 보류하고 독도주변을 공동규제 수역으로 설정한 것과 유사한 발상으로, 양국 간 교섭의 고착상태에 돌파 구를 마련해 주었다고 평가할 수 있다(山本剛士 1983; 안도 준코 2015).

또한 정책커뮤니티의 활약은 72년 8월 발생한 김대중 납치사건에서도 나 타났다. 이 사건을 둘러싸고 일본은 범인인 김동운의 처벌, 한국정부의 공 식 사과를 요구하였으나, 한국은 김종필 총리가 일본을 방문하여 유감을 발표하는 선에서 사태를 마무리하고자 하였다. 양국 여론이 가세하며 사태 가 복잡하게 전개되자, 한국 정부는 한일의원간친회의 간사장을 맡고 있었 던 이병희 의원을 비밀리에 일본에 파견하였다. 또한 9월 26일에는 기시, 야츠기, 이시이 등이 한일협력위원회 회의 참석차 방한하여, 박정희 대통령 과 김종필 총리를 면담하며 해결의 실마리를 찾으려 했다. 이 때 이들은 한 국 정부에게 김종운을 범인으로 인정할 것을 요구하고, 일본 정부에는 냉 정한 대응을 요구한 것으로 알려졌다. 이후 한국 정부는 김동운의 사법처 리, 일본 정부와 국민에 대한 유감 표명, 김종필 총리의 방일을 발표하였다. 73년 11월 일본을 방문한 김종필 총리는 일본에 유감을 표명하는 박정희 대통의 친서를 전달했고, 다나카 수상은 김대중 납치사건을 일단락 짓기로 정식 양해하였다(古野喜政 2007).

70년대에 이어 80년대 또한 한일관계에 커다란 시련이 발생하였다. 81년 전두환 정부가 일본에 60억 달러의 경제원조(ODA), 40억 달러의 상업차관 등 100억 달러 규모의 경제협력을 공식 요구한 것이다. 한국은 한국의 안정 이 일본의 안정에 불가결하다는 방파제론을 바탕으로 일본에 경제협력을 요구하였다. 반면 일본은 이러한 경제협력이 국내문제를 유발할 것을 우려 하며 소극적으로 대응했다. 양자 간의 인식 차이가 좁혀지지 않는 상태에서, 정치적 타결을 추구하는 한국과 사무적 협상에 집착하는 일본 사이에 불신만 커져갔다. 이러한 교착상태는 82년 11월 출범한 나카소네 야스히로 (中曽根康弘) 내각이 비공식 행위자 간의 교섭으로 정치적 타결을 추구하면서 해결국면으로 이행되었다. 나카소네 수상은 세지마 류조(瀬島龍三)에게, 한국은 당시 권익현 한일의원연맹 부간사장에게 비공식 외교교섭을 일임했다. 당시 한국 정부는 ODA 20억 달러, 수출입은행지원 20억 달러, Bank Loan 10억 달러를 요구하였고, 이에 대해 일본 정부는 ODA 17억 달러와 수출입은행지원 23억 달러를 제시하였고 Bank Loan에 대해서는 유보적 자세를 표명한 상황으로 정부 간 교섭이 난항을 겪고 있었다. 결국 세지마-권익현 라인의 비공식외교라인에 의해 ODA 18.5억 달러, 수출입은행 21.5억 달러, Bank Loan 1.4억 달러가 합의되고 나카소네 수상의 방한이 결정되며 안보경협 문제는 일단락되게 되었다(고모다 마유미 2013).

한일의원연맹 또한 측면 지원을 아끼지 않았다. 82년에 한일의원연맹의 간부들은 6월 29일부터 7월 4일까지 일본을 방문했다. 당시 이재형 회장의 친서를 가지고 방일한 간사장단은 경협 관련 각 대신, 각 정당, 경제단체장, 전 수상 등 각계 인사를 광범위하게 접촉하고 한일경협의 당위성을 강조하고, 이의 원만하고도 조속한 타결을 위한 분위기를 조성하고 일본 측의 정치적 결단을 촉구하였다. 일한의원연맹 또한 3월 10일, 임시총회를 소집하여 한일경협의 조기타결을 촉구하는 결의문을 채택하고 일본 정부에 이를 전달하였다.

문제를 더욱 복잡하게 만든 것은 82년에 발생한 일본 교과서 문제였다. 동년 6월 "고등학교용 일본사 교과서에 문부성 검정으로 중국, 화북에의 침략이라는 표기가 진출이라는 표기로 바뀌었다"라는 일본TV 기자의 취재가 발단이 되어 교과서 문제가 발생하자, 한일의원연맹은 발빠르게 대응하였다. 82년 7월, 이재형 회장은 강력한 항의와 즉각적인 시정을 요구하는 서

한을 발송하는 한편, 일본 교과서 왜곡 문제 시정대책 특별위원회를 구성하여 정부 각 부처와 긴밀한 협조 하에 즉각적인 시정조치를 요구하였다. 일한의원연맹도 한국의 활동에 맞춰 교과서 특별위원회를 설립하고, 시정 촉구를 위해 두 차례의 성명서를 발표하고 자국 실력자들을 설득하였다. 이러한 노력에 기인하여 8월 26일 미야자와 기이치(宮澤喜一) 관방장관 담화로 이른바 근린제국조항("근린 아시아 국가들 사이의 근현대 역사적 사실을 취급할 때, 국제이해와 국제협조의 견지에서 필요한 배려를 한다")이 신설되며 사태는 수습국면으로 이행했다(박경민 2009).

한일의원연맹은 위기해결에 머무르지 않고 이를 미래지향적 정책과제로 승화시켰다. 이를 잘 보여준 것은 82년 합의한 한일문화교류기금의 설치였다. 한일/일한의원연맹은 문화교류기금을 설립하여, 양국 간의 폭넓은 문화교류의 확대를 위한 방안 모색, 이러한 문화교류를 통한 양국의 이해증진을 추구하기로 하였다. 이러한 합의에 따라, 일본은 83년 11월 재단법인(일한문화교류기금)을 정식 발족시켰다. 또한 83년 9월 한일의원연맹 11차 합동총회에서 학자 전문가로 구성된 양국 고대 및 중근세사 공동 연구 협의회를 설치하는 것을 합의했다. 이에 따라, 86년 '비교 한일근대화: 한말과 메이지'라는 주제 하에 한일 합동학술회의가 처음 개최되어 2001년까지 14회 개최되었다. 이러한 한일의원연맹의 노력은 한일관계의 미래지향적 발전을 위해 역사문제를 해결해야 한다는 문제의식 속에 진행된 것을 협력의제를 창출하는 역할을 엿볼 수 있다.

이렇듯, 권위주의 시기 정책커뮤니티는 한일 갈등을 관리하는데 중요한 역할을 하였다. 먼저 확인할 수 있는 것은 권위주의 시기, 한일 정책커뮤니티의 핵심 인사가 매우 민감한 외교 현안에 비공식 행위자로 참여하는 것을 확인할 수 있다. 이는 한일 간의 심각한 갈등이 발생했을 때, 국민여론과 언론에 노출되기 쉬운 정부 간 교섭 보다는 비공식 행위자에 의한 이면 교섭이 갈등을 해결하기 쉽다는 판단이 작용했기 때문일 것이다. 이원 외교, 밀실 타협 등 불명예스런 평가도 있지만, 체제마찰이 상존했던 한일 양국의 문제를 해결하기 위한 '불가피한 선택'의 측면도 강했다.

동시에 정책커뮤니티는 한일 양국 정부의 메신저 기능을 수행했다는 점도 확인할 수 있다. 상호 마찰이 일어났을 때, 상대국의 의사를 정확하게 전달함으로써 상호 불신과 오해를 해소하는데 기여했다. 동시에 갈등 과정에서 합의점을 찾기 힘든 양국 정부에 절충안과 타협안을 제시하여 교섭의 돌파구를 제공하며 갈등을 해소하는데 기여했다는 점도 확인할 수 있다. 마지막으로 한일 간 협력의제 창출하고 이를 양국 정부에 제안하는 기능도 수행했음을 알 수 있다.

하지만 한일 정책커뮤니티가 한일 갈등을 관리하고 양자 관계를 발전시키는 중요한 역할을 할 수 있었던 것은 한일관계의 전략적 가치를 인식하고 이를 발전시키려는 한일 최고지도자의 정치적 리더십이 있었기에 가능했다는 점은 이론의 여지가 없다.

이상에서 살펴본 냉전 시기 한일관계의 구도는 〈표 3〉과 같다. 즉 한국과 일본은 역사문제를 봉인하고 영토문제를 보류함으로써 갈등 요인을 잠복시켰다. 그러나 이러한 봉합으로 국민의식 상 상호불신은 해소할 수 없어, 정치체제 및 국가이익의 상충으로 인한 갈등이 이러한 상호불신과 연동하며 체제마찰은 불가피했다. 그럼에도 미국을 매개로 유사동맹적 특수관계를 맺으며, 이러한 마찰들을 극복해 갔다. 비록 데탕트 시기에 한미일 삼각관계가 유동화된 적도 있지만, 기본적으로 미국을 매개로 한일 양국은 특수관계는 분열적 한일관계를 '회복'시키는 힘으로 작용하였던 것이다. 동시에 한일 정책커뮤니티는 한일 간 체제마찰로 정식 외교라인이 고착상태에 빠졌을 때, 비공식 외교라인으로 기능하면서 갈등을 해결하는데 중요한 역할을 수행하였다.

<表 3> 냉전형 한일관계의 구도

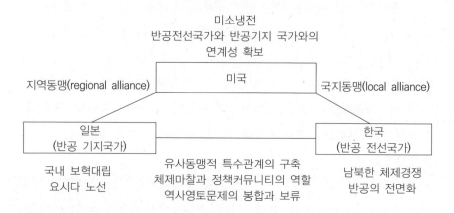

국내 보혁대립   유사동맹적 특수관계의 구축   남북한 체제경쟁
요시다 노선   체제마찰과 정책커뮤니티의 역할   반공의 전면화
                 역사영토문제의 봉합과 보류

2부

탈냉전 이후 한일관계 구도의 변화

1부에서 살펴보았듯이, 일본에게 있어 한국 문제는 국내적 갈등을 유발하였다. 권위주의 한국에 대한 경제원조는 중국 및 북한과의 갈등적 상황을 우려하는 혁신세력 및 국민여론의 비판에 직면했기 때문이다. 그러나 한국의 민주화는 이러한 인식을 완전히 바꾸었다. 동시에 한국의 경제성장으로 한국과 일본은 민주주의와 시장경제를 공유하는 아시아에 있어 중요한 파트너임을 인식하게 되었다. 이른바 가치공동체가 형성되고 이를 기반으로 한일관계를 다차원적으로 발전시키려는 노력이 전개된 것이다. 90년대 한일관계의 시대사명은 '신시대 한일관계의 구축'이었다. 그 측면에서 한국과 일본은 한일관계 1.0에서는 봉합하는데 급급했던 역사문제를 화해의 방향으로 끌어올리려고 노력했다. 영토문제에 있어서도 65년의 지혜를 살려가며 상호이익을 형성하려 노력했다. 동시에 안보협력과 문화개방 등 다방면에 있어 한일 협력관계를 구축하고자 했다. 4장은 이러한 탈냉전 시기 한일관계의 구도를 살펴본다.

다음으로 5장에서는 2000년대 이후 중국의 부상과 2010년 중국과 일본의 세력전이 등 동아시아 세력균형의 변화가 한일관계에 미치는 영향을 살펴본다. 2000년대 이후 동북아시아에서는 한미일 협력체제와 한중일 협력체제가 동시적으로 발전하면서 제도화되어 가고 있다. 따라서 한일관계의 핵심 의제들이 한미일 협력체제, 한중일 협력체제와 연동하며 양자의 틀 속에 용해되어 가는 것은 자연스런 현상이었다. 그렇다면 다자주의는 양국 사이의 협력을 제고하는 매개점인지, 아니면 양자 갈등 수습의 메커니즘을 약화시키는 기제인지 검증할 필요가 있다. 또한 일본에서 '전후체제로부터의 탈각' 노선이 본격화되며 역사수정주의가 창궐하고, 한국에서는 사법부와 시민사회를 중심으로 기존의 역사문제 해결방식에 대한 이의제기가 본격화되자, 한일관계는 적대적 공존 상황에 빠지게 되었다. 문제는 상호의존성이 높을수록 갈등이 쉽게 수습된다는 자유주의 국제정치학 이론이 한일관계에는 잘 들어맞지 않는 '아시아 패러독스' 상황을 유발하고 있다는 점이다. 5장에서는 한일관계를 다자주의와 양자주의의 연관성에서 고찰하는 새로운 패러다임이 필요함을 역설하고, 이러한 높은 상호의존에도 불구하고 양자 갈등이 오래 지속되는지 그 원인을 규명하고자 한다.

제4장_ 탈냉전 시기 한일관계 구도의 변화

1. 탈냉전 한일관계의 시대정신: 미래지향적 한일관계의 구축

1부에서 살펴본 냉전형 한일관계는 89년 냉전의 붕괴와 함께 종말을 고하게 되었다. 87년 6·29선언과 88년 서울 올림픽으로 상징되는 한국의 민주화와 경제성장으로 '한일 간 정치경제체제의 접근과 기본적인 가치관의 공유' 및 '힘의 상대적 균형화'가 이루어짐으로써 한일관계는 대등적 관계로 전환되어 갔기 때문이다(기미야 타다시 2006: 385-392).

한국과 일본은 민주주의와 시장경제 및 인권이라는 보편적 가치를 공유하는 '가치 공동체'를 형성해 가게 되면서 한일관계에 긍정적 힘으로 작용하게 되었다. 한국의 민주화와 경제발전은 일본의 대한 인식을 전환시켰고, 이로써 한일관계는 원조국가와 피원조국가라는 비대칭적 관계에서 가치를 공유하는 대칭적 관계로 전환되기 시작했다. 예를 들어, 90년 5월 노태우 대통령의 방일시 가이후 도시키(海部俊樹) 수상은 "양국은 자유와 민주주의라는 가치관을 공유하고 있다. 양국은 이러한 협력관계의 차원을 높여, 세계의 요청에 응답해야 한다"라며 한일관계의 중요성을 역설했다. 91년 1월 발표된 한일 우호협력 3원칙은 "한일 양국의 진정한 동반자 관계 구축을 위한 교류협력과 상호이해의 증진, 아시아태평양 평화와 화해 그리고 번영과 개발을 위한 공헌의 강화, 세계적 문제의 해결을 위한 건설적 관여" 등세 가지 기본원칙을 제시하며 한일관계의 다차원적 발전을 구가했다. 한일우호협력 3원칙에 제시된 양자관계에서의 협력, 아시아태평양 지역에서의 협력, 세계적 차원에서의 협력이라는 한일협력의 삼층 구분은 후술하듯 김영삼 정부 및 김대중 정부 시기에도 그대로 이어졌다. 민주화 이후 미래지향적 한일협력을 논할 때 반복되는 '기본 논리'가 정립되었다는 점에서 주목할 만하다.

이러한 가치 공동체의 발전은 한국의 민주화 및 경제성장이라는 내재적 변화와 더불어 일본 국내정치적 변화와도 연관되어 있다. 90년대 이후 일본은 냉전의 붕괴와 더불어 요시다 노선으로부터의 전환을 시도하며, 보통국가로의 발전을 꾀하였다. 이는 냉전의 국내적 양상이었던 보혁대립의 붕괴라는 국내 정치 구조의 변화와도 연동되었다. 일본은 아시아와 세계에서의 적극적 역할을 의식적으로 회피하던 요시다 노선이 더 이상 유효하지 못하다는 사실을 인식하며 적극적 역할을 모색하게 되었고, 그 과정에서 한국의 협조가 불가피하였던 것이다. 특히 한국의 민주화는 혁신세력의 대한(對韓) 인식을 개선시켜, 한국과의 적극적인 협력이 국내적 분열을 야기하는 구도를 붕괴시키는 데 결정적인 역할을 하였다. 동시에 아시아 내에 민주주의와 시장경제 및 인권이라는 가치를 공유하면서도 상당한 국력을 소유한 국가는 한국밖에 존재하지 않아서, 적극적 역할을 모색하던 일본에게 있어 한일협력은 매우 중요한 과제로 대두되었던 것이다.

이러한 가치공동체를 더욱 강화하고자 하는 흐름은 문민정부를 수립하여 진정한 의미의 민주화를 달성했다고 자부하는 김영삼 정부 이후 두드러졌다. 때마침, 일본에서도 비자민 연립내각이 수립되면서, 자민당 집권시기와는 다른 새로운 한일관계를 구축하고자 하는 흐름이 대두되었다. 그런 의미에서 93년은 '권위주의 한국과 자민당의 유착관계'를 갈음하고 새로운 형태의 한일관계를 미래지향적 관점에서 구축하고자 하는 노력이 본격화되는 해였다.

김영삼 정부의 외교정책은 '신외교'의 이름하에 세계화, 미래지향, 지역협력, 다원화, 다변화 5원칙에 입각해 추진되었다(김창훈 2013, 249). 이러한 외교방침은 대일 정책에도 반영되었다. 한승주 외무장관은 한일관계의 미래지향적 정립이 필요하며, 지금이 그러한 기회라며 다음과 같이 한일관계의 대전환을 촉구했다(한승주 1993).

> 변화는 기회를 내포하고 있다. 우리가 모색하여야 할 바람직한 한일관계란 무엇인가? 그것은 유럽 국가들의 관계처럼 상호 대응하고, 지역 및 국제문제에 있어서 협력해 나가는 관계로 되는 것이다. (중략) 한일 양자관계를 넘어 그 밖의 세계로 눈을 돌려 볼 때 국제공조 차원에서 양국 간에는 서로 돕고 서로에게 이득을 주는 관계가 설정되고 있다. 현재 한반도 문제나 북한 핵문제뿐만 아니라 UN, G-7, UR, APEC 등 지역적, 국제적 차원에서 양국 간의 협력은 긴밀하게 이루어지고 있다. (중략) 한일 양국은 모두 한 세대에 해당하는 기간 동안 지속되었던 정치체제가 전환되는 역사적 시점에 도달해 있다. 두 나라 사회는 모두 빠른 속도로 국제화되고 있다. 양국에 모두 세대교체가 이뤄지고, 양국 관계도 바뀌어 가고 있다. 한일 양 국민은 피해자와 가해자의 의식에서 벗어날 수 있어야 한다. 우리가 일본을 동등한 상대로 생각하고 또 일본도 우리를 동등한 상대로 생각하도록 하는 것이 중요하다.

이렇듯, 김영삼 정부 시기 구상되었던 미래지향적 한일관계는 세계화, 지역협력, 다원화 차원에서 단순한 양자관계뿐만 아니라, 아시아태평양 지역 및 전지구적 차원에서의 협력을 포괄하는 중층적 구조로의 전환을 의미했다. 하지만, 김영삼 정부의 '미래지향적 한일관계의 구축'은 역사문제에 대한 일본의 전향적 조처를 전제로 한 것이었다. 이는 '권위주의 한국과 자민당의 유착관계'에서 역사문제가 도외시되었다는 판단 속에, 민주화 시대에 걸맞은 새로운 한일관계를 구축하기 위해 역사문제 해결이 불가피하다고 생각했기 때문이다. 더군다나 90년 이래 일본군위안부 문제가 정치문제화된 상황 또한 일본 정부의 전향적 자세 없이는 미래지향적 한일관계 구축이 불가능하다는 인식을 강화하였다.

일본 정부는 이러한 김영삼 정부의 대일 정책에 적극적으로 호응했다. 김영삼 정부 출범 이전부터 미야자와 기이치(宮澤喜一) 수상은 과거 일본 제국주의에 대해 반성의 뜻을 표명했고 일본군위안부 문제에 있어서도 93년 8월 고노 요헤이(河野洋平) 관방장관 담화(고노 담화)에서 위안부 모집 과정에서 일본 정부가 간여한 점, 그리고 이에 대한 사죄가 표명되었다. 93년 역사적 정권교체를 이루어낸 호소카와 모리히로(細川護熙) 수상 또한 8월 취임 기자회견에서 중일전쟁을 침략전쟁으로 인정하는 진일보한 역사 인식을 드러냈다. 8월 23일 시정방침 연설에서도 "과거 우리나라의 침략행위와 식민지 지배 등이 많은 사람들에게 참을 수 없는 고통과 슬픔을 안겨준 점"에 대해 반성과 사죄의 뜻을 표명했다. 전후 처음으로 식민통치를 식민지 지배로 부르고 사죄를 표명한 것이었다. 11월 한일 정상회담에서는 일본어의 강제사용, 창씨개명, 위안부, 강제연행 등을 구체적으로 열거하며 식민지 지배에 대해 사죄하였다(Koh 2007, 321-326; 이원덕 1997, 173-175).

2. 역사영토문제의 관리 노력과 그 한계

1) 역사문제 관리 노력과 한계

1부에서 살펴보았듯이 한국 국민 누구도 국교정상화가 과거사를 청산하고 미래지향적 한일관계의 토대를 구축했다고 믿지 않았다. 따라서 한국의 민주화 과정에서 이러한 불신과 불만이 터져 나오는 것은 불가피했다. 먼저 사건은 역사교과서 문제에서 시작되었다. 82년 6월 26일, 81년도 교과서 검정에서 고등학교 일본사 교과서에 중국에의 '침략'이라는 표기가 '진출'이라는 단어로 수정되었다는 보도로 한국과 중국이 이에 항의하면서 외교문제가 되었다. 사건의 실제는 각 교과서 마다 '침입', '군사행동', '진출' 등 다양한 용어가 사용되어 있어 '진출'로 통일하도록 하는 의견서를 문부성이 제시한 것이었다. 결국 일본은 82년 8월 26일, '역사교과서에 관한 미야자와 관방장관 담화', 이른바 미야자와 담화를 발표하여 교과서 검증 시에 "근린 아시아 제국과의 관계에서 근현대 역사적 사실을 취급함에 있어 국제이해와 국제협조의 견지에서 필요한 배려를 할 것", 이른바 근린제국조항을 신설할 것을 천명하며 일단락되었다. 구체적인 담화의 내용은 다음과 같다.[99)]

1. 일본 정부 및 일본 국민은 과거에 있어 우리나라(필자: 일본)가 한국 중국을 포함한 아시아 국가에 다대한 고통과 손해를 주었다는 사실을 깊게 자각하고, 이러한 일이 다시금 반복되지 않아야 한다는 반성과 결의 위에 평화국가로써의 길을 걸어왔다. 우리나라는 한국에 대해서는 65년 한일 공동성명 중에 "과거의 관계는 유감이었으며 깊게 반성한다"는 인식을, 중국에 대해서는 중일 공동성명에서 "과거에 있어 일본국이 전쟁을 통해 중국 국민에 중대한 손해를 주었다는 책임을 통감하고 깊게 반성한다"는 인식을 표명했으며, 이것은 전술한 우리나라의 반성과 결의를 확인하는 것으로 현재에 있어서 이 인식은 변화가 없다.

2. 이러한 한일 공동성명, 중일 공동성명의 정신은 우리나라의 학교 교육, 교과서 검정에 있어서도 당연히 존중되어야 하지만, 최근 한국, 중국 등에서 이러한 점에 관련된 교과서 기술에 대해 비판을 가하고 있다. 우리나라로써는 아시아 근린제국가의 우호, 친선을 위해 이러한 비판에 충분히 귀를 기울여 정부가 책임을 지고 시정할 것이다.

3. 이를 위해 금후 교과서 검정 시에는 교과서 도서 검정조사 심의회

를 거쳐 검정기준을 개정하여, 전기의 취지가 충분이 실현되도록 배려한다. 이미 검정이 이루어진 것에 대해서는 금후 빨리 위와 같은 취지가 실현되도록 조치하며, 그 동안의 조치로써 문부대신이 소견을 밝혀 전기의 취지를 교육의 장에서 충분 반영시킬 것이다.

4. 우리나라로써는 금후에도 근린 국민과의 상호이해의 촉진과 우호협력의 발전에 노력하며, 아시아 더 나아가서는 세계의 평화와 안정에 기여해 갈 생각이다.

86년 6월에는 일본을 지키는 국민회의가 편집한 고등학교 교과서 '신편 일본사'가 문제가 되어 한국 및 중국이 이에 비판하면서 두 번째 교과서 파동이 일어났다. 당시 나카소네 야스히로(中曾根康弘) 수상은 이에 발빠르게 대응하여, 수상이 직접 문부성에 '충분한 배려'를 지시하여 수정이 이루어졌다. 실제 '신편 일본사'의 채택률 또한 최고점이었던 89년 1%에 불과했다. 두 사건 모두 일본 정부의 발빠른 대응으로 사건이 수습되었고, 근린제국조항이라는 제도를 유산으로 남기면서 일본의 역사인식을 심화시키는 계기가 되었던 것이다.

다음으로 야스쿠니 신사참배 문제였다. 60-70년대 일본 유족회를 중심으로 보수우익세력은 야스쿠니 신사 국립화 법안을 69년-74년까지 5회에 걸쳐 국회에 제출하였으나 사회당의 반대로 법안이 폐안이 되자, 70년대 이후 수상과 천황의 야스쿠니 참배 운동으로 전환하게 되었다. 이러한 우익운동에 굴복하여 75년 8월 15일 종전기념일에 야스쿠니 신사를 처음으로 참배한 수상이 자민당 좌파로 불리는 미키 다케오(三木武夫)였다는 점은 일본 내 '더블 스탠다드'가 얼마가 강인하게 자리잡고 있었는지를 잘 보여준 것이었다. 물론 미키 수상은 종전기념일에 개인자격으로 참배하며 국내적 비판을 피해가려했다. 그러나 사회당 등 혁신세력의 반대를 불러왔고, 수상의 야스쿠니 참배가 정교분리 원칙에 어느 정도 자유스러운 사적 참배인가 공적 참배인가라는 논쟁을 불러왔다. 그 결과, 공용차를 사용하지 않고, 다마

쿠지료(玉串料)를 사비로 지출하고, 수상 직위 판을 사용하지 않으며 공직자를 수행하지 않으면 사적 참배에 해당한다는 암묵적 룰이 형성되었다. 이후 수상은 사적 참배임을 강조하며 이러한 비판을 피해가려 하였다. 따라서 후쿠다 다케오(福田赳夫) 수상과 스즈키 젠코(鈴木善幸) 수상은 종전기념일에 참배하였지만 사적 참배라는 이유로 국내외 문제가 되지 않았다 (若宮啓文 2006, 178).

이러한 터부를 타파하고 공식참배에 문을 연 수상은 다름 아닌 나카소네 야스히로였다. 그는 수상이 되자 85년 8월 14일 신사식 참배가 아니라 생략된 형태의 참배라면 각료의 공식 참배는 정교 분리 원칙에 반하지 않는다며 지금까지의 정부 통일 견해를 변경했다. 이를 바탕으로 다음날 수상으로서는 처음으로 야스쿠니 신사에 공식 참배하였다. 이는 중국과 한국의 강렬한 반발을 불러일으켰다. 결국 나카소네 수상은 주변국을 배려한다는 명목 하에 이후에 야스쿠니 참배를 중지하였다. 이후 이 경험 속에서 하시모토 류타로(橋本龍太郎) 수상이 96년 7월 29일 참배한 것을 제외하고 고이즈미 준이치로(小泉純一郎) 내각까지는 사적 참배 및 공적 참배 막론하고 수상의 야스쿠니 신사 참배는 없었다. 나카소네의 야스쿠니 신사 공식 참배 또한 일본의 발빠른 대응으로 수습되었고, 이후 수상의 참배를 제한하는 중요한 '선행 학습'이 되었던 것이다.

다음으로 각료들의 망언이 본격적으로 정치문제가 되어갔다. 보수주의자로 평가받던 나카소네 수상은 역사인식에서 가장 진일보한 견해를 피력하는 등 국제주의자의 면모를 보여주기도 하였다. 가령 84년 10월 나카소네 수상은 중의원 예산위원회에서, "중국에 대해서는 침략의 사실도 있다고 말씀드릴 수 있다. (중략) 역시 침략적 사실은 부정할 수 없다고 생각한다"고 발언하며, 전후 수상으로써는 처음으로 중일전쟁의 침략적 측면을 인정하였다. 이전 수상이 중일 전쟁에 대해 "후세의 역사가가 평가할 것이다"며 답변을 회피하는 방식을 택했지만 나카소네 수상은 정면 돌파를 추진했던 것이다. 동시에 84년 9월 전두환 대통령이 방일했을 시, 천황은 "양국 간에 불행한 과거가 있었다는 것을 매우 유감스럽게" 생각한다는 발언을 하였는데 이러한 천황의 발언을 이끌어내는데 나카소네의 역할이 컸다. 비록 '유감' 발언에 머물렀지만 국가원수인 천황으로 하여금 전후 최초로 식민지 지배에 대한 사죄성 발언을 유도했다는 점은 특기할만하다(吉田裕 1995, 168-170). 이는 미야자와 담화 및 근린제국조항에 보이듯이, 일본 정부의 역사인식이 조금씩 심화되어 가고 있음을 보여주는 것이었다.

문제는 이에 대한 반발로 각료의 망언이 시작되었다는 점이다. 어찌 보면 80년대 일본 정부의 역사인식이 '더블 스탠다드'에서 벗어나 대외적 사죄 표명이 대내적으로도 정착되어 가는 과정에서, 예전에는 무심코 당연히 여겨졌던 발언이 '망언'으로 인식되기 시작했는지도 모르겠다. 86년 문예춘추 10월호의 인터뷰에서 "전쟁에서 사람을 죽여도 살인죄에 해당하지 않는다", "한국병합은 합의 하에 형성된 것으로 일본뿐만 아니라 한국에도 책임이 있다"는 후지오 마사유키(藤尾正行) 문부상의 발언이 문제가 되어 한일 간의 갈등을 불러왔다. 나카소네 수상은 이 문제에도 발빠르게 대응하여, 발언의 철회와 자진 사퇴를 거부하던 후지오 문부상을 파면시켜 문제를 진화했다. 이 사건을 계기로 각료가 식민지 지배 및 아시아 침략을 정당화하는 '망언'을 할 경우, 정부의 공식 견해에 반한다는 이유로 사임 압력을 내외적으로 받게 되는 구조가 정착되어 갔다.

90년대 들어와서는 상황이 급변했다. 한국의 민주화는 국교정상화 이후 소멸되었던 과거사 청산 문제에 대한 국민의 '잠재화된 불만'을 현실화시키면서 한일관계를 긴장시키는 힘으로 작용했다. 무엇보다 역사문제의 분출을 억제하던 요소였던 냉전의 붕괴는 이러한 역사문제의 정치성을 제고시켰다. 90년대 이후 위안부 문제, 역사교과서 문제, 독도 문제, 야스쿠니 신사참배 문제, 정치인의 망언 등이 한일 관계의 발전을 가로막는 주요한 요인으로 작용한 것이다.

그러나 앞에서 살펴본 가치공동체의 강화는 역사문제에 대한 일본 정부의 전향적 자세를 유도한 게 사실이다. 일본 정부의 과거사 정책의 변화는 90년대부터 나타나기 시작했다. 90년 5월 한일 정상회담에서 가이후 수상은 "과거 일시기, 한반도가 우리 국가의 행위에 의해 견디기 힘든 어려움과 슬픔을 체험한 것에 대해 겸허하게 반성하고 솔직히 사죄의 심정을 말씀드립니다"며 식민지 지배에 대해 사죄하였다. 동시에 사할린 한일 문제의 해결에 적극 나설 것을 확약했으며, 한인 원폭피해자에 대한 의료지원을 위해 40억 엔을 지원할 것을 표명했다. 88년 한국원폭피해자협회가 요구한 23억 달러의 보상과 사죄 요구에 대해 65년 한일 협정으로 끝난 문제라고 일축했던 입장에서 선회한 것이다.

93년 역사적 정권교체를 이루어낸 호소카와 모리히로(細川護熙) 수상 또한 8월 23일 시정방침 연설에서 "과거 우리나라의 침략행위와 식민지 지배 등이 많은 사람들에게 참을 수 없는 고통과 슬픔을 안겨준 점"에 대해 반성과 사죄의 뜻을 표명했다. 동시에 8월 25일, 호소카와 수상은 "전쟁책임과 전쟁보상을 분리해서 생각할 방침"이라고 말하며 식민지 관련 보상 문제는 해결이 끝났다는 입장을 고수하면서도, 인도적 차원에서 사할린 잔류 한국인의 영주귀국문제에 대해 적극적으로 대처하여 이후 일시귀국과 영구귀국을 지원하는 사업이 구체화되었다.

이렇듯 90년 이후 공식화된 '식민지 지배 반성사죄'는 아직까지는 명시적이지 않았지만 '도의적 책임'에 바탕을 두고 현안의 역사문제(한인 원폭피해자 문제, 사할린 잔류 한국인 문제 등)에 성의를 가지고 적극적으로 대처하는 형태로 나타났다. 이러한 일본 정부의 과거사 관련 정책의 변화는 고노 담화와 무라야마 담화로 그 정점을 찍은 것이다. 이러한 배경 속에서 한국 정부를 비롯한 일부 언론은 두 담화를 긍정적으로 평가했다. 물론 거기서 끝나지 않았다. 어디까지나 고노 담화와 무라야마 담화가 끝이 아니라 시작이라는 점을 강조하였다. 예를 들어 93년 8월 5일자와 95년 8월 17일자 경향신문은 사설에서 다음과 같이 고노 담화와 무라야마 담화에 대해 언급했다.

> 어떤 의미에선 일본 정부가 위안부 만행의 강제성을 공적으로 인정한 지금부터가 한일관계의 새로운 출발점일 수 있다. 특히 정신대원의 동원 규모나 생활상 등 이번 조사결과에서 밝히지 않은 부분은 앞으로 두 나라의 합동조사를 통해 명백하게 규명돼야 할 것이다. (중략) 일본은 좀 더 성의를 갖고 후속조치를 실행에 옮기는 적극적 자세를 갖기 바란다. 일본 교과서에 역사의 교훈으로 반영하겠다는 문제나 구체적 사죄방법에 있어 더 이상 기교와 모호한 태도를 보여서는 안된다. 일본의 새 정권은 양국의 돈독한 우호를 위해 청산할 것은 깨끗이 청산해야 한다.(93년)

> 이제 "독선적 국수주의를 배격하고 평화이념을 추구하며 과거의 잘못을 반복하지 않도록 전쟁의 비참함을 젊은 세대에게 전달한다"는 무라야마 총리의 말을 일본 정부는 물론 모든 일본인이 행동규범으로 삼아 실천해야 할 때이다. 진심이 확인될 때 비로소 일본인들은 이웃을 친구로 얻을 수 있을 것이다.(95년)

하지만 이러한 '조건부 긍정론'은 한국사회에서 주류가 아니었다. 당시 한국 시민사회는 이러한 일본 정부의 미세한 변화를 이해하거나 수용할 '심적 여유'가 없었다. 아마 오랜 권위주의 시기 억압되었던 피해자 의식이 일본의 전향적 변화를 평가하고 이해할 마음의 여유를 빼앗았는지도 모른다. 고노 담화 발표에 대해 한국정신대문제대책협의회(정대협)은 "일본 정부가 강제 종군위안부 문제의 본질을 회피한 채 얼버무리기식 진상조사로 문제를 마무리하려는 저의에 분노한다"며 고노 담화를 비난하였다. 정대협은 무라야마 담화조차 "일본정부가 패전 50주년을 맞아 발표한 담화문에는 당연히 사과가 아닌 사죄가 들어가야 하며 그에 합당한 법적 책임을 이행하겠다는 내용이 포함됐어야 했다"며 비난했다. "식민지배의 불법성과 이에 기초한 사죄 및 배상 요구"라는 원론적 입장에서 두 담화를 바라보았던 것이다. 이러한 비판은 대부분 언론에서도 반복되었다. 가령 93년 8월 6일과 95년 8월 17일자 한겨레신문은 다음과 같이 고노 담화와 무라야마 담화를 비판했다.

> 누가, 언제, 어디서, 무엇을, 왜, 어떻게 하였는가를 자료와 문서에 근거해 구체적 사실과 숫자를 들어 적시해야 하는 것이 실태조사의 기본요건이다. 위안소가 어디에 몇 개 있었는지, 어떤 경로를 통해 몇 명을 어떤 방법으로 강제동원했는지 구체적 사실을 밝히지 않았다. 진상규명 없는 사과는 사실을 호도하기 위한 것일 뿐아니라 한국인과 세계 여론을 기만하는 행위나 다를 바 없다. (중략) 일본정부의 책임있는 후속조처와 구체적인 피해에 대한 배상을 촉구하며 이를 위해 우리 정부와 국민이 이 문제에 관한 올바른 인식과 사실규명을 위한 의지를 더욱 분명히 해야 한다.(93년)

> 무라야마 총리는 사과담화를 발표해 놓고도 손해배상과 국가보상, 그리고 재산권 청구문제에 대해서는 부정적 태도를 보였다. 이러한 태도는 침략행위를 인정한 담화의 내용과 정면으로 모순을 빚는 것이다. 또 무라야마 총리는 전쟁을 일으킨 국책의 잘못을 일본왕의 책임과 분리함으로써 전쟁 책임으로부터 일본 왕을 보호했다. 이 부분도 설득력이 없다. 왜냐하면 일본은 태평양 전쟁을 일본왕인 히로히토의 이름으로 추진한 데다 일본의 국가원수는 예나 이제나 일본 왕이기 때문이다.(95년)

이러한 90년대 한국 시민사회의 원론적 입장은 일본 보수세력의 망언, 65년 한일조약과의 법적 일관성에 과도하게 얽매였던 일본 정부의 경직성으로 더욱 강화되었던 것도 사실이다. 우선 90년대 망언의 시작은 94년 5월

나가노 시게토(永野茂門) 법무상의 발언에서 시작되었다. 그는 아시아태평양 전쟁은 침략전쟁이 아니라며, 식민지를 해방시키고 대동아공영권을 확립한다는 것을 진지하게 생각했다고 발언하며 한국을 자극하였다. 당시 94년과 95년은 무라야마 내각의 부전결의 및 종전 50주년 담화를 둘러싸고 일본 내 분열이 심화되었다. 따라서 이하의 〈표 4〉에서 확인되듯이 94년과 95년은 침략과 식민지 지배를 둘러싼 망언이 연달아 나왔고 이것이 한국 사회를 경직화시켰다.

〈표 4〉 90년대 초중반 일본 정치인의 망언

발언 일자	발언자	발언요지
94년 5월	나가노 시게토 법무상	아시아태평양 전쟁은 침략전쟁이 아니다. 식민지를 해방시키고 대동아공영권을 확립한다는 것을 진지하게 생각했음.
94년 8월	사쿠라이 신 환경청장관	아시아는 그 덕분에 유럽의 식민지로부터 대부분의 국가가 독립했음
94년 10월	하시모토 류타로 통산상	본인은 일본이 전쟁지역 주민들에 큰 고통을 초래한데 대해 유감을 느껴야 한다고 생각하지만 일본이 이들 지역을 상대로 침략전쟁을 일으켰느냐는 질문은 미묘한 정의상의 문제라고 생각한다
95년 3월	오쿠노 세이스케 전 법무상	2차 대전은 자위전쟁, 안중근은 살인자에 불과하다
95년 8월	시마무라 요시노부 문부상	전쟁은 상대방을 쳐들어가 승부를 가리는 것으로 침략인지 아닌지는 생각하기 나름이다.
95년 11월	에토 다카미 총무청 장관	식민지 시대 일본이 한국에 좋은 일도 했음, 창씨개명을 모든 국민에게 강제했다고는 생각하지 않음.
96년 6월	오쿠노 세이스케 전 법무상	군대위안부는 상행위였다
97년 1월	가지야마 세이로쿠 관방장관	위안부 문제와 당시 공창제도를 같이 가르쳐야 한다

95년 8월 17일 경향신문 사설에서 "일본의 일부 지도층과 많은 국민들은 그들의 야만적인 일제통치를 미화하고 그리워할 뿐 아니라 과거의 피지배 민족을 멸시하는 민족적 우월주의 성향을 버리지 못하고 있다. 총리가 사과하는 그 순간에도 일본 정부의 각료 10여 명은 침략과 식민지배에 앞장 섰던 그들의 선배들을 추모했다. 그것이 두 번째 그들의 사과와 반성을 일본의 진심으로 받아들이지 못하는 이유이다"고 언급한 것은 당시 한국 사회의 일반적 감정이었다.

망언과 더불어 한국 시민사회의 원론적 입장을 강화했던 것은 일본 정부의 경직성이었다. 95년 무라야마 담화 발표 이후 한일관계는 순항할 것으로 예상되었다. 하지만 여기에 결정적으로 찬물을 끼얹은 사건이 벌어졌다. 95년 10월 5일 참의원 본회의에서 무라야마 도미이치(村山富市) 수상은 "일한 병합조약은 당시 국제관계 등 역사적 사정에서 법적으로 유효하게 체결되어 실시된 것"이라고 발언하였다. 이는 일본 보수세력을 달래기 위한 정치적 전략이었을 것이다. 하지만 식민지 지배의 법적 성격을 둘러싸고 한국과 일본이 근본적으로 다른 해석을 하고 있는 상황에서, 일본의 원론적 입장의 표명은 한국 정부 및 시민사회가 원론적 입장으로 이에 대처하게끔 하는 '경직성과 경직성의 대결 구도'를 만들어 내었다.

또 다른 일본 정부의 경직성은 아시아여성기금(여성을 위한 아시아 평화 국민 기금)에서 나타났다. 무라야마 내각은 고노 담화 정신에 입각해 후속 조치로써 아시아여성기금 사업을 추진하였다. 이 과정에서 식민지 지배 관련 법적 청산이 끝났다는 기존 입장과의 일관성을 확보하기 위해 위안부 피해자에 대한 기금을 어떤 명목과 형식으로 할 것인지가 논의의 핵심이 되었다. 그런데, 갑자기 94년 8월 19일, 아사히신문은 "위안부에 위로금, 민간기금 구상, 정부는 사무비 거출만(元慰安婦に見舞金, 民間募金で基金構想, 政府は事務費のみ)"이라는 제목으로 아직 정해지지 않은 아시아여성기

금 구상을 보도했다. 한국에서는 민간기금, 위로금이 크게 보도되었다. 이 보도는 민간기금 형태로 일본 정부가 책임을 회피하고, 위로금이라는 피해자의 자존심에 상처를 주는 단어를 사용한다며 아시아여성기금에 대한 격렬한 반대 여론을 형성하는 중요한 계기가 되어 버렸다.

물론 위 보도는 실제 아시아여성기금의 실상과는 거리가 있는 보도였다. 일본 정부는 95년 6월 사무비뿐만 아니라 피해자의 의료복지지원을 위해 정부자금을 거출하기로 결정하면서 실질적인 보상의 측면을 가미시켰다. 또한 지원금은 사과금(일본어로 償い金, 영어로는 atonement)의 이름으로 지급되었으며, 일본정부는 위 기금의 수용이 국가보상을 요구하는 소송을 방해하지 않는다는 것도 인정했다(大沼保昭 2007; 和田春樹 2015).

하지만 일본정부는 65년 청구권협정에 의해 법적 청산이 끝났다는 입장을 견지하기 위해 '도의적 책임'이라는 개념을 명확히 했으며, 이와 연관성 속에 아시아여성기금이 민간기금이라는 명목논리를 전면화했고 그 명목논리에 집착했다. 물론 앞에서 살펴보았듯이, 한인 원폭피해자 문제, 사할린 잔류 한국인 문제에 있어서도 일본정부는 법적 청산이 끝났다는 명목 위에 인도적 차원에서 이들 문제에 적극적으로 대처한다는 형식 논리를 취했다.

그러나 '도의적 책임론'을 명시화하고 일본 정부가 그 명목에 집착하는 순간, 상황은 달라졌다. 식민지 지배가 불법이라고 주장하는 한국 시민사회는 이러한 '도의적 책임론'을 수용하기 힘든 것이었다. 오히려 식민지 지배를 반성하고 사죄한 것과 '도의적 책임론'은 모순된 것으로 비쳤으며, 일부 언론은 '도의적 책임론'은 일본정부가 '말로만' 반성과 사죄를 하고 있는 사실을 보여준다며 강하게 비판하기도 했다. 〈표-4〉에서 알 수 있듯이, 96년과 97년에 주로 나온 일본군위안부 관련 망언은 상황을 더욱 어렵게 만들었다.

이에 한국 시민사회는 일본 정부의 '도의적 책임론'에 대응하기 위해 '법적 책임론'을 주장하게 되었다. 이는 96년 쿠라스와미 보고서 및 99년 맥두걸 보고서에서 일본 정부의 법적 책임이 명기되면서 더욱 힘을 얻게 되었다. 이로써 역사화해의 증표가 될 것으로 기대되었던 아시아여성기금은 오히려 '도의적 책임'과 '법적 책임'의 화해하기 힘든 대결만 남긴 채 기억 속에서 사라졌다.

이런 어려운 상황에서 한국 정부는 그 리더십을 유지하지 못하고 갈팡질팡한 것 또한 사실이다. 가령 93년 김영삼 대통령은 철저한 진상규명은 요구하되 일본에 대한 도덕적 우위성을 가지기 위해 물질적인 보상을 요구하지 않겠다는 입장을 표명한 바 있다. 이는 청구권 협정으로 일본군위안부 문제 또한 해결되었다는 일본 측 주장을 수용한 것은 아니지만, 청구권협정과 일본군위안부 문제의 연관성을 의식하며 나온 발언으로 이해할 수 있다. 이러한 입장에 따라 한국 정부는 93년 일본군위안부에 대한 생활안정법을 제정하고 피해자에게 500만 원의 일시금과 매달 15만원의 생활안정지원금을 지불했다.

이런 방침 속에, 한국 정부는 고노 담화의 후속조치로써 대두되었던 아시아여성기금에 대해서 일본 정부가 95년 6월 의료복지 사업에 정부 자금을 출자하는 것으로 가닥을 잡자 이를 평가하고 협력하겠다는 의사를 표명했던 것이 사실이다. 그러나 정대협과 일본군위안부 피해자의 상당수가 아시아여성기금을 강력하게 반대하자, '피해자가 납득할 수 있는 방식'을 요구해왔던 한국 정부는 아시아여성기금에 대한 기존 정책을 수정할 수밖에 없었다. 그런 와중에 96년 12월 아시아여성기금이 위 기금의 보상금을 받겠다는 의사를 표현한 위안부 피해자에게 한국 정부와 협의 없이 개별적으로 접근하자, 한국 정부는 강력하게 반발하며 화해의 상징이 되었을 아시아여성기금은 한일 마찰의 현안이 되어버렸다. 급기야, 98년 1월 26일, 당시 유종하 외무장관은 국회에서 "65년 한일청구권협정 체결 당시에는 군대위안부 문제의 불법성이 논의되지 않은 상태였다"며 일본이 이제 와서 위안부 문제에 대한 배상책임이 없다고 주장하는 것은 법리상 맞지 않다고 발언하였다(조윤수 2014).

사태가 수습된 것은 김대중 정부가 수립되고 나서였다. 98년 4월 외교통상부는 성명을 통해 "일본군위안부 개개인에 대한 일본 정부의 배상을 정부 차원에서 요구하지 않기로 했으며, 일본에 과거사에 대한 사과를 촉구하기로 했다"고 밝혔으며, 이후 위안부 피해자에게 3천 8백만 원의 지원금을 지급했다. 이러한 김대중 정부의 대응은 식민지 지배의 불법성과 청구권 협정에 대한 한국정부의 해석에 기반했을 때 일본군위안부 문제에 대해 배상을 요구할 수 있는 권리가 있지만 이를 요구하지 않겠다는 논리로, 식민지배의 법적 성격과 그 청산을 둘러싼 한일 간 이견이 존재하지만 이를 외교문제화하지는 않겠다는 '65년 체제' 정신을 반영한 것으로 이해될 수 있다. 이러한 입장은 노무현 정부에도 계승되었다고 볼 수 있다. 실제 노무현 정부는 2005년 '한일회담 문서공개 후속대책 관련 민관공동위원회'를 통해 일본군위안부 문제는 반인도적 불법행위로써 일본 정부의 법적 책임이 남아 있다는 입장을 표명했음에도 불구하고 일본군위안부 문제를 외교쟁점화하지는 않았다.

이렇듯 고노 담화와 무라야마 담화는 식민지지배의 합법성과 청구권협정에 의한 법적청산 완료라는 일본정부의 기존 입장을 견지하면서도, '식민지 지배 반성사죄'를 바탕으로 과거사 문제를 해결하기 위한 일본 정부의 노력으로 평가될 수 있다. 이러한 한일 역사인식의 접근은 98년 한일 파트너십 공동선언을 통해 구조화되어 한일관계를 발전시키는 원동력이 되었다. 65년 한일 국교정상화 시기, 역사문제가 한일 정부 사이에 봉합되어 억압되었던 것과는 달리 상당한 진전임에 틀림없다. 이른바 '98년 체제'를 구축하였던 것이다.

그러나 95년 무라야마 수상의 '식민지 합법성' 발언, 아시아여성기금의 '도의적 책임론'은 식민지배의 법적 성격과 그 청산을 둘러싼 한일 간 이견이 여전히 해결되지 않았다는 것을 보여준 것으로 '98년 체제' 또한 '65년 체제'의 연장선상에 위치하고 있음을 보여주고 있다. 그럼에도 한국 정부가 98년 이후 일본군위안부 문제를 외교현안으로 거론하지 않았다는 사실을 통해서도 알 수 있듯이, 상호 다른 해석을 하고 있음을 인정하고 이를 외교 문제화하지 않는 '65년 체제'의 전략적 모호성 혹은 비합의의 합의(agree to disagree) 정신이 '98년 체제'에도 작동하였다.

그러나 이러한 진전에도 불구하고 고노 담화와 무라야마 담화를 무효화하고자 했던 일본 보수세력의 반발, 민주화 이후 태생기를 맞이했던 한국 시민사회의 경직성이 상호 악순환을 일으키며 오히려 한일관계를 악화시키는 상황까지 초래했다. 이러한 악순환은 기존 입장과 새로운 해결방안을 논리적으로 일치시키고자 했던 일본정부의 경직성, 민주화 이후 국민여론에 지나치게 얽매여 정치적 리더십을 발휘하지 못한 한국정부의 취약성으로 더욱 강화되었던 것이 사실이다.

결국 90년대, 일본 정부의 '식민지 지배 반성사죄' 표명과 미해결 과제(사할린 한인문제, 원폭 피해자 문제, 일본군위안부 문제)에 대한 전향적 대처로 식민지 지배와 청구권 협정을 둘러싼 한일 정부 간의 인식 격차는 상당히 좁혀졌지만, 일본의 보수와 한국의 시민사회는 오히려 인식의 차이를 크게 노정하면서 '이중구조'가 형성되었다. 이로써 '98년 체제'는 내적으로는 식민지배의 법적 성격과 그 청산을 둘러싼 한일 간 이견이 정치적으로 관리되며 '잠복'되었지만, 외적으로는 일본의 역사수정주의와 한국의 원칙주의적 시민사회의 '현시적 도전'에 직면하게 되었던 것이다. 이러한 도전에 대해서는 5장에서 자세히 살펴본다.

2) 영토문제 관리 노력과 한계

65년 맺어진 한일 어업협정은 일본의 어업기술이 월등히 한국에 앞설 때 수립되었다. 따라서 당시 한국은 어떻게 일본의 어업활동을 최소화하여 한국 어업권을 지킬 것인가에 초점을 맞추며 교섭을 진행했다. 그러나 70년대를 거쳐 80년대에는 전세가 역전되었다. 한국의 어업기술이 일본에 필적하게 되면서 일본의 어업권을 위협하였던 것이다. 87년 일본은 소련이 200해리 배타적경제수역(EEZ)을 선포한 후 한국의 대형 어선이 북해도 근해로 몰려와 남획하며 일본의 어망 손실 등 다양한 피해를 가져오고 있다며 한국 정부의 강한 규제를 요구하기에 이르렀다. 또한 동해에서도 한국 어선의 남획 문제가 불거지며, 일본은 양국 간 어업문제를 해결하기 위해 어업협정을 개정할 필요성이 있다고 한국을 압박했다. 하지만 한국은 그동안 일본 어선이 한국 연안에서 남획해왔는데, 한국 어선의 능력이 향상되어 일본 연안에서 조업활동이 늘었다고 해서 어업협정 개정을 말하는 것은 너무 성급한 것이라고 반박했다.

94년에 200해리 EEZ 설정을 기본 골격으로 한 유엔 해양법조약이 발효되자 독도문제가 배타적 어업수역 문제 및 EEZ 문제와 연동되면서 한일관계에서 큰 문제가 되기 시작했다. 일본은 94년 이후 동해의 일본 해안 근처의 한국 어업활동에 대해 본격적으로 문제를 제기하기 시작했다. 일본은 비록 한국의 불법 어업 활동이 줄어들었으나 여전히 일본 어업에 악영향을 주고 있기에 이에 적극적인 대처를 해줄 것을 요구하였다. 한국은 김영삼 정부 취임 이후 불법 어업 활동이 1/10로 줄어든 것을 예시하며 불법 어업에 대한 강력한 조치를 약속하였다.[100)

이러한 어업문제와 더불어 독도 영유권 문제 또한 불거져, 한국 정부는 93년 독도에 부두를 건설할 것을 결정했다. 이에 대해 일본 해경 순시선이

94년 2월 독도 영해를 침범하며 시위를 하였고, 96년 자민당은 선거공약에서 독도를 일본 영토로 명기하면서 양국 갈등이 증폭되었다.

96년 3월 한일 정상회담에서는 독도영유권 문제는 일단 접어둔 채 EEZ 경계획정과 어업협정에 대한 논의를 진행한다는 것에 합의를 보았다. 그러나 일본 정부가 동년 6월 독도를 기점으로 200해리의 EEZ를 채택했다고 공포하면서, 이후 어업협정의 파기라는 희대의 사건이 벌어진 것이다.

이런 극한 갈등이 해결 국면으로 전환된 것은 김대중 정부 수립 이후였다. 결국, 98년 한일 新어업협정에서 독도 영유권 문제를 협상 테마에서 제외하고 독도 주변을 '잠정수역'으로 책정하였다. 이것은 60년대 한일회담 시의 독도문제에 대한 잠정적 타결방식이 그대로 유지되고 있다는 것을 반증한다. 물론 일부에서는 한국 정부가 배타적 어업수역을 독도가 아닌 울릉도에서 책정했다는 면에서 독도 영유권을 포기한 듯한 인상을 부여했다며 비판하고 있다. 하지만 협상과정에서 일본 정부가 먼저 독도 영유권 문제를 보류하고, 독도 주변을 잠정수역으로 책정할 것을 요구했다는 점에서, 일본 정부가 한국의 독도 실효지배, 즉 현상유지를 묵인하고 어업문제에 있어 양국 이익관계를 조정했다는 분석도 가능하다. 따라서 일부 견해와는 달리 98년 신어업협정은 65년 어업협정과 비슷하게, 독도 영유권 문제에 어떠한 변화도 초래했다고 볼 수 없다.

EEZ 경계획정문제에 대한 한일교섭이 시작된 것은 96년이었다. 하지만, 한국은 독도를 기점으로 하지 않으면서 독도와 오키(隱岐)섬 사이의 선까지 EEZ를 주장하고, 일본은 독도를 기점으로 하면서 독도와 울릉도 사이의 선까지 EEZ를 주장하며 평행선을 달렸다. 2000년에 중단한 협상은 2006년에 재개 되었지만 한국은 기존의 입장을 변경하여 독도를 EEZ의 기점으로 하자, 일본은 동중국해에서의 EEZ 기점을 무인도인 도리시마(鳥島)로 하면서 교섭은 타결의 실마리를 찾지 못하였다(최장근 2009, 272-274). 이후 몇

차례의 회담이 전개되었으나, EEZ 경계획정에 대한 합의점을 찾지 못하고 개점휴업 상태에 접어들게 되었다. 어느 일방의 의견을 관철한다는 의미에서 영유권 문제를 '해결'한다는 것이 얼마나 어려운 지를 보여주는 것이며, 결국 '보류'을 통한 갈등의 지연 이외에 현실적인 방법이 없다는 사실 또한 여실히 보여주는 것이다.

기실 독도 문제와 센카쿠 문제는 보통 영유권 문제를 중심으로 분석되고 있다. 그러나 이를 둘러싼 문제는 1) 영유권문제, 2) 어업문제, 3) EEZ 경계획정 문제와 이를 둘러싼 해양자원 개발 문제가 복잡하게 엉켜있다. 즉, 어업협정이나 EEZ 경계획정은 기본적으로 분쟁지역의 영유권에 따라 내용이 달라지며, 어업협정 상의 어업선 경계획정이 EEZ 경계획정에도 영향을 미칠 수 있다.

실제 50-60년대 영해 영역을 둘러싼 국제적 논쟁, 64년의 대륙붕조약, 94년의 유엔 해양법조약 등 국제 해양질서의 변동은 이러한 변화를 자국 영해에 내재화하기 위한 양자 간 교섭에 동인을 부여하여 왔다. 그 과정에서 영유권 문제를 어떻게 처리할 것인가, 그리고 그러한 영유권 문제의 잠정적 조치에 따라 어업협정과 EEZ 문제(및 해양자원 개발문제)를 어떻게 할 것인가에 대한 교섭이 이루어졌다. 그리고 이러한 양자 간 교섭에 의한 제도설계가 다른 양자 간 교섭에도 영향을 미치면서, 해양·영토문제를 해결하기 위한 특정한 방식과 제도가 동북아시아에 정착되어갔다. 한일국교정상화와 중일국교정상화 이후, 독도와 센카쿠 제도의 해양·영토문제가 어떻게 관리되어 왔는지는 〈표 5〉에 나타나있다.

〈표 5〉 2010년 이전, 해양·영토문제의 현상

종류	독도	센카쿠 제도
영유권문제	한국의 실효지배. 양국, 자국의 고유영토라고 주장.	일본의 실효지배. 양국, 자국의 고유영토라고 주장.
어업문제	65년의 한일 舊어업협정으로 공동 규제수역. 98년의 한일 新어업협정으로 잠정 수역.	75년의 중일 舊어업협정에서는 센 카쿠 제도는 배제. 2000년의 중일 新어업협정으로 센카쿠 제도의 북부인 북위 27도 이북에는 잠정수역과 중간수역을 설치하고, 센카쿠 제도의 남부인 25~26도는 어떠한 규정을 두지 않음.
EEZ문제 및 이 와 연관된 해양 지원 개발문제	동중국해, 78년 한일 대륙붕협정 으로 공동개발방식 합의. 96년 이후 EEZ 경계획정은 교섭 중.	일본주장의 EEZ선(최근에는 중간 선)과 중국주장의 EEZ(대륙붕 연 장론)선 주장이 대립 중. 2008년 10월, 가스유전 공동개발 에 합의.

위의 〈표 5〉를 통해 한일 및 중일의 정책결정자는 전략적 가치가 낮은 독도 또는 센카쿠 제도보다는 한일관계 및 중국관계를 우선시 하며 '평화적 관리 방식'이라고 할 수 있는 암묵적 합의에 도달했다는 것이 확인된다. 이 것은 일본정부와 중국정부가 독도의 경우 한국의 실효지배를 센카쿠 제도의 경우 일본의 실효지배를 암묵적으로 용인하고, 혹은 한국과 일본의 실효지배라는 현상을 변경하려고 하는 실제의 행동을 취하지 않고, 섬을 둘러싼 분쟁이 양국 간 관계에 악영향을 미치지 않도록 관리했다는 것을 의미한다. 동시에 어업문제는 분쟁의 섬 주변을 공동수역 혹은 잠정수역으로 설정하여 조화로운 어업 질서를 구축하려 했다. 대륙붕(후에 EEZ) 문제는 경계를 확정하지 않고 해양자원에 대해서는 공동개발을 시도해 왔다. 즉, 영유권 문제와 연관된 어업문제와 EEZ 및 해양자원 이용문제를 공동 이용에 가까운 방식으로 관리하여, 독도와 센카쿠 제도 문제가 양국 간의 긴장

요인이 되지 않도록 양국이 최대한 자제했다. 이러한 평화적 관리 방식은 비록 '잠정적' 조치에 불과하지만, 영유권 문제와 이해관계의 조정문제를 분리한 영토분쟁의 관리방식으로 근대적 의미의 영토분쟁을 상호의존성의 탈근대성으로 풀려고 하는 노력의 일환으로 볼 수 있다.

이러한 '평화적 관리방식'에는 또 한 가지 주목할 점이 존재한다. 즉 한일 간의 제도설계가 중일 간의 제도설계에 영향을 미쳤고, 반대의 경우도 나타났다. 예를 들어, 외교문서 상 증명하기 힘든 것이긴 하지만, 65년 한일 간의 독도 영유권 문제 보류 방식이 72년 중일 국교정상화에 일정 영향을 미쳤을 확률이 존재한다. 또한 97년의 중일 어업협정이 98년의 한일 어업협정과 비슷한 방식을 취했다는 점에서, 상호영향을 미쳤을 것이라는 게 쉽게 이해된다. 공동개발을 규정한 75년의 한일 대륙붕협정을 의식하며 70년대 후반 중일 평화우호조약 체결과 더불어 중일 공동개발 논의가 중국과 일본 양국에서 대두된 것 또한 좋은 예일 것이다.

이러한 사실들은 국제 해양질서의 변동에 따라 그 질서를 자국 영해에 내재화하는 과정에서, 어업협정과 대륙붕(이후 EEZ) 경계획정(그와 연관된 해양자원 개발 문제)에 대한 어떤 국가와의 제도설계가 정책적 일관성 관점에서 다른 국가와의 교섭에도 그대로 적용되기 때문일 것이다. 이는 국제 해양질서의 변동이 양자 간 해양질서를 재편해야 하는 압력으로 작용하고, 여기에서 설계된 제도설계가 다른 양자관계에도 적용되면서 다자화되어간 것이다. 이러한 '양자관계의 다자화' 현상으로 평화적 관리방식은 동북아시아 해양질서 속에 정착되어간 것이다.

물론 이러한 평화적 관리방식이 양국 간 갈등을 완전히 봉쇄하지는 못했다. 특히 94년 유엔 해양법조약이 비준되면서 국제 해양질서의 변동은 독도와 센카쿠 문제를 둘러싼 갈등을 증폭시켰다. 12해리 전관수역과 대륙붕에 대한 주권적 권리를 200해리 EEZ에 결합한 위 조약으로 기존의 어업협정과 영해 경계획정 문제는 재구축될 수밖에 없었고, 이러한 국제 해양질서의 변화를 국내 영해에 내재화하는 과정에서 마찰은 불가피했다(구민교 2011, 7-9).

또한 이러한 갈등은 평화적 관리 방식이 국내적 합의에 이르지 못했다는 것을 반증한다. 자국 고유의 영토임을 주장하며, 어업이나 EEZ 및 해양자원 이용에 있어 배타적 권리를 주장하는 목소리가 주류인 상황에서 평화적 관리방식은 도전을 받아왔다. 특히 냉전 붕괴 이후, 한국의 민주화, 천안문 사태 이후 중국의 정치발전, 92년 정권교체 등 일본의 정치변동으로 삼국 모두 국민여론에 민감해지면서 각 국 정부 또한 행동반경이 좁아져 갈등을 유발하곤 했다.

하지만, 이러한 갈등이 관리되어왔다는 것은 '또 하나의 진실'이다. 즉 독도와 센카쿠 문제를 둘러싸고 갈등이 주기적으로 반복된 것은 사실이나, 이를 관리하려는 관계국의 노력으로 갈등이 수습되는 '갈등과 관리의 반복'이 지속적으로 전개되었던 것이다. 다른 각도에서 보자면, 이러한 '갈등과 관리의 반복'은 평화적 관리방식이 정착되었다는 반증이기도 하다. 만약 평화적 관리방식이 없었다면, 자국의 고유영토임을 주장하며 배타적 권리를 강경하게 주장하는 한중일 삼국은 갈등을 넘어 무력충돌 심지어 국지적 무력분쟁까지 격화되었을 것이 명약관화하기 때문이다.

그런 의미에서 평화적 관리방식은 완전한 해양영토 분쟁의 '해결'은 아니기에, '제도화된 분쟁', '불안전한 평화'가 공존하는 시스템이다. 양자 간 관계가 악화되었을 때, 분쟁이 격화될 수 있지만 전쟁과 무력충돌이라는 극단적 상황이 배재된 일정 범위 내의 갈등에 불과하다. 반면 양자 간 관계가 호전되었을 때 해양영토분쟁은 평화적 상황을 맞이하지만 이 또한 영구적인 것이 아니며 여러 원인으로 분쟁 상황에 빠질 수 있다. 즉, 한국과 일본, 그리고 일본과 중국은 해결이 불가능해 보이는 100의 강도를 지니는 분쟁 상황을 20으로 낮추는 데 성공했지만, 그 낮아진 강도의 분쟁 상황이 반복되는 것은 회피할 수 없었던 것이다.

3. 한일 정책커뮤니티와 한일 파트너십 공동선언

1) 한일 정책커뮤니티의 변모

앞에서 살펴보았듯이 90년대 이후 한일 양국은 가치공동체에 기반을 두는 미래지향적 한일관계를 구축하기 위해 〈표 6〉에서 알 수 있듯이, 한일 간 여러 이슈에 정부 간 해결방안을 마련하기 위해 한일 양국의 전문가 회합을 조직하여 이들로 하여금 해결방안을 강구케 하는 방식을 취했다. 한일 정상회담에서의 합의에 따라 88년 조직된 한일 21세기 위원회에는 학자, 경제인, 전직 외교관, 변호사 등이 참여하여 미래지향적 한일관계의 비전을 논의하고 그 결과를 91년 양국 정부에 정식 보고하였다. 또한 93년 한일 정상회담에서 합의되어 같은 해 조직된 한일포럼은 현재까지 매년 개최되고 있으며, 정치인, 경제인, 학자, 언론인 등이 참여하여 한일관계의 현황과 그 해결방안에 대해 논의해 왔다(若宮啓文 2013).

역사문제에 있어서는 한일 양국 정부는 한일 역사학자가 참여하는 한일 역사연구촉진 공동위원회(97년-99년), 한일 역사공동연구위원회(2002-2010년)를 조직하여 한일 간 역사인식 문제에 양국 공통인식을 모색하고자 하였다. 그리고 95년 조직된 한일 공동연구포럼과 2009년 시작된 한일 신시대공동연구는 양국 학자들에 의해 구성되어, 정치, 외교, 경제, 문화 등 다방면에 걸친 한일 비교연구 및 한일관계 연구를 통해 상호 이해를 높이는 지적 작업을 수행해왔다. 또한 문화교류에 대해서는 97년 시작된 한일 청소년 교류포럼, 99년 시작된 한일문화교류회의를 통해 논의를 진척시켜왔다.

<표 6> 민주주의 시기 형성된 정책커뮤니티

한일 21세기 위원회	(88년-91년)	
한일포럼	한일포럼(93년-현재)	〈2002년, 2005년, 2012년 공동성명〉(국제교류기금 실시)
문화교류	한일 청소년 교류 포럼 (97년-현재) 한일문화교류회의 1기(99년-2002년) 2기(2004년-2007년) 3기(2010년-현재)	(한일문화교류기금 실시)
역사	한일역사포럼(한일역사연구촉진 공동위원회)(97년-99년)	(한일문화교류기금 주최)
	한일역사가회의(2001년-현재)	(한일문화교류기금 주최)
	한일역사공동연구 1기(2002년-2005년) 2기(2007년-2010년)	(한일문화교류기금 주최)
공동연구	한일공동연구포럼(95년-2008년)	- 21권 출간(고려대 아연, 게이오대 출판부) (한일문화교류기금 실시)
	한일신시대공동연구프로젝트 1기(2009년-2010년) 2기(2011년-)	(한일문화교류기금 실시)

이러한 조직들은 한국과 일본의 지식인과 언론인 등 민간인들의 참여를 제도화시켰다는 점에서, 그리고 이들의 정책제언이 한일 양국 간 정부 교섭의 구체적인 재료로 사용되었다는 점에서 '한일관계의 민주화'를 상징적으로 보여준다고 하겠다. 특히 주목해야 할 것은 각종 현안에 대해 양국 민간 사이의 대화를 통해 미래지향적 해결방안을 모색한 후, 이를 정부 간 협의로 풀어내려고 하는 '민주주의적 방식' 혹은 '상향식(down-up)' 정책결정

이 시도되고 정착되었다는 점이다. 권위주의 시기 '권위주의 한국과 자민당의 유착관계'에 의해 한일 협력의제가 국민적 논의 없이 창출되어 시행되었던 것과 비교하면 큰 변화인 것이다. 이 과정에서 위 조직들의 활동이 관련 이슈에 대한 국민 여론을 환기시키며, 국민들로 하여금 한일관계의 중요성을 인식케 하는 중요한 역할을 담당하였다.

또 하나 주목해야 하는 것은 '한일관계의 민주화'라는 거대한 흐름에 따라, 권위주의에 수립된 한일의원연맹, 한일협력위원회, 한일경제협회 등 기존 조직은 민주화 시대에 걸맞게 개혁을 단행하였다는 점이다. 가령, 한일의원연맹의 경우, 94년 사회당이 가입함으로써 기존의 '권위주의 한국과 자민당의 유착관계'를 벗어나 진정한 의미에서 '한국과 일본의 유대관계'로 발전되었다. 동시에 한일의원연맹은 93년에 21세기 위원회를 조직하여 한일 젊은 의원의 교류를 제도화시켜, 신시대 한일관계를 위한 새로운 인맥 구축을 도모하였다. 2014년에는 여성위원회를 발족시켜 양국 여성의원들 간의 교류를 활성화하려 하였다(이원덕 2001; 박철희 2015).

2) 한일 정책커뮤니티의 새로운 역할: 한일 파트너십 공동선언 전사(前史)

한일포럼 설립 이후 줄곧 참여했던 와카미야 요시부미(若宮啓文)에 의하면, 한일포럼은 미야자와 내각 시 오와다 히사시(小和田恆) 외무차관이 미일 간의 시모다(下田) 회의를 모방하여 한일 간 지적 교류를 위해 구상했다고 한다. 이 때 당시 오재희 주일대사, 김영삼 정부 시기 외무부 장관이 된 한승주 고려대 교수와 함께 위 구상을 협의했다고 한다(若宮啓文 2013, 104-105). 이러한 물밑 작업이 배경이 되어 93년 4월 공노명 주일 대사는 한일 상호 이해와 현안 해결을 위해 현인 회의를 설립할 것을 공식적으로 제안했고, 11월 김영삼-호소카와 정상회담에서 한일포럼의 설립이 합의되어 12월 첫 회합을 개최하였다.

물론 한일포럼은 88년 2월 한일 정상회담에서 합의되어, 민간차원에서 한일 협력의제를 논의하고 정책을 제언했던 한일 21세기위원회와 유사한 성격을 가지고 있었다. 한일 21세기위원회는 91년 1월 양국 정부에 최종보고서를 제출하여, 한일 양국 간 교류협력에 관한 정보교환과 조언 및 촉진 방안을 강구하기 위한 한일 교류협력추진위 설치, 한일 양국의 개발도상국 과학기술협력지원을 위한 아시아 과학기술협력재단의 창립, 양국의 역사교육에 관한 공동연구 추진, 대학 간 학점 교환제도 도입, 양국 대학에서 상대 국어를 필수 제2 외국어로 채택할 것, 한일교류의 확충을 위한 방안으로 두 나라간 대중문화 소개가 상호균형을 이루며 활발히 추진되는 것이 바람직하다는 의견을 제시하였다. 동시에 노태우 정부 시기에는 한일 경제문제에 대한 정책제언을 목표로 한일 경제인으로 구성된 한일 경제인포럼의 설치가 92년 1월 한일 정상회담에서 합의되어 93년 11월 최종보고서를 김영삼 대통령에게 보고했다.

다만 위 조직들은 한시적으로 양국 정부에 미래지향적 정책을 건의하기 위해 설립된 것으로 장기적인 지적교류를 염두하고 설립된 한일포럼과 성격을 달리하였다. 한일포럼의 한국 대표는 배재식 서울대 교수, 일본 대표는 한일포럼의 산파역이었던 오와다 히사시가 맡게 되었다. 조직상 특징은 기존의 비정부 교류단체의 핵심 인사가 참가해서 한일 지적 교류의 상징체로 기능할 수 있었다는 점이다. 실제, 한국 측 인사는 김수한 한일친선협회 회장, 김윤환 한일의원연맹 회장, 한일경제협회의 핵심멤버였던 구평회 LG 그룹 회장이 참여하였다. 일본 측 또한 가토 고이치(加藤紘一) 등 일한의원연맹 실력자, 하구라 노부야(羽倉信也) 일한경제협회 회장, 무라카미 히로요시 일한경제협회 전문 등이 참가했다. 이와 더불어 한일 양국의 학자, 언론인, 정치인 등이 참여하여 한일 지적교류의 상징체로 기능했다.

김영삼 정부의 한일포럼에 대한 태도는 매우 적극적이었다. 한국 측 회장이었던 배재식 교수는 김영삼 대통령의 고등학교 동창이었으며, 김윤환 한일의원연맹 회장은 3당 합당과 이후 대선 과정에서 절대적 역할을 하며 김영삼 대통령의 두터운 신임을 받고 있었다. 김수한 한일친선협회 회장은 김영삼 대통령의 오랜 측근이었다. 이처럼, 김영삼 대통령은 대일관계에 실력자를 전면 포진시킴으로써 미래지향적 한일관계 구축에 적극적이었으며, 이들 모두를 한일포럼에 참가시킴으로써 한일포럼에서 생산된 협력의제를 정책적으로 실현할 수 있는 체제를 구축하였다.

한일포럼은 탈냉전으로 인한 국제정치의 구조적 변화, 한국의 문민정부 출범과 일본의 비자민 연립내각의 출범 등 국내정치의 구조적 변화 속에서 한일 양국의 새로운 협력 의제를 창출하기 위해 조직되었다. 실제 오와다 히사시 일본 측 회장은 다음과 같이 한일포럼의 존재의의를 설명하였다.[101]

> 이와 같은 두 가지 큰 지각변동(필자: 탈냉전, 지구화) 속에서 우리는 한일 양국이 지금까지 걸어왔던 역사를 되돌아보고 그러한 새로운 국제 환경 속에서 어떻게 동반자로서 regional 혹은 global한 시각을 가진 협력 관계를 어떠한 형태로 구축해 나갈 것인가 그 점을 21세기를 향해서 함께 생각해 나가야 하는 새로운 국면에 접어들었다고 생각합니다. 때는 마침 한국에 있어서도 일본에 있어서도 새로운 정권교체가 있었고 변화를 추구하는 파도가 양국 사회를 덮치고 있다고 말 할 수 있겠습니다.

이처럼, 한일포럼은 미래지향적 한일관계를 양자적, 지역적, 지구적 차원에서 모색했으며, 그런 의미에서 전술했듯이 노태우 정부 시기 91년 1월 발표된 한일 우호협력 3원칙의 정신을 계승하고 있다. 이에 따라, 한일포럼에서 논의할 새로운 협력 의제는 크게 네 가지로 구분되었다. 먼저, 새로운 국제경제환경의 변화 속에 한일 양국의 경제협력 방안이 논의되었다. 다음으로 냉전 종식 후의 새로운 국제환경 변화에서 한일 양국의 정치, 안보 분야의 협력과제가 논의되었다. 세 번째는 교육, 문화, 학술교류 등 한일 사회교류에 관한 사항이었다. 마지막으로 환경, 원조 문제 등 전지구적 규모에서 한일협력 방안이었다.[102]

무엇보다 특징적인 것은 모델이었던 시모다 회의와 같이, 합의를 도출하려는 형식적 회의가 아니라 "격식에 구애받지 않고 흥금을 털어놓고 이야기"를 나누며 공감대를 형성해가는 방식을 택했다는 점이다.[103] 따라서 회의에 대한 결과 보고서에는 각 발언자의 실명이 공개되지 않았다.

하지만 한일포럼의 역할에 대한 한일 양국의 인식은 약간 달랐다. 오와다 히사시 한일포럼 일본 측 회장은 다음과 같이 한일포럼을 단순한 지적 교류로 한정시키고자 하였다.[104]

> 포럼의 성격은 특정한 선을 그어서 정부에게 보고서를 제출하는 협의의 와이즈맨 그룹의 작업과는 기본적으로 다른 것임. 대화를 통해 한일 양국의 유식자 간에 새로운 상호이해, 관계이해, 컨텍스트 이해라고 하는 것을 양국민 사이에 심화시키는 작업이 되어야 함. 한일 양국민, 그리고 사회의 폭을 넓히고 이해를 심화하는 것이 되어야 함. 시한을 두고 보고서를 내는 것이 아니고, 구체적인 사고의 교환을 그때그때 정리해 나가는 것이 포럼의 성격이 되어야 함.

반면 배재식 한국 측 회장은 개인적 견해를 전제로 "21세기를 내다보는 새로운 한일관계의 기본틀을 제공해줄 수 있는 방법으로 한일우호협력조약의 체결을 검토할 수 있다"고 주장하였으며, 이를 위해 한일포럼이 적극적으로 양국 정부에 정책제언을 수행할 것을 주장했다.[105] 후술하지만, 한일포럼이 95년에 제주성명, 97년에 서울성명을 발표하며 양국 정부에 미래 협력과제에 대해 정책제언을 한 것을 보건데, 한일포럼은 일본 측 의견과는 달리 실질적으로 트랙 투(track two) 역할을 한 것으로 보인다.

이렇듯 한일포럼은 양국의 학자, 정치인, 언론인, 경제인 등을 망라한 지적 교류체였으며 미래지향적 한일관계 구축을 위한 포괄적 협력의제를 창출할 것으로 기대되었다. 동시에 한일포럼은 한국의 문민정부 출범, 일본의 비자민 연립내각의 수립 등 양국의 정치변동에 수반하여 새로운 한일관계 구축을 위한 모태로 인식되었다. 따라서 93년 출범 초기부터 한일포럼의 활동과 논의 내용은 양국 언론의 높은 관심 속에 보도되곤 했다. 실제 한국 언론진흥재단의 신문기사 검색시스템(KINDS)에서 93년부터 97년까지 한정해서 한일포럼 관련 기사를 검색하면 총 300여 건의 기사가 검색되었다. 한일포럼이 매년 5일 정도의 일정으로 회의를 개최한 것을 염두하면 상당한 기사가 작성된 것으로 한일포럼에 대한 언론의 관심을 보여준다고 하겠다.

한일포럼은 93년 11월 1회 개최 이후, 3차에 걸친 논의를 거친 후 95년 제주에서 열린 3차 회의에서 제주성명을 발표하였다. 제주성명은 '새로운 시대의 한일관계' 구축을 핵심 의제로 놓고, 식민지 지배에 대한 반성과 사죄를 표명한 무라야마 담화를 평가하면서 시작되었다. 이를 바탕으로 제주성명은 다음과 같은 구체적 협력의제를 제시하였다. 후술하듯 김대중-오부치의 한일 파트너십 공동선언과의 연관성을 염두에 두며 길지만 인용하고자 한다.106)

  1. 문화·인적 교류의 비약적인 확대를 위한 조치
  한일 양국 간의 문화교류 및 인적교류는 각 분야에 있어서 더욱 확대 강화되는 경향을 보이고 있으나, 이것을 더욱 비약적으로 발전시키기 위한 중점적인 방안을 강구해야 한다.

(1) 지적교류의 추진

다른 분야에 비하여 양국 간의 지적교류는 아직 충분히 발전된 상태는 아니며, 중점적인 노력을 필요로 하고 있다. 특히 아시아태평양의 새로운 지역적 질서의 형성, 지구적 과제, 공통과제 등에 관한 공동연구와 대화를 활발히 촉진시키기 위한 체제와 구체적인 방안을 검토해야 한다. 더욱이 정보 교환, 번역, 출판 등의 조치를 더욱 활발히 추진해야 한다.

(2) 청소년 교류, 유학생 제도의 확대

양국 관계의 증진에 있어서 청소년 교류의 중요성은 아무리 강조해도 지나침이 없다.(중략) 무엇보다 단기 장기 유학생의 교환을 통해 상대국의 역사문화, 사회연구를 강화하는 일이 중요하다. 유학생의 수를 보다 비약적으로 증대시키기 위한 장학금과 펠로십 제도의 근본적 강화가 필요하다.

(3) 지방교류의 촉진

지방레벨에서의 한일교류가 최근 크게 증대되고 있으며, 양국 간 교류의 저변을 확대하는데 큰 역할을 하고 있다.(중략)

(4) 언론인 교류

양국의 올바른 상호 이해를 촉진하기 위해서 언론기관의 역할이 결정적으로 중요하다. 언론인 교류, 연수생, 공동세미나, 체재 협력, 정보 통신망을 통한 협력 등 다양한 교류를 대폭적으로 강화해야 한다.

(5) 입국사증(비자)의 간소화와 면제

인적교류를 촉진함에 있어서 입국비자의 간소화와 면제가 효과적이라는 사실은 한국의 대전 엑스포와 94년 한국 방문의 해에 즈음하여 일본 관광객에 대한 비자면제가 일본으로부터의 방문객 증가로 이어졌다는 점에서도 명백하다. 일본이 8월 10일 한국인에 대한 입국 비자 절차를 대폭 완화하였음을 환영하는 바이며, 앞으로 이와 같은 면제 조치의 적용 범위를 단계적으로 확대하여, 장래에는 양국 간의 왕래에 대해 비자를 원칙적으로 철폐하는 방향으로 나아가야 한다.

(6) 예술문화교류의 확대

양국 간의 예술문화 교류의 분야에서도 다양한 활동들이 그 어느 때보다 활발히 이루어지고, 일종의 비국경화 현상이 일어나고 있다고까지 말한다. 뿐만 아니라 대중수준의 상호문화나 예능에 대한 관심 또한 고조되고 있다. 이와 같은 활동이 양국 간의 폭넓은 국민 상호이해와 친근감을 증진시키는데 있어서 커다란 의의를 갖는 만큼, 질 높은 대중수준에서의 교류를 자연스러운 형태로 발전시켜 나가기 위한 방안에 대한 검토가 추진되어야 할 것이다.

(7) 한일교류추진 합동위원회의 설치

이상 모든 분야에 있어서의 한일교류를 보다 지속적으로 효과적으로 촉진시키기 위하여 양국 정부와 민간 전문가로 구성된 합동위원회를 설치할 것을 검토해야 한다.(중략)

2. 양국 간 경제교류의 촉진

한일 양국의 협력 하에 양국 간의 경제무역관계, 그 중에서도 투자와 기술 이전을 촉진하기 위한 구체적 방안을 검토해야 한다. 특히 양국에 있어서의 투자에 관한 규제완화를 비교 연구하거나 기업 간의 전략적 제휴 방안에 관한 공동연구를 양국 관계자 간에 추진해야 할 것이다. 아울러 아시아태평양의 지역적 발전에 대하여 일본과 한국이 각기 어떤 역할을 분담하고, 또 양국 간의 협력을 어떻게 전개할 것인지, 그리고 앞으로의 최대과제인 개발문제에 대하여 한일 양국이 어떻게 협력할 수 있는가에 관해서도 양국 관계자들이 공동 전략을 모색해야 한다.

3. 한일 안보대화의 추진

냉전 후의 새로운 국제환경 속에서 한반도와 아시아태평양 전체의 안보에 관한 의견과 정보를 교환하여 양국 공통의 이해를 깊게 하며, 이 분야에서의 협력관계를 향상시키기 위하여 한일 양국 간에 안보에 관한 협의를 충실화시킬 필요가 있다. 이미 한국과 미국, 미국과 일본, 중국과 러시아간에는 몇몇 유사한 대화가 이루어져 왔다. 일본과 한국 간에도 종전의 비공식 협의를 공식화하고, 양국 간의 협력은 물론 동아시아와 아시아태평양지역의 다국간의 안보협력, 나아가서 UN의 평화유지 기능

강화 등 바람직한 협력을 검토해 나가야 한다.

4. 역사공동연구 위원회의 설치

역사적 사실에 대한 공통인식을 갖고, 후세에게 올바른 역사관을 전해 주는 일은 양국 관계의 강화에 있어서 불가결한 조건이다. 94년 시작된 한일 평화우호계획을 통하여 선사시대 이래 오랜 관계를 갖고 있는 양국의 역사, 관계사 등에 대한 지원이 강화되고 있음은 주목할 만하다. 이러한 방향으로 가일층의 노력이 필요하다. 이를 위해 역사연구를 중심으로 역사연구공동위원회를 설치하고, 이것을 여하히 교육에 반영시킬 것인지 그 구체적 방안을 검토해야 한다.

5. 2002년 월드컵 공동개최

2002년의 월드컵은 아시아태평양 지역에 있어서 21세기에 처음으로 개최되는 세계적 규모의 행사이다. 따라서 개최 유치를 둘러싸고 한일 양국 간에 격렬한 경쟁이 펼쳐지고 있는데, 이로 인하여 양국에 큰 경제적 부담을 주게 되고 감정적인 응어리를 남길 것마저도 우려되고 있다. 제 3차 한일포럼 참가자들 다수는 월드컵을 가능한 한 한일 양국이 공동사업으로 실시할 수가 있다면, 이것이야말로 새시대 양국의 새로운 협력 관계를 크게 발전시키는 것임을 강조하였다. 이러한 공동주최의 실현에는 실시상의 여러 문제 등 많은 장애가 있을 것으로 인식하나, 이러한 가능성에 대해 쌍방 관계자들이 진지하게 검토할 것을 바라는 바이다.

97년 서울성명은 제주성명을 발전시키는 형태로 구체적인 제안 부분 앞에 '한일관계의 새로운 비전'을 추가하였다. 서울성명에서 제시된 한일관계의 새로운 비전은 1)역사인식에 입각한 미래지향적 관계 강화, 2)국제사회 속의 한일관계, 3)아시아태평양 지역에 있어서의 한일협력 관계의 강화, 4)대북한 관계에 있어서의 한일 협조와 동북아 안보에 있어서의 한일 협력 강화 등 네 가지로 구성되었다.107)

구체적인 제언부분에서는, 서울성명은 제주성명의 기본골격을 유지한 채, 정치인 교류가 추가되었고, 한일 교류추진 합동위원회 설치 제안과 관련해서는 그 활동을 위한 기금을 설치할 것을 추가로 제안하였다. 무엇보다 제주성명에서 불투명하게 표현되었던 대중문화시장의 개방이 구체적으로 언급되며 이를 촉구하였다.[108]

한일포럼이 제시한 포괄적 한일 협력의제의 특징을 살펴보면, 먼저 역사문제를 해결하기 위해 역사공동연구위원회 설치를 제안했다는 점이다. 특히 제주성명 초반에 무라야마 담화에 대해 긍정적으로 평가한 후, 올바른 역사인식 위에서만 미래지향적 한일협력의 구축이 가능하다는 점을 강조했다.[109]

금년(필자: 95년)은 제 2차 세계대전 종결 50주년으로, 일본 국민들에게 있어서는 한국과의 불행한 과거를 되새기게 하고, 한사람, 한사람이 內省을 토대로 역사인식을 새롭게 심화시키는 기회가 되었다. 무라야마 수상은 전후 50주년에 즈음한 담화를 통하여 '식민지 지배와 침략으로 말미암아 많은 나라들, 특히 아시아 각국의 국민들에게 크나큰 손실과 고통을 끼쳤'고 하고, 나아가서 '이 역사적 사실을 겸허하게 받아들이고, 이에 다시 한 번 통절한 반성의 뜻을 표하며 진심으로 사과의 마음을 표명한다'고 하였다. 이것은 일본 국민들 대다수의 솔직한 심정을 표명한 것으로 한국 국민들도 이를 평가하였다.

금년은 또한 한일 국교정상화 30주년에 해당된다. 이 30년은 양국관계가 경제, 정치, 안전보장, 문화교류 등의 분야에서 비약적인 진전을 이룩한 시기였으며, 또한 과거의 기반 위에서 미래지향적 관계를 지향하는 토대가 구축된 시기였다고 할 수 있을 것이다.

역사공동연구에 대한 아이디어는 배재식 한국 측 회장에서 나온 것이었다. 이는 95년 10월 "한일 합방조약은 법적으로 유효하게 체결되어 수립된 것으로 인식하고 있다"는 무라야마 도미이치 수상의 답변, 11월 "일본이 식민지 시대에 한국에 좋은 일도 했다"는 에토 다카미(江藤隆美) 총무청 장관의 망언 등으로 악화된 한일관계를 수습할 수 있는 묘안으로 인식되었던 것이 사실이다(이신철 2009, 378-380).

다음으로 제주성명과 서울성명이 한일 협력의제를 단순한 양자관계 범위에서 상정하지 않고, 아시아태평양지역과 전지구적 규모에서의 한일협력 등 복합적 협력의제를 산출했다는 점이다. 이는 전술했듯이 노태우 정부 시기 91년 1월 발표된 한일 우호협력 3원칙의 정신을 계승하고 있다. 민주화 시기 이후 미래지향적 한일관계 구축을 위한 시대적 흐름을 읽어낼 수 있는 것이다.

세 번째는 한일 대중문화 시장 개방에 대한 필요성을 강조하고 있다는 점이다. 이는 후술하듯 한일의원연맹에서도 비중 있게 다루어진 문제로 한일 간 교류의 비약적 발전을 위한 조치로 해석되어 진다.

마지막으로 한일 안보대화의 필요성을 역설하고 있다는 점이다. 이는 북핵문제로 인한 한반도 위기 상황에서 한일 양국의 안보협력에 대한 필요성이 제고되었기 때문이었다. 특히 미일 신가이드라인이 쟁점이 되었던 96년 한일포럼에서는 한일 안보협력에 대한 논의가 활발히 이루어졌다. 특히 한반도 유사시 미군에 대한 일본의 후방지원, 한국 내 일본인 구출을 위한 자위대 활동 등에 대한 논의가 이루어졌다. 주목할 점은 이 논의 과정에서 미일 신가이드라인에 따라 "한반도의 전쟁발발 시 일본은 한국의 주요 도시에 거주하고 있는 일본인의 소개를 위해 자위대가 한국에 항공기를 파견할 경우 한국 정부와의 사전협의와 동의가 필요하다는데 참석자들이 공감하였다"는 점이다.[110] 97년 9월 한국 정부는 "일본이 우리 영해나 영공에서 군사협력활동을 할 경우에는 사전에 우리 정부의 명시적 동의를 얻도록 해야 한다"는 공식 입장을 취했고, 이는 96년 한일포럼 내에서의 논의와 비슷했다.[111] 물론 한국 정부가 한일포럼의 논의를 얼마나 참조했는지는 알 수 없으나, 한일포럼이 정부 간 대화의 '축소판' 역할을 했다는 점은 확인할 수 있다.

한일포럼의 이러한 미래지향적 비전은 노태우 정부 시기의 한일 21세기 위원회 최종보고서와는 달리, 상당부분 한일 양국 정부에 의해 수용되었다. 월드컵 공동 개최 구상은 후술하듯 한일의원연맹의 적극적 지원활동에 힘입어 실현되었다. 역사공동연구위원회 설치 제안은 95년 11월 한일 외무장관 회담에서 합의되어, 97년 10월 한일 역사연구촉진 공동위원회가 설립되었다. 물론 한국 정부는 공동 연구결과를 교과서에 반영하자는 입장이었고, 일본 정부는 어디까지나 민간의 공동연구에 불과한 것으로 인식하였고 이를 교과서에 반영하는 것에는 소극적이었다. 이러한 일본의 소극적 자세로 인해 지연되던 역사공동연구는 96년 하시모토 류타로 내각이 출범하자 본격화되어, 동년 6월 한일 정상회담에서 재차 역사 공동연구가 합의되었고, 97년이 되어서야 발족되었다(이신철 2009, 379-390).

한일 청소년 교류는 97년 1월 한일 정상회담에서 합의되어 5월 한일 청소년교류포럼이 설치되었다. 양국 간 공동연구는 95년에 한일 공동연구포럼이 결성되어 한일 양국의 학자에 의한 공동연구가 2008년까지 진행되었고 그 성과가 양국에 출판되었다. 한일 안보대화 제언은 97년 한일 외무장관 회담에서 한일 안보대화를 시작하기로 합의하여 실현되었다. 하지만 본격적인 한일 안보대화 및 교류는 김대중 정부시기에 실시되었다. 문화시장 개방, 입국사증 간소화 등은 김대중 정부와 노무현 정부 때 실현되었다.

이렇듯 한일포럼은 포괄적 협력의제 창출 역할을 하였다. 이는 김영삼 정부 시기의 한일관계를 논함에 있어 매우 중요한 변화였다. 권위주의 시기 한일협력 의제를 창출해 왔던 단체는 한일의원연맹과 한일친선협회 및 한일협력위원회였다. 하지만 민주화 이후 이러한 기능을 한일포럼이 담당하게 된 것이다. 물론 후술하듯, 민주화 시기 이후에도 한일의원연맹 또한 한일협력 의제를 만들고 이를 실행해 왔다. 하지만 이는 사안별 협력의제에 불과하고, 한일포럼과 같은 포괄적 한일 협력의제를 창출하지는 못했다.

또한 한일포럼에서 주목해야 할 변화는 각종 현안에 대해 양국 민간 사이의 대화를 통해 미래지향적 해결방안을 모색한 후, 이를 정부 간 협의로 풀어내려고 하는 '민주주의적 방식'이 시도되고 정착되었다는 점이다. 이 과정에서 언론의 지대한 관심으로 한일포럼의 포괄적 협력의제가 국민 여론을 환기시키기도 했다. 권위주의 시기 '권위주의 한국과 자민당의 유착관계'에 의해 한일 협력의제가 국민적 논의 없이 창출되어 시행되었던 것과 비교하면 큰 변화인 것이다. 이렇듯 미래지향적 한일관계의 구축과 한일관계의 민주화가 동시적으로 추구되고 정착되었다는 점은 김영삼 정부 시기의 한일관계를 논함에 있어 중요한 변화인 것이다.

일반적으로 김영삼 정부는 한일관계사에 있어 탈냉전과 국내정치의 변동으로 인한 혼란기 정도로 취급되고 있으며, 이를 수습하고 미래지향적 한일관계의 비전과 구체적 정책을 제시한 것은 김대중 정부 시기 98년 발표된 한일 파트너십 공동선언으로 보는 경향이 강하다. 하지만 이미 살펴본 대로, 한일포럼의 제주성명과 서울성명은 한일 파트너십 공동선언의 전사(前史)로 위치 설정할 수 있을 것이다. 한일의원연맹과 한일친선협회 및 한일경제협회 등 기존 권위주의 시기 비정부교류단체를 포함하여 학계, 언론계, 재계, 관계 인사들을 망라하여 구성된 한일포럼의 논의가 민주화와 탈냉전이라는 거대한 구조변화에 수반하는 새로운 한일관계의 포괄적인 비전을 만들어내었다. 그리고 이러한 새로운 포괄적 제안은 당시 언론의 높은 관심 속에 보도되었고 양국 정부에 의해 상당부분 채택되었다. 그런 의미에서 최소한 한일포럼 성명으로 한일 파트너십 공동선언이 한일 양국에서 수용될 수 있는 분위기가 조성됐다는 평가는 가능할 것이다.

실제 제주성명·서울성명과 한일 파트너십 공동선언은 기이할 정도로 유사하다. 무라야마 담화에 대한 평가에서 시작되는 제주성명과 일본의 식민지 지배에 대한 반성과 사죄로 시작되는 한일 파트너십 공동선언은 올바른 역사인식이 미래지향적 한일관계 구축에 필수불가결하다는 논리를 공유하고 있다. 동시에 한일포럼 성명과 한일 파트너십 공동선언에서 한일협력을 양자간 협력, 지역적 협력, 전지구적 협력으로 구분하는 방식은 기술했듯이 노태우 정부 이후 지속되던 미래지향적 한일협력의 형태구분이었다. 대중문화 개방 등 문화교류, 인적 교류, 경제협력, 안보협력 등 상당한 부분에 있어 한일포럼 성명과 한일 파트너십 공동선언은 동일한 협력의제를 표방하고 있다.

동시에 일본 동경대 박사 출신으로 한일포럼 참가자 중 학계출신으로 유일하게 일본 정치를 전공한 최상용 고려대 교수는 김대중 정부 시기 주일대사를 역임한 바 있다. 또한 참가자 중 조순승 민주당 의원은 김대중 대통령의 외교 브레인 중 한 명이었다. 이들은 한일포럼 성명과 한일 파트너십 공동선언의 상관성을 풀어낼 열쇠일 지도 모른다. 실제 최상용 대사는 한 강연회에서 자신이 한일 파트너십 공동선언 문서작성에 약간 관여했다는 사실을 회고했다(최상용 · 신각수 2014, 27).

물론 한일포럼 성명과 한일 파트너십 공동선언의 직접적 연관관계를 검증하는 것은 외교문서가 공개되지 않는 현재 불가능에 가깝다. 하지만 적어도 한일포럼의 미래지향적 정책제언이 있었기에 한일 파트너십 공동선언이 한일 양국에 수용 가능했다는 점은 쉽게 짐작할 수 있을 것이다. 실제 98년 3월 정권 수립 후 7개월여 만인 10월에 한일 파트너십 공동선언이 가능했던 것은 한일포럼의 포괄적 협력의제가 있었기 때문일 것이다. 기술했듯이, 배재식 한일포럼 회장이 개인적 견해를 전제로 "21세기를 내다보는 새로운 한일관계의 기본틀을 제공해줄 수 있는 방법으로 한일우호협력조약의 체결을 검토할 수 있다"고 주장해왔다는 점을 고려하면, 한일포럼 성명은 배재식 회장의 의도와는 무관하게 한일 파트너십 공동선언으로 꽃을 피웠다고 할 수 있을 것이다.

김영삼 정부 시기는 민주화, 탈냉전, 북핵 문제 등 구조적 변화의 소용돌이 속에서 혼란기를 보냈다. 하지만 당연하게도 혼란기였기에 새로운 한일관계 구축을 위한 모색기이기도 하였다. 새로운 비정부 교류단체를 만들어 미래지향적 한일관계를 구축하기 위한 포괄적 협력의제를 창출하였고 언론보도를 통해 양국 국민 의식을 환기하는 효과를 가져왔다. 또한 양국 정부는 민간에서 협의된 협력의제 상당부분을 채택하는 '민주주의 방식' 혹은 '상향식(down-up) 방식'을 정착시켰다. 그리고 이러한 한일포럼의 포괄적 협력의제는 한일 파트너십 공동선언으로 꽃을 피웠다. '버르장머리' 발언으로 오명을 남기며 한일관계의 '암흑기'로 묘사되던 김영삼 정부에 대한 재평가가 요구되는 이유가 바로 여기에 있는 것이다.

3) 한일 파트너십 공동선언 그 이후

이러한 한일관계의 발전은 98년 10월에 발표된 한일 파트너십 공동선언에 더욱 상징적으로 나타났다. 이 선언은 일본의 과거역사에 대한 사죄, 한국의 전후 일본에 대한 평가에서 시작해서, 정치, 안전보장, 경제 및 문화교류 등 다양한 분야에서 한일협력을 구가하였다. 이 선언은 두 가지 측면에서 한일관계의 전환을 상징적으로 보여주고 있다. 먼저 양국이 아시아태평양 지역협력과 세계적 문제에서 협력할 것을 선언했다는 점이다. 91년 발표된 한일 우호협력 3원칙 또한 그러했듯이, 한일 파트너십 선언도 양자 간 관계를 넘어선 지역문제 및 세계 문제에서의 상호협력을 선언하여 한일관계가 다차원적으로 발전되었음을 보여주었다.

다음으로 이 선언에서는 안전보장에 관한 한일협력이 구가되면서 한일 안보협력의 가능성을 제시했다는 점에서 특이할 만하다. 90년대 이후 냉전의 붕괴와 이로 인한 미국의 존재감 하락으로 한일 사이에서 본격적인 안보교류가 시작되었다. 물론 공동 군사훈련 등 군사협력까지는 진척되지 못하였지만, 냉전기에 비교하면 비약적 발전임에는 틀림없다. 그런 의미에서 한일 파트너십 선언은 이러한 탈냉전 이후 불안정한 아시아 정세를 바탕으로 한일 간 안보협력을 더욱 강화하게 된 계기가 된 것으로 평가할 수 있다. 실제 98년 12월 한국 해군에 의한 북한 잠수정 격침사건 이후, 한국 국방부와 일본 방위청 및 군부 당국자 간의 핫라인이 설치되었다. 동시에 99년 8월에는 한국 해군과 일본 자위대 함정이 동중국해에서 공동 해난구조훈련(SAREX)을 실시하였다(서동만, 2006: 149). 동시에, 95년 3월 설립된 한국에너지 개발기구(KEDO)와 99년 5월 시작된 한미일 대북정책조정감독그룹(TCOG), 6자회담은 한미일 협력과 한일 협력을 다자간으로 제도화하는 중요한 제도적 기반이었다. 더군다나 한일 양국이 동시에 PKO 활동을 하고 있는 동티모르에서 2002년 한일 PKO 협력을 실시하게 된 것은 큰 의미가 있다(서승원 2011; 전진호 2010). 2011년 이후에는 이전에 볼 수 없었던 한일 군사정보 포괄 보호협정과 상호군수지원협정과 같은 구체적 군사협력을 위한 논의가 진척되기도 했다.

이러한 군사협력은 98년 新가이드라인이 책정되면서 주일 미군의 극동지역 전개에 대한 일본의 후방지원을 가능케 했던 '미일동맹의 재정의'와 밀접히 연관되어 있었다. 일본의 군사적 역할이 주일 미군의 후방지원까지 확대되면서 이를 보완할 한일 간의 안보협력, 특히 북한을 둘러싼 한일 안보협력의 필요성이 대두된 것이다.

또한 한미동맹 재정의로 로컬동맹으로써의 한미동맹은 지역동맹 혹은 세계동맹으로 격상되어 주한 미군의 아시아태평양 지역전개가 가능해졌으며 이에 대한 한국군의 지원이 요구되고 있으며, 이에 따라 해외 지역에서의 한일 안보협력의 필요성이 대두되었다(하영선 2006, 29-48). 그런 의미에서 2002년 동티모르에서 한일 PKO 협력, 비록 실패하기 했지만 2011년 논의된 한일 군사정보 포괄 보호협정과 상호군수지원협정은 미일동맹 재정의와 한미동맹 재정의에 따른 한일 안보협력의 강화를 상징적으로 보여준다고 하겠다.

또한 북한을 둘러싼 정치역학도 냉전 시기와는 달리 많은 변화를 보였다. 이전까지 한국은 한국과의 사전협의 없는 북일 관계의 진전에 반대를 해왔으며, 남북관계와 북일관계를 연계시킬 것을 요구해왔다. 하지만 김대중 정권의 등장 이후, 한국은 이러한 요구를 철회하였으며, 오히려 남북관계 및 북미관계와 무관하게 일본과 북한이 관계를 개선하도록 독려해왔다. 결국 2000년 남북 정상회담과 이로 인한 남북관계의 개선은 일본에게 대북접근에의 제약성을 제거해준 것이다. 이후 노무현 정권에서도 기본적으로 김대중 정권의 대북정책이 유지되면서, 더 이상 남북관계가 북일관계와 연동하지 않는 새로운 구도가 나타났다.

이러한 배경 하에 2002년 9월 개최된 북일 정상회담에서 '평양선언'이 채택되었고, 이는 현재까지 북일 관계의 기본 문서로 자리 잡고 있다. 평양선언에는 역사문제 및 현안사항을 포괄적으로 해결하여 북일 국교정상화를 달성해야 한다는 기본 인식이 천명되었다. 2항에서는 식민지 지배에 대한 일본의 반성이 명문화되었으며, 지금까지 문제가 되었던 배상문제를 한일 국교정상화 방식인 '경제협력 방식'으로 해결하기로 합의를 했다. 3항에서는 "일본 국민의 생명과 안전에 관련된 현안문제", 즉 납치문제와 북한 공작선 문제에 대해 북한이 "금후 (다시 이런 것들이) 생기지 않도록 적절한 조치를 취할 것을 확인했다." 또한 4항에서는 "핵문제 및 미사일 문제를 포함한 안전보장 상의 문제에 대해서 관계국 간의 대화를 촉진하여 문제해결을 추구할 필요성을 확인했다." 이 처럼 평양선언은 북일 국교정상화 교섭에 있어 걸림돌이 되었던, 역사문제, 배상문제, 납치문제, 핵·미사일 문제를 포괄적으로 해결하여 북일 국교정상화를 달성한다는 비전을 제시한 것으로 큰 의미가 있다. 특히 김정일은 납치문제에 대해 솔직히 인정하고 재발방지를 약속함으로써 큰 진전을 보였다.

동시에 한일 협력 강화는 98년 11월 한일 FTA에 대한 공동연구가 시작되며 더욱 가시화되었다. 물론 2003년 12월부터 시작된 한일 FTA 교섭이 난항을 겪고 있지만, 경제공동체를 향한 한일 양국의 기본적 자세에는 큰 변함이 없었다. 동시에 2002년 '한류'를 계기로 한일 민간 및 문화 교류가 활발해지면서, 한일 관계가 다층적으로 발전하고 있다. 아시아 지역주의에 있어서도 한일 양국은 아시아·태평양경제협력체(APEC), ASEAN+3(ASEAN Plus Three, APT), 동아시아 정상회담(EAS), 한중일 정상회담 등 다방면에서 협력을 제고하고 있다. 환경문제 및 핵안전 문제 등 세계적 문제에서도 한일 협력은 더욱 가시화되었다.

한국의 민주화와 경제발전은 한일 양국이 민주주의와 시장경제를 공유하는 가치공동체라는 인식을 확장시켜갔다. 한일 양국은 이러한 가치공동체를 기반으로 양자관계 뿐만 아니라 아시아 지역 더 나아가 전세계에서의 한일 협력관계, 그동안 터부시되었던 안보협력 및 대중문화 개방 등 다방면에서의 한일협력관계를 구축하기 위한 노력을 전개해갔다. 이른바 '신시대 한일관계의 구축'은 90년대의 시대적 사명이었던 것이다.

이러한 가치공동체의 발전은 역사문제에 대해 진일보한 진전을 가져왔다. 일본은 식민지 지배에 대한 사죄와 반성을 명확한 형태로 표명하였고, 이를 기반으로 일본의 책임이 여전히 남아있다는 것을 인정하고 현안의 역사문제(한인 원폭피해자 문제, 사할린 잔류 한국인 문제, 일본군위안부 문제 등)에 성의를 가지고 적극적으로 대처하는 형태로 나타났다. 또한 가치

공동체의 발전은 독도문제에 있어서도 진전을 가져왔다. 98년 한일 新어업 협정에서 독도 영유권 문제를 협상 테마에서 제외하고 독도 주변을 '잠정수역'으로 책정하여, 60년대 한일회담 시의 독도문제에 대한 잠정적 타결방식을 그대로 차용하였다.

물론 이러한 역사문제 관리 노력은 일본 정부의 심화된 역사인식을 무효화시키고자 했던 일본 보수세력의 망언, 도의적 책임에 너무나 집착했던 일본 정부의 경직성, 민주화 이후 태생기를 맞이했던 한국 시민사회의 원칙성이 상호 작용하면서 마찰을 빚었던 것은 사실이다. 그러나 신시대 한일관계 구축을 위한 거대한 흐름 속에 역사영토문제에 있어 작지만 의미있는 변화가 나타났다는 것은 부인하기 힘들 것이다.

이러한 가치공동체 인식을 바탕으로 역사영토문제를 관리하며 미래지향적 한일관계를 구축하려는 노력은 98년 한일 파트너십 공동선언(김대중-오부치 선언)으로 그 모습이 명확해졌다. 그리고 이러한 한일 파트너십 공동선언은 95년에서 97년 사이의 한일갈등 속에서 예비되었음을 놓쳐서는 안된다. 갈등 속에서도 한일 정책커뮤니티의 적극적인 역할로 미래지향적 한일관계 비전에 대한 공감대를 형성해갔고, 98년 그 빛을 보게 된 것이다. 갈등이 미래의 협력을 잉태하는 모체가 되었다는 점을 우리는 간과해서는 안되는 것이다.

이후 한일관계는 약간의 기복이 존재했지만, 한일 월드컵 공동개최 및 한류 등으로 역사상 최고의 관계로 발전해갔다. 무엇보다 냉전 시기와 달리 큰 진전을 이룬 분야는 한일 안보협력이었다. 90년대 이후 냉전의 붕괴와 이로 인한 미국의 존재감 하락으로 한일 사이에서 본격적인 안보교류가 시작되었다. 물론 공동 군사훈련 등 군사협력까지는 진척되지 못하였지만, 냉전기에 비교하면 비약적 발전임에는 틀림없다. 이러한 군사협력은 98년 新가이드라인이 책정되면서 주일 미군의 극동지역 전개에 대한 일본의 후방지원을 가능케 했던 '미일동맹의 재정의'와 밀접히 연관되어 있었다. 일본의 군사적 역할이 주일 미군의 후방지원까지 확대되면서 이를 보완할 한일 간의 안보협력, 특히 북한을 둘러싼 한일 안보협력의 필요성이 대두된 것이다. 또한 한미동맹 재정의로 로컬동맹으로써의 한미동맹은 지역동맹 혹은 세계동맹으로 격상되어 주한 미군의 아시아태평양 지역전개가 가능해졌으며 이에 대한 한국군의 지원이 요구되고 있으며, 이에 따라 해외 지역에서의 한일 안보협력의 필요성이 대두되었다. 또한 북한을 둘러싼 정치역학도 냉전 시기와는 달리 많은 변화를 보였다. 이전까지 한국은 한국과의 사전협의 없는 북일 관계의 진전에 반대를 해왔으며, 남북관계와 북일 관계를 연계시킬 것을 요구해왔다. 하지만 김대중 정권의 등장 이후, 한국은 이러한 요구를 철회하였으며, 오히려 남북관계 및 북미관계와 무관하게 일본과 북한이 관계를 개선하도록 독려해왔다.

〈표 7〉 탈냉전 시대 한일관계의 구도

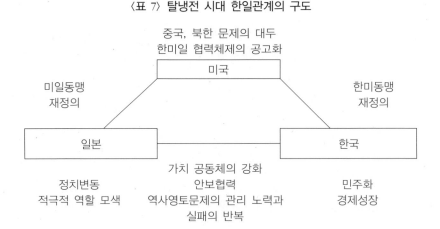

제5장_ 동아시아 권력지형의 변화와 한일관계의 동요

1. 중국의 대두와 한일관계

1) 중국의 대두와 동북아 다자관계

21세기 아시아의 세력균형은 크게 변화하였다. 21세기 중국은 경제력 및 군사력을 급격히 증대시켜 그 존재감이 제고되고 있다. 물론 중국의 대두는 90년대 이후 동아시아 질서 변화의 중요한 요인이었으나 2002년 국제무역기구(WTO) 가입 이후 중국의 존재감이 더욱 두드러지게 제고되었다. 이른바 아시아 지역에 있어 미중 양강체제인 'G2 시대'의 도래를 알린 것이다. 반면 일본은 '잃어버린 20년'을 통해 그 존재감이 쇠퇴하고 있다. 2011년 동일본 대지진은 이러한 권력 전환을 가장 상징적으로 보여주었다고 볼 수 있다(조양현 2011).

특히 이러한 세력전이는 2008년 글로벌 금융위기 이후 급격히 가속화되고 있다는 사실은 이하의 중국과 일본의 2008년 이후 GDP 성장률에서도 확인되고 있다. 일본은 2008년 글로벌 금융위의 여파로 마이너스 경제성장으로 전락한 반면, 중국은 9-10% 대의 경제성장을 유지하며, 급기야 2010년 중국은 일본을 누르고 세계 제 2위의 경제대국으로 성장하였다.

〈표 8〉 중국과 일본의 GDP 성장률 추이

	2005	2006	2007	2008	2009	2010	2011
중국	11	13	14	10	9	10	9
일본	1	2	2	-1	-6	4	-1

* World Bank 자료를 바탕으로 필자가 작성.

이와 더불어 중국의 국방비 또한 급속히 증가하여, 2004년 일본의 국방비를 추월하였고 2008년 이후에는 두 배의 격차를 보이며 그 격차는 커지고 있다. 반면 일본의 국방비는 2008년까지 조금씩 감소하다, 2009년 이후 조금씩 증가하는데 머물고 있다. 이러한 중국의 국방비 증가와 더불어, 2009년부터 '제 1 열도선'을 넘어 태평양 지역까지 중국 해군의 해상활동이 확대되면서 동아시아 지역의 중요 현안이 되고 있다.

〈표 9〉 중국과 일본의 국방비 지출 및 GDP 비율

		2005	2006	2007	2008	2009	2010	2011
중국	총액 (US$ m.)	64,726	76,065	87,730	96,663	116,666	121,064	129,272
	GDP 비율	2	2	2.1	2	2.2	2.1	
일본	총액 (US$ m.)	55,330	54,637	53,885	53,159	54,339	54,641	54,529
	GDP 비율	1	1	0.9	0.9	1	1	

* 스톡홀름국제평화문제연구소 (SIPRI) 자료를 바탕으로 필자가 작성.

중국의 대두와 2010년 일련의 사건으로 오바마 정부 초기에 대두되었던 'G2론' 혹은 '미중 공동관리론(condominium)'이 퇴조하면서 새로운 대중정책으로의 전환이 전개되고 있다(東京財団 2011.5). 2011년 11월 오바마(Barack H. Obama) 대통령이 아태지역 순방 시에 '아시아로의 복귀(Returen to Asia)'와 아태 중심(Asia-Pacific Pivot) 전략을 표방한 것은 이러한 배경 때문이었다. 또한 동년 9월 공화당과 민주당이 3,500억 달러의 국방비를 삭감하는데 합의함에 따라 국방정책의 '선택과 집중'이 불가피해졌고 아시아태평양 지역을 우선시 하는 국방정책의 전환이 가시화되었다. 미 국방부는 2012년 1월, ① 기존의 두 개 지역에서의 승리 전략(Win-Win 전략)의 폐기 및 한 개 지역에서의 완전한 승리와 다른 지역에서의 상대방 승리 거부 전략(Win+ 전략)으로의 전환, ② 미국의 접근을 거부하는 국가의 전략에 대한 군사력 투사(Project Power Despite Anti-Access(A2)/Area Denial(AD) Challenges)를 핵심 내용으로 하는 새로운 국방전략지침(Defense Strategic Guidance)을 발표하였다. 미국의 접근을 거부하는 전략을 취하고 있는 나라가 중국이라는 점에서 신국방전략은 명백히 중국을 의식한 것으로 해석되고 있다(김열수 2012).

따라서 미국의 국방정책은 기존의 아태지역 동맹국에게 더욱 적극적인 안보 분담을 요구하면서 '중심축과 바퀴살'(hub and spoke) 구조를 강화할 것으로 예측되고 있다. 동시에 아태 지역 동맹국 사이의 파트너십 구축을 통해 이를 보완하려는 '중심축과 네트워크 시스템'(hub and network)으로의 전환이 예상되고 있다.

실제 미국은 한미일 삼각관계의 강화를 비롯해서 미일호 삼각관계의 강화 등을 추진하고 있다. 후술하듯, 한미 및 미일 양자 군사훈련, 한미일 다자간 군사훈련의 범위와 규모가 증가했다. 또한 2011년 7월 23일 한미일 외무장관 회담에서는 "미일 간, 한미 간 동맹, 그리고 한일 간의 파트너쉽이 아시아에 있어 평화와 안정의 유지에 불가결하다고 인식했다"는 성명서를 발표하면서 북한 문제뿐만 아니라, 핵·비확산, 국제 인권, 개발협력, 아프가니스탄 지원 문제 등 국제문제에 있어 한미일이 긴밀히 협력할 것을 표명했다. 동시에 "(한미일) 삼국 협력의 진전이 중요하다는 인식에 기초하여, 삼국 회담을 촉진하고 공동의 대응을 기획하고 폭넓은 문제에 삼국의 관여를 제고하기 위해, 삼국에 의한 사무국의 설치를 모색하는데 일치한다"고 표명하며 한미일 삼각관계의 제도화를 모색했다.112) 2012년 7월 12일 한미일 외무장관 회담에서는 "워싱턴에 거점을 둔 실무 레벨의 운영그룹을 설치할 것"에 합의하며 제도화가 진척되고 있다.113) 실제 한미일 외무장관 회담은 이전까지 비정기적으로 이루어졌으며 공동성명서 또한 거의 발표되지 않았지만, 2010년 이후 매년 개최되고 있으며 공동성명서를 발표하면서 결속을 강화하고 있다.

특히 2012년 7월 개최된 한미일 외무장관 회담은 중요한 함의성을 가진다. 2010년과 2011년 개최된 한미일 외무장관 회담은 북한 문제, 핵·비확산, 국제 인권, 개발협력, 아프가니스탄 지원 문제가 의제였던 반면, 2012년 회담의 경우 북한 문제의 경우, 인권문제가 포함되면서 더욱 포괄적 논의가 이루어졌다. 동시에 남중국해 문제에 대해서는 "국제법 및 남중국해에 관한 행동선언(DOC)의 정신에 입각한 ASEAN중국 간 행동규범(CCC)의 발전"을 촉구하며 남중국해 해양영토문제가 논의되었다. 이는 전술한 미국 국방정책의 전환에 수반해서, 한미일 협력체제가 명백히 중국을 의식하고 있다는 점을 보여주고 있다. 이와 더불어 시리아 문제, 중동 및 북아프리카 민주화 문제, 이란 핵문제 등 전세계적인 문제가 포함되어 한미일 협력체제가 의제 면에서도 질적인 성장을 보이고 있다.114)

반면, 한중일 협력체제는 제도화 수준과 그 협의 주제의 광범위성을 고려하면 한미일 협력체제보다 더욱 충실히 발전하고 있다. 99년 이후 ASEAN+3(ASEAN Plus Three, APT) 개최 시 이루어졌던 한중일 정상회담은 2008년부터 APT와는 별도로 한중일 삼국을 개최하기 시작하면서 협력을 가속화했다. 한중일 협력체제 내에는 정상회담과 더불어 외무장관 회담, 경제장관 회담, 재무장관 회담 등 10여개의 장관급 회담이 개최되며, 한중일 비즈니스 포럼, 한중일 문화교류 포럼 등 트랙 투(track two) 회담도 개최되는 등 그 제도화 수준은 한미일 협력체제를 능가하고 있다. 동시에 2011년 한국에 사무국이 설치되면서 제도화가 진척되었다. 한중일 협력체제의 논의 주제 또한 북한 문제 등 지역안보 문제는 물론 무역투자, 환경, 에너지, 인적 문화교류, 해양협력 등 광범위하게 포진되어 있다.

이러한 한중일 협력체제의 발전은 중국의 선별적 다자주의(selective multilateralism) 외교와 무관하지 않다. 즉 중국은 아시아 다자주의 중 미국의 영향력이 강한 아시아태평양 경제협력 각료회의(APEC) 등에 있어서는 소극적 자세로 임하는 반면, 미국의 영향에서 비교적 자유로운 APT, 상하이 협력기구(SCO), 아시아 협력대화(ACD) 등에 대해 적극적인 자세를 취하는 선택적 다자주의 정책을 보이고 있다(Moore 2007, 45; Kuik 2008, 120-121). 중국은 한중일 협력체제가 이러한 중국의 정책에 부합하는 다자주의 제도이기에 상대적으로 적극적 자세를 취하고 있으며, 한국과 일본의 적극적 정책과 호응하며 한중일 협력체제가 발전해오고 있다.

이렇듯 2000년대 이후 동북아시아를 둘러싼 정치지형은 전통적 안보 측면에서는 한미일 협력체제, 비전통적 안보 측면에서는 한중일 협력체제가 동시적으로 발전하면서 제도화되어 가고 있다. 공교롭게도 두 협력체제에 한국과 일본은 동시에 가입하고 있다. 따라서 한일관계의 핵심 의제들이 한미일 협력체제, 한중일 협력체제와 연동하며 양자의 틀 속에 용해되어 가는 것은 자연스런 현상일 것이다.

그런 면에서 최근의 한일관계는 다음과 같은 세 가지 특징을 보이고 있다. 먼저 한일관계는 북한문제 및 안보협력 등 전통적 안보에 대해서는 한미일 협력체제의 틀 속에 전개되고 있다. 미국의 국방전략이 기존의 동맹

뿐만 아니라, 동맹국 사이의 파트너십을 구축하는 방향으로 전환되면서 북한 문제를 포함하는 한일 양국의 안보 관련 이슈는 미국과의 연계성 속에서 논의되어 가고 있는 것이다.

두 번째 경향으로, 핵안전, 환경문제 등 비전통적 안보 및 인적 교류 등의 문제는 한중일 협력체제의 틀 속에 전개되고 있다. 한중일 협력체제의 제도화 수준이 높아지고 논의 주제들이 다양해지면서 이들 주제들이 한일 관계에 반영되고 있거나, 한일 양국이 주도하여 한중일 협력체제의 의제들을 설정해가는 형태로 한중일 협력체제와 한일 관계가 중첩되어 가고 있는 것이다.

마지막으로 한일 양자 문제가 한미일 협력체제 및 한중일 협력체제로 흡수되면서 한일 양자 문제로써 역사문제가 더욱 두드러지게 나타나는 경향을 보이고 있다. 역사문제를 관리하고자 하는 양국의 노력이 전개되는 반면, 갈등 또한 주기적으로 반복되고 있다. 그리고 이러한 역사문제를 둘러싼 갈등이 한미일 협력체제와 한중일 협력체제에 있어 한일 파트너십에도 악영향을 미치고 있다. 이하에서는 이러한 세 가지 경향을 구체적으로 살펴보고자 한다.

2) 역사영토문제 관리의 시도와 실패

2000년대 특히 2010년대 중국은 경제력 및 군사력을 급격히 증대시켜 그 존재감이 제고되고 있다. 이른바 아시아 지역에 있어 미중 양강체제인 'G2 시대'의 도래를 알린 것이다. 물론 중국의 대두는 90년대 이후 동아시아 질서 변화의 중요한 요인이었으나 2002년 국제무역기구(WTO) 가입 이후 중국의 존재감이 두드러지게 제고되면서 'G2 시대' 개념이 대두되었다. 반면 일본은 '잃어버린 20년'을 통해 그 존재감이 쇠퇴하고 있다. 중국의 대두와 일본의 쇠퇴로 인한 아시아 세력균형의 변화로 포스트 탈냉전 시대에 접어든 것이다. 이에 한국, 일본, 미국 포스트 탈냉전 시대를 전제로 국가전략을 재편해야 하는 시점에 이르렀다.

이러한 새로운 시대의 도래는 일본 외교에 거대한 도전이 되었다. 특히 2009년 역사적 정권교체로 수립된 민주당 정부는 과거 자민당과는 다른 국가전략을 제시할 필요가 있었다. 결국 민주당 정부의 출현은 포스트 탈냉전 시대의 새로운 국가전략을 모색해야 하는 시점과 중첩되었으며, 이러한 외교전략의 재편은 이하에 설명하는 두 가지 접근방식으로 나타났다.

민주당은 자민당의 외교 전략을 비판하며 정권교체를 이루었다. 따라서 자민당이 미일 동맹에 절대적으로 의존하는 수동적 외교에 함몰되었다며 비판을 가하던 민주당에 있어 미국과의 관계 조정은 그 존재근거이기도 하였다. 하토야마 유키오(鳩山由紀夫)의 '우애 외교'는 이러한 사정을 잘 보여준다. 하토야마는 미국의 일방주의적 외교전략과 더불어 중국의 무책임한 대국화, 이 양자를 거부하며 일본의 생존전략을 찾고자 하였다. "계속 패권국가의 지위를 유지하려고 분투하는 미국과 패권국가가 되고자 기도하는 중국의 틈에서 일본은 어떻게 정치적 경제적 자립을 유지하면서 국익을 지켜갈 것인가", 이것이 하토야마의 근본적 문제제기였던 것이다(鳩山由紀夫 2009). 물론 이 전략은 미일관계뿐만 아니라 중일관계마저 상대화시키는 전략이었으나 정책적으로는 미일관계의 재조정에 머물렀다. 실제 하토야마 정부의 대중 정책은 매우 적극적인 것이었다. 반면, 민주당은 매니페스토에 "대등한 미일관계"를 외치며, 미일 행정협정의 개정, 후텐마 기지 이전, 배려예산의 조정을 주요 정책으로 제시했으며, 이러한 문제로 미국과 마찰을 빚었다(박영준 2009; 김성철 2009).

이러한 전략 속에 하토야마는 미중 양강체제에 직면한 다른 아시아 중소 규모 국가들을 언급하며, 상호 협력을 강조하였다(鳩山由紀夫 2009).

이것은 일본뿐만 아니라 아시아의 중소 규모 국가도 같이 고민하고 있는 부분이기도 하다. 이 지역의 안정을 위해서 미국의 군사력이 효율적으로 작동하기를 바라지만 미국의 정치적, 경제적 방종은 가능한 한 억제하고 싶다. 또한 바로 눈앞에 펼쳐지는 중국의 군사적 위협은 감소시키면서 그 거대화 하고 있는 경제활동의 질서를 도모하고자 하는 것은 이 지역의 모든 국가들의 거의 본능적인 요청일 것이다. 그것은 지역적 통합(동아시아공동체-필자 삽입)을 가속시키는 큰 요인이 되기도 하고 있다.

　하토야마 수상의 중요한 정책이었던 동아시아공동체 추진에 있어, 같은 문제의식을 공유하고 있는 일본과 아시아 중소규모 국가를 주요한 추진체로 인식하였던 이러한 주장은 매우 중요하다. 미중 양강체제에 직면한 아시아 중소규모 국가와 일본의 문제의식을 일체화시키고, 이들 간의 협력으로 양 대국의 잠재적 위협을 제거하고자 하는 외교전략은 기실 한국과의 협력 강화 노선으로 발전될 여지가 존재하기 때문이다. 아시아 중소규모 국가 중 상당한 국력을 소유하면서 일본과 가치 공동체를 구축해 오고 있었던 국가는 한국이었기 때문이다.

　하토야마 수상의 첫 해외 방문지가 한국이었다는 사실은 이 사실을 더욱 명확히 보여주고 있다. 2009년 10월 한일 정상회담에서는 미래지향적 한일 관계를 구축하기 위해 노력하기로 하고, 북한 문제, 기후변화 문제, 동아시아공동체 구상에서의 협력을 합의하였다. 공동 기자회견에서 하토야마 수상은 "일한 양국은 가치관을 공유하는 중요한 인접국이며, 아시아 외교의 핵심이 되고 있다. 더욱 많은 분야에서 협력을 심화시켜 동아시아 공동체 구상의 실현에 한 발 더 가까이 가는 것이 가능하다고 생각한다"며 한일관계의 중요성을 역설하였다.[115] 이는 한일 가치공동체의 발전 가능성을 인식하며, 한일관계를 다차원적으로 발전시키려는 노력으로 인식되었다(이숙종·이원덕 2009).

하지만 하토야마 정부는 후텐마 기지 이전 문제에 있어 정치 리더십 부재로 인해 막을 고하게 된다. 동시에 아시아 국제정세 또한 변화하기 시작했다. 2010년은 중국이 일본을 누르고 GDP에서 세계 제 2위로 부상함으로써 국제질서에 있어 중국의 위상을 보여주는 해였다. 특히 2010년의 천안함 사건, 연평도 사건, 중일 센카쿠 열도 분쟁은 아시아 질서에서 중국 문제를 더욱 부각시켰다.

무엇보다 2010년의 제 사건은 일본과 한국의 대중인식을 전환시켜 '현실주의적 중국관'이 확산되는 계기가 되었다. 한국과 일본 모두 '낭만주의적 중국관'이 일정 정도 존재하는 것이 사실이다. 이는 유교·한자 등 문명의 근원에 대한 동경에 기인할 것이다. 하지만 2010년의 제 사건은 자국 안보 혹은 외교에 있어 중국의 존재를 현실주의적으로 사고할 수 있는 계기가 되었던 것이다.

또한 위 사건은 미국의 대중 인식을 전환시켜 적극적인 아시아 개입정책으로의 전환을 유도하였다. 먼저 천안함 사건과 연평도 사건에 있어 중국의 태도는 북한을 고립시키지 않는 것이었으며, 이는 중국이 북한의 핵개발과 모험주의를 억제하기 위해 진정성 있게 북한을 설득하고 압력을 행사할 의사가 있는지 미국의 의구심을 증폭시켰다. 결국 한미 양국은 공동 군사훈련이라는 강도 높은 행동으로 대응했으며, 중국은 서해에서의 공동 훈련에 강력 반발하며 미중관계가 긴장되었다.

특히, 중일 센카쿠 열도 분쟁은 중요한 전환점을 형성했다. 이 분쟁의 특징은 갈등 해결 수단이 극단화되었다는 점이다. 중국은 WTO 규정에 위반하는 희귀 지하자원의 대일 수출을 제한함으로써 일본에 압박을 시도했으며, 일본의 대중 수출에 대한 통관 절차의 엄격화 등을 이용해 일본 기업의 대중 수출에 차질을 불러왔다. 동시에 군사시설 촬영을 이유로 일본인 4명을 구속함으로써 일본의 중국인 선원 구속과 동일한 대항수단을 행사하였다. 이러한 중국의 '과잉대응'은 중국 해군의 태평양 지역 해상활동과 연계되며 미국의 우려를 증폭시켰으며, 미국의 적극적인 아시아 개입을 불러왔다. 미국은 영토분쟁에 대한 기존의 중립적인 태도에서 벗어나, 센카쿠 열도뿐만 아니라 남중국해 해양영토분쟁에 적극적인 개입 의사를 표명했다.

이러한 상황 속에서 새로 수립된 간 나오토(菅直人) 정권의 외교전략은 '대등한 미일관계' 정책에서 이탈하여 미일동맹을 공고화하는 방향으로 전환되었다. 동시에 미일동맹을 보완하는 의미에서 가치관을 공유하는 국가와의 협력관계를 심화시키려 하였다. 이 과정에서 한미일 협력체제의 필요성에 대한 인식이 제고되었다. 실제 마에하라 세이지(前原誠司) 외상은 한국 매일경제신문과의 2011년 1월 인터뷰에서 "북한의 무력 도발 가능성과 중국·인도 등 신흥국가의 급부상으로 새해 국제정세가 큰 변화를 맞이할 것"이라고 전제하고 한·일 양국 간의 안보 분야 제휴를 공식적으로 제안했다. 마에하라 외상은 "새해 일본 외교의 최대 현안 중 하나는 인접국과 군건한 안전보장체제를 구축하는 것"이라고 말했다.116) 이는 2010년 12월 17일, 각의 결정된 '2011년도 이후에 관련된 방위계획의 대강에 대해서'에서 "미국의 동맹국이며, 일본과 기본적 가치 및 안전보장 상의 많은 이익을 공유하는 한국과 호주와 양자간 혹은 미국을 포함한 다자간의 협력을 강화한다"는 방침의 연장선에서 나온 발언이다.117) 이는 일본 정부가 중국을 의식하며 미일동맹 강화 노선을 취할 지라도 그 속에서 한일관계에 높은 전략적 가치를 부여하고 있다는 사실을 보여준다.

결국 미중 양강체제 시대, 일본의 선택은 요시다 노선에 대한 반성 위에 미일 동맹을 상대화하며 미중 경쟁 속에 존재감을 상실해가고 있는 일본이 한국 등 다른 아시아 국가와의 연대를 강화하여 그 존재감을 제고하는 방향, 이질 국가 중국에 대한 위협을 전제로 동질 국가 미국, 한국, 호주와의 관계강화를 통해 이를 해소하는 방향, 두 가지의 정책지향성('두 개의 일본')으로 표출되었다. 그런 측면에서 '두 개의 일본'은 기존 연구에서 탈냉전 이후 일본 외교의 두 가지 갈래를 설명한 '아시아 주의'와 '미일동맹 우선주의'와 그 맥을 같이 하고 있다(진창수 2008; 渡邊昭夫 1992).

주목해야 할 것은 민주당 정부에서 나타난 '두 개의 일본'에는 기존의 아시아 주의, 미일동맹 우선주의와는 다른 측면이 내포되어 있다는 점이다. '아시아 주의'는 미일동맹을 상대화하여 전향적 역사인식 등을 바탕으로 아시아 국가와의 유대관계를 강화하려는 외교적 전략 속에서 대중 관계가 가장 중요한 전략적 위치를 점유하고 있었다. 기실 아시아 주의는 적극적인 대중 정책의 다른 이름이었다. 그러나 미중 양강체제를 배경으로 하는 일본의 새로운 외교전략은 미중 양 대국 사이에서 일본의 자립과 존재감을 유지하기 위해 일본과 비슷한 문제의식을 가지고 있는 한국 및 아세안 등 아시아 중급국가와의 협력관계를 중시하고 있다는 점에서 중요한 차이점이 내포되어 있다.

또한 기존의 '미일동맹 우선주의'는 고이즈미 정권 시기에서 잘 들어나듯, 미일동맹을 우선하는 결과 한국을 포함한 아시아 국가와의 관계가 소홀하게 되어 종종 마찰을 일으키곤 했다. 하지만 미중 양강체제를 배경으로 하는 일본 외교에서는 미일동맹뿐만 아니라, 이를 보완할 한일관계에 높은 전략적 가치를 부여하고 있다는 점에 있어 중요한 차이점을 보이고 있다. 그만큼 중국의 대두로 인해, 아시아 내부의 동질국가인 한국 및 호주와의 협력이 미일동맹만큼 중요하게 된 것이다. 이렇듯 '두 개의 일본' 어느 경우든 한일관계의 전략적 가치가 높게 평가되고 있다는 사실은 주목할 필요가 있으며, 한일관계에 긍정적 영향을 미치고 있다.

이렇듯 2010년대 동아시아 세력변화 과정에서 나타난 민주당의 외교전략은 한국을 중시하는 형태로 나타났고, 이에 따라 민주당 정부의 역사문제에 대한 정책은 매우 전향적인 형태로 나타났다. 무엇보다 2010년 8월 10일 발표된 간 나오토 수상 담화는 진일보한 역사인식을 보여주었다. 이 성명은 "한국인의 뜻에 반하여 이루어진 식민지 지배"라는 표현을 사용함으로써, 한일합병의 강제성을 처음으로 인정하였다. 동시에 "조선 왕실의궤 등 한반도에서 유래한 귀중한 도서"를 한국에 돌려주기로 하는 등 구체적인 실천공약이 제시되었다. 물론 한국 내에서는 성명 발표날짜가 합병조약을 체결한 22일이나 병합을 선언한 29일이 아니었다는 점, 한일합병의 불법성을 얘기하지 않은 점, 문화재의 반환 대신 양도라는 표현을 사용한 점에서 불만이 제기되기도 했다. 하지만 한일관계를 중시하는 민주당 지도부의 전향적 역사정책이었다는 측면에서 긍정적 평가를 받은 것도 사실이다(진창수 2010).

동시에 과거청산과 밀접한 관련이 있는 재일 한국인의 지방참정권 부여 법안에 적극적 자세를 보였으며, 일본군위안부를 비롯한 강제동원 피해자들에 대한 전후보상 문제에 관해서도 전향적인 자세를 언급하기도 했다. 실제 2010년 7월 센코쿠 요시토(仙谷由人) 관방장관은 한일 기본조약으로 개인 청구권 문제가 완전히 최종적으로 해결되었다고 하지만, "그것만으로 충분한지" 반문하며 개인 청구권 문제에 전향적인 자세를 표명했다.[118] 물론 이것들은 실현되지 않았지만 과거 자민당 정권과는 다른 매우 전향적인 자세를 보여줬다는 면에서, 역사문제가 한일관계를 악화시키지 않도록 관리하는 민주당 정부의 적극적인 노력이 엿보이는 것이었다.

물론 2009년 12월, 고등학교 학습지도요령 해설서에 독도는 일본 영토라는 문구 삽입을 둘러싼 분쟁이 있어 한일관계를 긴장시켰다. 하지만 일본 정부는 최종적으로 "(고유영토인) 북방영토와 마찬가지로 우리나라의 영토 영역에 관해 이해를 심화시키는 것도 필요하다"는 문구를 채택했다. "다케시마(竹島)는 일본의 고유영토"라는 문구를 기술하지 않음으로써 한국을 배려한 것이다.[119] 당시 한국에서는 이를 비판하는 보도가 많았지만, 한일관계에 대한 민주당 지도부의 애정과 배려를 평가하는 듯 큰 문제가 되지는 않았다.

무엇보다 민주당 정부 하의 역사문제에 대한 정책은 기존 역사마찰의 '학습효과'에 의해 역사문제가 정치쟁점화 되지 않도록 자제하는 기본적인 룰이 정착시켜 가고 있다는 점에서 특기할만하다. 즉, 각료는 식민지 지배를 정당화하거나 무라야마 담화 등을 부정하는 발언을 하지 않으며, 야스쿠니 신사에 참배하지 않으며, 독도 등에 있어 세심한 발언을 통해 한국 국민감정을 배려한다는 점이 조금씩 제도화되어 가고 있다는 점에서 긍정적으로 평가할 수 있다.

실제, 민주당 정부 하에서 각료를 비롯한 주요 정치인의 '망언'에 의한 정치문제화 현상은 없었다. 동시에 민주당 정부의 각료가 야스쿠니 신사에 참배하여 한일 및 한중 관계를 악화시킨 적도 없었다. 또한 독도 등 민감한 문제에 대해서는 "독도는 일본의 고유 영토"라는 한국 국민 감정을 극도로 악화시키는 발언을 피하고, "일본 정부의 기본 방침에 변함이 없다(2010년 4월 하토야마 수상 발언)", "독도문제가 한일관계에 악영향을 미치지 않도록 양국 정부가 노력해나갈 필요가 있다고 생각한다(2010년 2월 오카다 카츠야(岡田克也) 외상 발언)" 등 우회적이며 세심한 발언을 하였다.[120] 또한 2011년 3월 4일 참의원 예산위원회에서는 독도문제에 대한 토론 과정에서 야당의 보수의원이 "일본 영토인 다케시마를 한국 정부가 불법점거 하고 있다"라는 표현을 사용하도록 압력을 가했지만, 마에하라 외상은 '불법점거'라는 단어를 끝내 사용하지 않았다. 전임자인 오카다 외상 또한 야당 보수의원의 압력에도 불구하고 '불법점거'라는 단어를 사용하지 않았다. 이는 독도문제가 전략적 가치가 높은 한일관계를 악화시키지 않도록 배려하겠다는 민주당 정부의 독도정책을 명확히 보여주는 것이었다.

이렇듯 민주당 정부 하에서 '역사문제의 관리' 정책이 나름대로 정착되어 가고 있었다. 하지만 2010년 7월 참의원 선거의 패배로 '분점국회'가 출현하면서 민주당의 권력기반이 약해졌다. 동시에 2011년 3월 동일본 대지진 이후 일본 사회가 보수화되어 가고 있는 상황 속에서 역사문제를 관리하고자하는 일본 정부의 리더십이 발휘되기 힘든 구조가 되면서 역사문제는 한일관계를 긴장시켰다.

대표적인 것은 2011년 3월 31일 일본 교과서 검증결과 발표였다. 일본 문부성은 "다케시마는 일본 고유의 영토이다", "한국이 불법점거하고 있다"는 내용이 실린 교과서를 검증통과시킴으로써 한일관계가 악화되었다. 이 과정에서 민주당의 정치적 리더십은 실종되었다. 물론 대지진 복구 및 방사능 관리에 여념이 없다는 핑계가 없는 것은 아니었다. 하지만 복구를 위해 주변국의 도움이 절실할 때, 무엇보다 한국의 일본 돕기 운동으로 한일 관계의 새로운 가능성이 회자되고 있던 때, 검증결과 발표를 연기하거나 내용의 수정을 통해 한국을 배려하려는 민주당의 정치적 리더십이 보이지 않았다는 것은 큰 문제였다. 앞에서 언급한 2009년 12월 고등학교 학습지도요령 해설서 사례에서, 일본 정부가 적극적 리더십을 바탕으로 해설서에 "다케시마는 일본의 고유영토"라는 문구를 삭제하는데 성공하여 한일관계에 대한 부정적 영향을 최소한 것과는 대조되는 사항이었다.

역사관리 정책에 있어 일본 정부의 리더십 부재는 일본 국회의원의 울릉도 방문을 둘러싼 일본 정부의 대응에서도 잘 나타났다. 2011년 8월 1일, 자민당 '영토에 관한 특명위원회'의 신도 요시타카(新藤義孝) 위원장 대리, 이나다 도모미(稲田朋美), 사토 마사히사(佐藤正久) 의원이 울릉도와 독도 박물관을 시찰하겠다며 울릉도를 방문하기 위해 입국하면서 한일관계는 급격히 악화되었다. 물론 이러한 사태 이면에는 5월 24일 국회 독도영토수호대책특위 소속 강창일 의원 등이 일본이 러시아와 영유권 분쟁을 겪고 있는 쿠릴열도를 시찰 명목으로 방문한 것에 대한 반발의 측면도 강했다(이기완 2012).

일본 정부는 위 문제에 적극적인 리더십을 행사할 수 없었다. 에다노 유키오(枝野幸男) 관방장관은 7월 28일 자민당 의원들의 한국 방문을 개인적인 일로 치부하면서 역사문제를 관리하는데 있어 정치리더십을 포기해버렸다. 일본 정부는 지속적으로 자민당 의원들의 '돌출 행동'임을 강조하며 사태 진화에 나섰지만, 사태가 진화되기도 전인 2일 "일본 고유영토인 북방도서 및 다케시마의 영토문제가 여전히 미해결 상태로 존재한다"고 명기한 2011년판 방위백서를 결정함으로써 사태를 더욱 악화시켰다(이기완 2012). 2010년 7월말 계획되었던 2010년판 방위백서가 한일강제병합 100년과의 연관성 속에서 연기되었다는 것과 비교하면 역사문제를 관리하기 위한 노다 내각의 능력과 의지를 의심할 수 있는 여지가 있었다.

이렇듯, 민주화 이후 역사문제의 청산을 요구하는 한국의 요구에 대한 일본의 '무신경의 구조'가 한국의 '과잉대응'을 유발하여 한일관계의 악화를 초래하는 기본적 구도가 다시금 반복되었던 것이다(이원덕 2006: 425-429).

2011년 한국 헌법재판소의 판결은 이러한 한국의 과잉대응을 더욱 촉발한 것 또한 사실이었다. 동년 8월 한국 헌법재판소가 "일본군 위안부 피해자의 배상청구권을 놓고 정부가 이를 해결하기 위해 구체적인 노력을 다하지 않은 것은 피해자의 기본권을 침해했다"며 위헌 판결(이른바 부작위 판결)을 내리면서 한국 정부가 분쟁해결 절차에 적극적으로 나서도록 촉구하였다. 이를 계기로 2011년 12월 교토에서 개최된 한일 정상회담에서는 이명박 대통령이 노다 요시히코(野田佳彦) 수상에게 일본군위안부 문제 해결의 시급성을 강도 높게 제기하며 일본 측을 압박하였고, 이에 대해 노다 수상은 인도주의적 해법 마련을 약속한 바 있다. 그러나 법적 책임론을 주장하는 한국의 입장과 인도주의적 접근을 시도하려는 일본의 입장이 근본적으로 대립하는 가운데 이 문제는 독도 문제에 이어 또 하나의 양국 간 갈등으로 자리를 잡았다. 이는 2011년 12월 14일, 정대협이 주한 일본군 대사관 앞에 소녀상을 설치하고, 일본 정부가 동상의 철거를 요구하면서 양국 국민 감정을 악화시키는 사태까지 발전되었다. 동시에 노다 수상은 2012년 3월 26일 국회에서 "(일본군 성적 노예라는 표현에 대해) 정확하게 기술된 것이냐 하면 크게 괴리가 있다"고 말하면서 한국 국민 감정을 더욱 악화시켰다. 무엇보다 같은 해 5월 6일, 일본 국회의원 방문단이 미국에 건립된 위안부 추모비 철거를 요구하고, 6월에는 일본 우익이 소녀상 앞에 '다케시마는 일본영토'라는 막대를 꼽았다는 사실이 알려지면서 한국 국민 감정은 더욱 악화되었다.

물론 일본정부는 사이토 쓰요시(齊藤勁) 일본 관방부장관을 중심으로 일본군위안부 문제에 대한 대응을 모색하며, 일본군위안부 문제에 대한 수상의 사죄, 주한 일본대사의 위안부에 대한 직접 대면 사죄, 일본 정부의 직접 보상을 주 내용으로 하는 해결책을 2012년 4월 한국정부에 제시한 것으로 알려졌다. 그러나 한국 정부는 "일본 정부가 법적 책임을 명확히 인정하지 않았다"며 거부한 것으로 전해졌다. 노다 수상 등의 무신경적 행동과 발언으로 악화된 국민 감정 속에 한국 정부는 "피해자와 관련단체가 납득하지 않는 한 해결될 수 없다"는 입장을 보였던 것이다.[121]

위 상황에서 일본군위안부 문제 타결을 위한 이선라인이 작동된 것으로 보인다. 그 결과 같은 해 10월 28일 사이토 관방부장관과 이동관 특사는 4개항을 합의했다고 한다. 이 4개항은 한일 정상회담에서 일본군위안부 문제를 협의하고 그 합의내용을 공동성명으로 발표한다, 일본 수상은 새로운 사과문을 낭독하고 그 속에서 도의적 책임이 아닌 책임을 인정하는 문구를 포함시킨다, 주한 일본대사가 피해자 할머니를 방문하고 수상의 사죄문과 사죄금을 전달한다, 제 3차 한일역사공동위원회를 조직하고 그 산하에 위안부문제 소위원회를 설치하여 한일 공동연구를 추진한다는 내용이었다.

그러나 이러한 합의는 일본 정치일정과 노다 수상의 소극적 자세로 인해 무산되고 말았다(和田春樹 2015).

3) 한미일 협력체제와 한일관계의 연동

기본적으로 한일 군사협력은 일본의 식민지 지배로 인한 국민감정으로 터부시되어 왔다. 98년 10월에 발표된 한일 파트너십 공동선언은 탈냉전 이후 불안정한 아시아 정세를 바탕으로 한일 간 안보협력을 강화하게 된 계기가 되었다. 완만하게 발전되던 한일 안보협력은 2010년 이후 미국을 매개로 더욱 강화되어갔다. 앞서 서술했듯이, 2010년의 일련의 사건은 한일 안보협력에 대한 필요성을 제고시켰으며, 이에 따라 한일 정부는 이전까지 터부시 되어 왔던 군사협력을 구체화해갔다. 2011년 1월 한미 국방장관 회담에서는 군사 정보의 상호 제공 및 이에 대한 규정을 명문화한 군사정보 포괄 보호협정 체결을 위해 노력하기로 합의했다. 동시에 유엔평화유지활동(PKO)과 인도적 지원 및 재난구호활동 등의 분야에서 물자, 식량, 연료를 서로 지원하는 상호군수지원협정 체결을 위해 구체적인 협의를 진행하기로 합의하였다.

위 두 협정은 실질적으로 양국의 첫 군사협정이라는 면에서 주목을 받았다. 전자의 협정은 대북 정보의 상호 공유를 염두한 협정으로 한반도에 대한 한일 안보협력의 성격이 크며, 후자의 협정은 해외 군사전개에 있어 상호협력의 성격이 강하다. 이러한 군사협력은 98년 新가이드라인이 책정되면서 주일 미군의 극동지역 전개에 대한 일본의 후방지원을 가능케 했던 '미일동맹의 재정의'와 밀접히 연관되어 있었다. 일본의 군사적 역할이 주일 미군의 후방지원까지 확대되면서 이를 보완할 한일 간의 안보협력, 특히 북한을 둘러싼 한일 안보협력의 필요성이 대두된 것이다. 실제 2009년

10월 한일 정상회담에서 양국은 "북한 문제에 대해 한일 간의 정보교환의 구조를 더욱 강화해 가는 것에 일치했다"는 성명을 발표하였다. 김정일 사망 이후 2011년 12월 한일 정상 전화통화에서는 "다양한 정보수집 및 그 공유를 위해 협력하고 긴밀히 연계할 것"을 확인했다.[122]

또한 한미동맹 재정의로 로컬동맹으로써의 한미동맹은 지역동맹 혹은 세계동맹으로 격상되어 주한 미군의 아시아태평양 지역전개가 가능해졌으며 이에 대한 한국군의 지원이 요구되고 있으며, 이에 따라 해외 지역에서의 한일 안보협력의 필요성이 대두되었다(하영선 2006, 29-48). 실제 2010년 2월 한일 외무장관 회담에서 "(아프카니스탄의) 정세에 대한 인식을 공유하며, 양국은 각 국의 장점을 살린 지원을 해 갈 것을 확인했다. 동시에 현재 실시 중인 한일협력(직업훈련지원, 농업재원, 남녀 격차시정을 위한 공동연수)에 더해서, 한국이 지방재건팀(PRT)를 파견할 예정인 플윈현에 있어 한일 양국이 협력해서 지원하기 위해 현지에서 협의를 개시할 것을 결정했다." 동시에 "아이티 복구 부흥 지원에 있어, 양국이 평화유지군(PKO)를 파견하고 있기 때문에 한일 양국이 협력해 간다"는 것을 확인했다.[123]

그런 의미에서 양 협정은 미일동맹 재정의와 한미동맹 재정의에 따른 한일 안보협력의 강화를 상징적으로 보여준다고 하겠다. 미국 정부가 한일 군사정보 보호협정에 긍정적인 반응을 보인 것은 이러한 이유때문인 것이다. 미국이 2012년 6월 14일 워싱턴에서 열린 한미 외교국방장관 회담(2+2 회담)에서 한미일 3국 간 안보협력을 강조하며 교착상태에 놓인 한일 군사비밀보호협정 체결을 촉구한 것으로 보도되었는데, 이는 한일 군사협력이 한미일 협력체제의 틀 속에서 진행되고 있다는 사실을 잘 보여준다.

한일 군사협력이 한미일 삼자의 군사훈련으로 나타나는 것 또한 주목할 만 하다. 2010년 10월에 한국에서 실시된 대량 살상 무기 확산방지구상(PSI) 해상봉쇄훈련에 일본 해상자위대가 참가했다. 이에 앞서 동년 7월 실시된 한미 합동군사훈련에 일본 해상자위대 장교 4명이 미군 함정을 타고 훈련 상황을 참관한 적이 있다(山本健太郎 2012, 29). 2010년 10월에는 한미일 장군급으로 구성된 막료회의가 운영되고 있으며, 29일 하와이에서 한미일 육군 막료회의가 개최되었다는 보도도 있었다. 2011년 12월 개최된 미일 합동군사훈련에 한국이 사상 처음으로 참여하기도 하였다. 2011년 7월에는 부산 해역 근처에서 한미일 해상구조훈련이 비공개로 실시되었고, 2012년 6월에는 제주도 남방해역에서 미 7함대와 한일 해군이 참가한 대규모 해상구조 훈련과 해양차단 훈련이 실시되었다고 보도되었다. 한국 국방부는 인도훈련에 불과하다며 여론을 무마시키려 했지만, 실질적 군사훈련으로 볼수 있다. 이와 더불어 한일 양자 간의 군사훈련도 실시되고 있다. 99년부터 한일 해군 간 해상사고 공동 대처능력 배양 및 우호관계 증진을 위한 한일 수색 및 구조훈련(SAREX)이 실시되고 있으며, 2011년 11월 7차 훈련이 실시되었다.

하지만 2010년부터 증대한 한일 군사공동훈련에 대해 한국의 진보세력은 한반도의 냉전화를 초래한다며 강력히 반발하였다. 2011년과 2012년 한미일 공동군사훈련에 대해, 한국국방부가 인도훈련이었다고 강변한 것은 이러한 국내대립을 의식하여 반대여론을 완화하기 위해서였다. 동시에 역사문제의 분출은 한일 군사협력에도 악영향을 미쳤다. 한국 진보세력의 반발 등으로 인한 국내대립과 역사문제의 분출이 상호작용하여 2012년 7월 한일 정보보호협정이 좌초된 것은 이러한 상황을 잘 보여준다.

4) 한중일 협력체제와 한일관계의 연동

앞에서 살펴보았듯이, 북한문제 및 안보협력 등 전통적 안보에 대해서 한일 양국은 미국과의 연계 속에 협력관계를 진척시켰다. 전통적 안보에 해당하는 북한 문제, 해적, 해상안보, 아프카니스탄 문제 등 국제 안보문제에 대해서는 한일 양자 회담과 한미일 삼자 회담이 중복되고 있다. 실제 2010년의 경우를 보면, 한미일 삼국 사이에 북한 문제와 더불어 아프카니스탄 지원 문제, 해상안보, 해적 대책이 중요한 의제였다. 한일 양국 사이에는 아프카니스탄 등 국제원조를 문제를 협의하기 위한 '한일 원조정책협의', 테러 및 해적 대책을 논의하는 '한일 테러협의'를 개최하는데 합의하였으며, PSI에 대한 협력이 논의되었다. 한일 안보협력이 한미일 삼각관계와 연동하고 있는 것이다.

반면 경제, 에너지, 환경, 해양협력 및 인적 교류 등 비전통적 안보문제는 한중일 협력체제와 연동하며 한일협력이 전개되었다. 실제 한중일 협력체제에서는 경제, 에너지, 환경, 해양협력 및 인적 교류 등 비전통적 안보문제가 포괄적으로 전개되고 있다. 물론 한중일 삼국은 2010년 10월 '한중일 협력 10주년을 기념하는 공동성명'에서 "삼국은 안전보장대화를 강화하여, 삼국의 방위담당자 또는 군당국 간 규류 및 협력을 추진한다"고 선언하며 전통적 안보 측면에서의 협력을 추구하였다. 이에 따라, 2011년 한중일 해상수색구조협정에 대해 원칙적인 합의를 이루었다.[124] 하지만 이러한 발전은 매우 제한적일 수밖에 없다. 한국과 일본 모두 미국과의 동맹 관계에 있기 때문에 전통적 안보에 있어서는 미국과의 관계가 우선시 될 수밖에 없고, 그에 따라 한미일 협력체제 내에서 주로 논의될 것이기 때문이다.

이렇듯 한중일 협력체제는 핵안전, 환경, 인적문화 교류, 경제무역 등 비전통적 안보 측면에서 괄목한만한 성장을 보이고 있으며, 이 문제들이 한일관계와 연동하고 있음을 알 수 있다. 여기에는 두 가지 패턴이 존재한다. 우선 일부 이슈에 있어서는 한일 파트너십이 확보되고, 즉 한일관계에서 그 문제가 우선 논의되어 한일협력을 확인한 후 한중일 협력체제에서 이를 주도하는 형태이다. 다음으로 중국의 주도권 하에 한중일 협력체제에서 논의된 문제들이 한일 양국에 영향을 미치는 형태가 관찰된다. 이러한 두 가지 사례를 분석하는 것은 이는 한일관계에 있어 한중일 협력체제의 의미를 고찰하는데 중요한 시사점을 줄 것이다.

먼저 한일 협력에 기반하여 한중일 협력체제를 주도하는 사례를 살펴보자. 2009년 10월 9일, 한국을 방문한 하토야마 수상은 기후변동 문제를 포함한 환경협력을 강화하기 위해 '한일 그린 파트너십 구상'을 사무레벨에서 협의해 갈 것을 합의했다. 동시에 자신의 동아시아 공동체구상을 설명하며 한국의 지지를 호소했다. 인적교류 차원에서는 한중일 대학교류 구상을 밝히면서 이를 둘러싼 한일 협력을 강조했다.[125)

이러한 일본의 구상에 대한 한일 협력을 확인한 후, 다음날 개최된 한중일 정상회담에서 이들 문제가 본격적으로 논의되었다. 이에 '한중일 협력 10주년을 기념하는 공동성명'에 한중일 대학교류 구상이 채택되었고, 이후 '아시아 캠퍼스'로 명명되며 한중일 청소년 교류 및 한일 청소년 교류의 핵심 의제가 되어갔다. 한중일 환경협력 또한 지속적인 의제였는데, 한일 그린 파트너십이 한일 양국 사이에서 구체화되면서 한중일 환경협력을 주도해 가고 있다. 한일 관계에서 파트너십을 확보하고 이를 통해 한중일 협력체제에서 의제 설정 및 논의를 주도하는 형태가 확보된 것이다.

2011년의 경우, 동일본 대지진 이후 나타난 핵안전 문제에 있어 한일 파트너십 또한 한일관계가 한중일 협력체제를 선도하는 양상을 보여주었다. 2011년 5월 22일, 한일 정상회담에서, 한일 원자력안전 이니셔티브가 채택되었다. 이는 원자력 안전에 관한 협력, 평상시의 정보교환 강화, 긴급시의 의사소통, 원자력 문제를 협의하는 고위급 회담의 개최를 핵심내용으로 하는 한일 원자력안전 이니셔티브는 한중일 원자력안전 협력에 관한 합의문서의 토대가 되었다.[126) 무엇보다 2010년 12월 20일 서명한 한일 원자력 협정은 한중일 정상회담의 핵심 의제인 에너지 및 핵안전을 한일이 주도할 수 있는 토대가 되었다.

물론 중국의 주도에 의해 한중일 협력체제의 핵심의제가 되고 있는 부분도 존재한다. 한중일 FTA와 한중 FTA 논의가 대표적이다. 2011년 5월 한중일 정상회담에서, 중국은 한중일 FTA 교섭 개시를 주장하였다. 동시에 10월에는 한중 FTA 교섭을 제안하였다. 이후 한중일 FTA와 한중 FTA가 한일 FTA에도 영향을 주면서 복잡한 역학관계를 보이고 있다.

민주당 정부는 적극적인 FTA 정책을 추진했다. 실제, 민주당 정부의 신경제정책으로 평가받는 '신성장전략' 내에 FTA 정책이 중요한 부분을 차지했다. 2009년 12월, 각의 결정된 '신성장전략'은 크게 세 가지의 방향성으로 나타났다. 첫째, '고용 · 인재'라는 타이틀 속에 보육시스템 개혁 등 저출산 사회에 대처하기 위한 적극적 시책의 실시이다. 둘째, 新성장산업으로 환경(칸쿄), 건강(켄코), 관광(칸코)에 역점을 두어 新성장 동력을 창출하려는 3K 전략 및 과학기술 진흥 정책이다. 마지막으로 기존 산업의 국제경쟁력을 활용하여 아시아태평양 지역의 고도성장 벨트에 참여하려는 적극적 FTA 전략이다.[127] 결국, 이러한 경제 전략은 대외 연계를 통해 기존 주류 산업의 국제경쟁력을 최대한 활용하면서 新성장 산업의 육성을 통해 일본경제를 성장시키고, 성장의 혜택으로 저출산 고령화에 대처하려는 전략인 것이다.

이에 하토야마 수상은 한국 정부에 한일 FTA 교섭 재개를 요구하며, 한일 경제협력 혹은 경제공동체에 적극적인 모습을 보였다. 이러한 한일 FTA에 대한 자세는 간 나오토 수상 시에 더욱 강화되어 갔다. 2010년 5월 한일 양국 정부는 한일 FTA 교섭 재개를 위한 고위급 회담에 합의하였다. 노다 내각 시, 2011년 10월 한일 정상회담에서는 한일 FTA 교섭재개를 위한 실무자 회담을 가속화할 것과 더불어, 시장 불안정에 대처하기 위해 한일 스왑협정 한도액을 130억 달러에서 700억 달러로 확대하는 것도 합의하였다. 이러한 한일 FTA 협상 재개를 위한 노력과 스왑협정의 확대는 동아시아 무역 자유화 및 금융협력에 있어 한일 파트너십의 토대가 될 것으로 예상되었다.

동시에 2010년 10월 간 나오토 수상은 TPP 교섭에의 참가를 검토하겠다는 방침을 표명하며 TPP 참가에 열의를 보였다. 하지만 간 수상의 TPP 참여 발표는 국내적 대립구조를 야기하였다. 농업 단체의 집단적 반발, 심지어 민주당 내 반발에 직면하여, 간 수상은 TPP 참여 여부에 대한 명시적 답변을 회피할 정도였다. 더욱이 2011년 3월의 동일본 대지진은 이러한 TPP 참여에 부담스런 구조를 만들어 내었다. TPP 참여로 농·수·축산업의 막대한 피해가 예상되고 있는 상황에서, 위 산업이 주산업인 동북지역에 지진피해가 집중된 것은 TPP 참여에 대한 정치적 부담을 증대시켰다.

하지만 노다 수상은 2011년 11월 APEC 회의에서 TPP 교섭에 참가하겠다고 공식 발표하였다. 따라서 노다 수상의 TPP 교섭에의 참여 표명은 2010년을 기점으로 하는 일본 외교 전략의 전환 속에서 이해되어야 할 것이다. 동시에 한국의 적극적 FTA 전략이 일본 정부의 초조함을 가속화시킨 측면도 존재한다(황순택 2011, 8). 2011년 10월 한미 FTA 협정이 미 의회를 통과하자, 일본 언론은 '대충격'이라는 표현을 써가면서 위기의식을 감추지 못하였다. EU, 인도, 미국 등 거대 경제와 FTA를 체결하며 '경제영토'를 확장해 가는 한국을 보며, 국제시장에서 경쟁 관계에 있는 일본의 국제경쟁력이 약화되어 갈 지 모른다는 의기의식이 팽배해진 것이다.

이러한 한일 FTA 및 TPP에 대한 일본의 적극적 노력은 중국을 자극하였다. 마치 경제분야에서 한미일 삼각관계를 강화하는 듯한 일본의 FTA 정책이 중국을 자극하며, 중국은 한중 FTA 및 한중일 FTA를 통해 이에 대항하고자 한 것이다(손열 2011). 그 와중에 2011년 5월, 한중일 FTA 교섭 실시 합의는 한국의 한일 FTA에 대한 매력을 감소시키는 결과를 초래했다. 2010년 5월 이후 한일 FTA 교섭 재개를 위한 고위급 회담이 개최되고 있지만 일본 정부는 여전히 농산품 개방과 비관세장벽 철폐에 소극적 자세를 보이고 있어 타결 가능성이 낮다고 판단하기 때문이다. 오히려 중국의 적극적 FTA 전략을 감지한 한국은 2012년 5월 2일 중국과의 FTA 교섭을 선언하며, 한중 FTA에 무게를 두고 있는 실정이다.

동시에 역사문제가 한일 경제협력에 부정적 영향을 미치고 있는 것도 확인된다. 일본군위안부 문제가 정치쟁점화되었던 2011년 12월 한일 정상회담에서, 노다 수상은 한일 FTA 교섭 재개를 역설하였지만, 이명박 대통령은 이에 대한 언급을 회피하며 일본군위안부 문제를 적극 제기했을 뿐이었다. 역사문제로 국내 비판이 비등한 상황 속에서 'FTA 전도사'로 자칭하던 이명박 대통령 또한 소극적 태도로 전환될 수밖에 없었던 것이다. 일본 또한 이명박 대통령의 독도방문에 대한 대항조치 중 하나로, 2012년 10월, 전년에 합의했던 한일 통화스왑 확대 조치를 중단하였다. 한일 역사문제의 분출이 그동안 점진적으로 이뤄왔던 성과를 일시에 무너트렸던 것이다.

이러한 새로운 한일관계의 구도로 인해 이슈 연계(issue linkage)가 약화됨에 따라, 한일 역사갈등을 더욱 증폭시켜 한일관계를 불안정하게 만들 수 있다. 기실, 지금까지 한일 역사 갈등이 불거졌을 때 다른 이슈에 있어서의 한일 협력을 의식하며, 국민감정이 완화되었을 때 이를 관리하고자 하는 한일 양국의 리더십이 전개되었던 것이 사실이다. 하지만, 새로운 한일관계 구도 하에서는 한일 간의 상당한 이슈가 한미일 협력체제와 한중일 협력체제 및 동아시아 지역협력으로 흡수되면서, 굳이 한일 양국이 양자 간에 정책조율을 하지 않더라도 한미일 정책조율 혹은 다자간 정책조율 형태로 간접적인 정책조율이 되기 때문에 갈등을 수습하기 위한 동력이 약해질 수 있다. 2012년 이후 최근의 한일관계는 이러한 우려가 현실화되는 듯이 보인다.

하지만 동시에 이러한 중층적 '복합네트워크 질서'는 한일 관계의 가능성을 내포하기도 한다. 살펴보았듯이 한일 그린 파트너십, 한일 원자력안전 이니셔티브의 경우처럼, 한일 협력이 한중일 협력체제를 선도하는 경우도 존재했다. 또한 북한 문제에 있어 한일 간 공고한 협력체제로 한미일 협력 체제 및 한중일 협력체제에서 한국과 일본이 발언력을 확보하기도 하였다. 한일 양국의 긴밀한 파트너십에 의해 한미일 협력체제와 한중일 협력체제 및 동아시아 지역협력 체제를 이용하여, 미국의 '일방주의'와 '고립주의'를 견제하고, 중국이 '책임있는 대국'으로 연착륙하도록 유도하는 곳에서 한일 관계의 가능성이 존재하는 것이다.

동시에 다자주의는 양자 간 갈등이 증폭되었을 때, 양자관계를 우회하는 탈출구를 마련해주기도 한다. 실제 박근혜 정부와 아베 내각은 직접 만나 현안을 협의하기보다 다자 회의를 통해 '우회적'으로 현안문제를 조율하는 방식을 택했다. 박근혜 정부 이후 한일 외무장관 회담은 한미일 외무장관 회담과 유엔 총회 등 다자주의 속에서 '우회적'으로 개최되었고, 악수와 몇 마디 인사로 끝난 한일 정상 간의 만남은 APEC과 아세안+3회의에서였다. 국내적 반발을 고려하면 별도의 한일 대화채널을 마련하는 것이 정치적 부 담이 되기 때문에, 다자주의 회의를 이용하는 방법이 사용되었던 것이다. 또한 일본군위안부 문제 타결의 시발점이 되었던 2015년 11월 한일 정상회 담 또한 한중일 정상회담을 이용해서 개최되었다.

이렇듯, 다자주의는 양국 사이의 협력의 가능성을 내포하면서도 갈등 수 습의 메커니즘을 약화시킬 수 있다는 점을 알 수 있다. 역사문제가 한일 관 계에 악영향을 주지 않도록 관리해야 하며, 여기에는 일본의 적극적인 리 더십이 요구된다.

2. 적대적 공존의 한일관계

1) 일본 '전후체제로부터의 탈각' 노선

이미 언급했듯이, 2000년대 이후 동아시아 세력균형의 변화에 맞춰 2009년 정권교체를 달성한 민주당은 요시다 노선에 대한 반성 위에 미일 동맹을 상대화하며 미중 경쟁 속에 존재감을 상실해가고 있는 일본이 한국 등다른 아시아 국가와의 연대를 강화하여 그 존재감을 제고하는 방향, 이질국가 중국에 대한 위협을 전제로 동질 국가 미국, 한국, 호주와의 관계강화를 통해 이를 해소하는 방향, 두 가지의 정책지향성으로 표출되었다. 어느경우이든 예전과는 달리 한국의 전략적 가치를 높이 평가하며 한일관계를강화하는 방향으로 나아간 것은 이미 기술하였다.

그러나 2012년 다시금 정권을 장악한 자민당 정권은 중국을 강하게 의식하며 미일동맹 및 가치관을 공유하는 국가와의 협력을 강화하는 방향으로선회하고 있다. 더군다나 2012년 이명박 대통령의 독도방문과 천황사죄 발언을 기회로 민족주의적 속성을 강화하고 있다. 그런 의미에서 아베 수상을 정점으로 하는 일본 보수의 국가전략을 정확하게 이해하는 것은 2010년대 한일관계의 동요를 이해하는데 필수불가결한 사항이 되었다.

아베 신조(安倍晉三) 수상을 정점으로 하는 일본 보수의 최종적 목표가'전후체제로부터의 탈각'이라는 사실은 주지의 사실이다. 일본의 '전후체제'는 평화헌법과 미일안보조약의 두 기둥 위에 구축되었다. 평화헌법은 이른바 얄타체제의 산물로써, 점령정책이었던 비군사화 및 민주화 정책을 보증하는 제도였다. 반면, 극동 안보에 관여하는 대규모 주일 미군의 주둔을 전제로 한 '비대칭적' 미일안보조약은 냉전체제의 산물로써, 미국의 동아시아정책을 보좌하는 일본의 '기지국가'적 속성을 담보하는 기제였다. 모순된

두 기둥은 기묘하게 일본의 전후 성장을 이끌어내었다. 미국에 전적으로 안보를 위탁한 채, 평화헌법을 방패삼아 경무장(輕武裝)에 머물면서 국방비를 최소화하였고, 남은 여력을 경제성장에 쏟아 부어 경제대국으로 성장하였다. 하지만 경제가 성장하면 할수록 미국에 대한 군사적 및 정치적 의존은 주체성의 상실을 더욱 각인시킬 뿐이었다.

이러한 '성장과 주체성'의 역설에 누구보다 불만을 느낀 이들은 '전후세대'였다. 전후세대로써 처음 최고 지도자로 등극한 아베 수상에서 상징되듯, 일본 보수의 세대교체에 성공한 전후세대는 아베노믹스, 집단적 자위권 인정, 국방력 강화, 헌법개정 등 '강한 일본'을 통해 미일동맹을 비대칭적 관계에서 대칭적 관계로 전환하며 일본의 주체성을 강화하고자 하고 있다.

하지만 이러한 '강한 일본'의 물질적 토대는 이를 수용할 일본 국민의 국가의식 및 독립의식이 없다면 아무 의미도 없다. 따라서 그는 자학사관의 극복, 애국주의 교육개혁, 확고한 영토수호 의지를 통해 국가의식을 제고하려 하는 것이다. 2006년 도덕 교육 및 애국 교육을 강조하는 교육기본법 제정에 열심이었던 것은 바로 이 때문이었다. 자학사관을 대표한다고 믿는 고노 담화와 무라야마 담화 및 근린제국 조항의 수정을 통해 과거사의 재해석을 추구하는 것도 이 때문이다. 야스쿠니 신사참배 또한 국가를 위해 헌신한 영령에 대한 숭배적 의미에서 국가의식에 직결되는 것이다. 독도와 센카쿠 열도 및 북방영토 문제에 있어 강경 대응 또한 국민국가의 토대를 이루는 영토의식 제고를 위해 불가피한 것이다.

이러한 아베 수상을 정점으로 하는 일본 보수의 정책 지향은 전후체제의 모순성에서 탈피하고 물질적·정신적 '강한 일본'을 완결함으로써 일본의 주체성을 회복하고자 하는 노력의 일환이다. 아베 수상이 '일본이 돌아왔다(Japan is back)'고 외치고 있는 것은 그런 이유에서였다.

동시에 일본 보수의 국가전략은 대중 외교의 관점이 깊게 드리워져 있는 것도 사실이다. 즉, 이러한 경향은 2010년대 센카쿠 열도를 둘러싼 중일 갈등을 의식한 결과이기도 하다. 실제 아베 내각이 2013년 12월 발표한 국가안전보장전략은 일본이 얼마나 중국 그리고 센카쿠 열도를 의식하고 있는지 잘 보여주고 있다. 위 문서에서 중국과 인도 등 신흥국의 부상에 따른 세력균형의 변화가 안전보장 환경의 변화로써 제일 먼저 언급되고 있다. 주목되는 부분은 '국제공공재(global commons)에 관한 위험' 부분에서 해양을 둘러싼 중국의 행태를 위협으로 기술하고 있는 곳이다.

> 최근, 자원의 확보나 자국의 안전보장 관점에서 각국의 이해가 충돌하는 사례가 늘고 있으며, 해양에 있어서 충돌의 위험성, 그리고 그것이 예측 할 수 없는 사태로 발전할 가능성도 커지고 있다.
> 특히 남중국해에 있어서는 영유권을 둘러싼 관련국과 중국 사이에 정쟁이 발생하고 있으며, 해양에 있어서 법의 지배와 항해의 자유 및 동남아시아 지역의 안정에 우려를 불러오고 있다.

위 문서에서 '해양에 있어서 충돌의 위험성', '항해의 자유', '법의 지배'가 심각하게 언급되고 있는 것은 중동 지역의 에너지 자원이 일본으로 들어오는 해상교통로(sea lane)가 중국에 의해 막힐 것을 우려하고 있기 때문이다. 그런 이유에서 위 문서는 남중국해와 동중국해에서 "기존 국제법을 존중하지 않고 힘을 배경으로 일방적 현상변경을 시도하는" 중국의 움직임을 북한의 군사력 증대 및 도발행위와 더불어 아시아태평양 지역 안전보장의 우려사항으로 언급하고 있다.

이에 대처하기 제기된 군사전략이 '종합적 방위체제'이다. 위 개념은 국가안전보장전략과 같은 날 각의 결정된 방위계획 대강에서 '종합 기동방위력'으로 구체화되었다. 여기에서 특징적인 것은 도서부(島嶼部)에 대한 공격에 신속하게 대처하기 위해 수륙양용 작전능력(실질적인 해병대)을 정비할 것, 외딴섬(離島) 방위 등 영공·영해 방어체제 구축을 위한 육해공 통합

운영, 공군해군 강화, 미군과 자위대의 일체화 등이 강조되고 있다는 점이다. 종합 기동방위력이 서남(西南)방위, 즉 센카쿠 열도를 의식하고 있다는 사실을 여실히 보여주고 있는 것이다.

그렇다면 이러한 우려사항에 대처하기 위해 일본은 어떠한 외교안보 전략을 제시하고 있는 것일까? 위의 국가안전보장전략 문서는 일본의 능력과 역할 강화, 미일동맹의 강화, 보편적 가치와 전략적 이익을 공유하는 한국·호주·아세안·인도와의 협력강화, 중국과의 안정적 관계 구축 등을 제시하고 있다. 자국의 능력 강화를 제일 중시하고 있다는 점은 다시 강조해도 부족함이 없다. 여기에서 주목할 곳은 동맹국 미국, 보편적 가치와 전략적 이익을 공유하는 국가와의 연대를 강화하고 이를 기반으로 중국과 안정적 관계를 구축해야 한다는 논리적 구성을 보이고 있다는 점이다.

실제 일본의 외교안보 전략은 집단적 자위권 인정, 무기수출3원칙 개정 등 미일동맹을 강화하고 있다. 동시에, 2013년과 2014년 일본 외교의 중요한 특징 중 하나는 일본이 '제1접촉선 국가'(중국과 국경을 맞대거나 중국의 위협을 실감하고 있는 국가), '제2접촉선 국가'(중국과 경쟁관계에 있거나 중국과 우호적이더라도 일본이 독자적인 레버리지를 개발할 여지가 있다고 생각하는 국가)와의 연계를 강화했다는 점이다(박철희 2014).

또한 아베 내각은 민주주의, 시장경제, 인권이라는 보편적 가치의 세계적 확산을 표방하며 '가치관 외교'를 전개하고 있다. 이러한 가치관 외교는 아시아 지역 내 보편적 가치를 공유하는 호주, 인도, 아세안 지역을 엮어내며 '해양세력'의 결집을 추구하는 것, 보편적 가치를 확장하여 중앙아시아 등 유라시아 지역을 '자유와 번영의 호'로 묶어내려는 외교전략으로 구체화되고 있다. 대중 포위망 외교처럼 보이는 이런 외교는 국가안전보장전략에서 제시된 외교안보 전략과 무관해 보이지 않는다.

그러면서도 일본은 2014년 11월 중국과 정상회담을 개최하여 다음과 같은 중일 화해 4원칙에 합의하였다.

1. 쌍방 모두 중일 간 4개의 각 원칙과 정신을 엄수하고, 지속적으로 중일 전략호혜관계를 발전시킨다.
2. 쌍방 모두 "역사를 올바르게 인식하고, 미래로 향한다"는 정신 아래, 양국 관계의 정치적 장애를 없애는 것에 대해 일부 공통인식에 도달했다.
3. 쌍방 모두 근년 센카쿠 열도 등 동중국해의 긴장국면에 대해 각각 다른 주장을 인식하고, 대화와 협의에 따라 위기관리체제를 수립하고 정세의 악화나 예측불가능한 사태를 방지한다.
4. 쌍방 모두 각종 루트를 통해, 정치, 외교, 안전보장에 대한 대화를 개시하고, 정치적 상호신뢰관계 구축에 노력한다.

여기에서 주목할 것은 센카쿠 열도에 대해 "각각 다른 주장을 인식"한다는 말에서 알 수 있듯이, 센카쿠 열도가 분쟁지역에 있음을 간접적으로 시인하였다는 점이며, 이를 바탕으로 해상 위기관리체제를 수립하기로 합의했다는 점이다. 안정적인 중일관계를 구축하고자 하는 일본 정부의 노력이 엿보이는 장면이기도 하다.

이상과 같이 일본 보수의 국가전략은 중국과 센카쿠 열도를 의식하며 전개되고 있는 것이 사실이다. 미일동맹 강화는 중국의 위협에 대처하는 강력한 무기이며, 외교적으로 중국을 포위하는 것을 중점에 두면서도 협력관계를 구축하려는 노력이 이루어지고 있다. '협력과 견제의 이중적 중일관계'를 잘 보여주고 있다. 물론 견제에 중점이 더 찍혀있다는 점은 의심할 여지가 없어 보인다.

현재 일본은 미일동맹을 강화하고 있다. 그러나 일본 보수는 미일동맹의 강화를 어떠한 국가전략에 입각해 추구하느냐에 따라 분열되어 있다는 점을 명확하게 인식할 필요가 있다. 주체성을 강조하는 이데올로기 그룹은 역사수정주의, '강한 일본'의 건설을 우선하며 이를 기반으로 대미 자주성을 확보한다는 측면에서 미일동맹 강화에 적극적이다. 반면 중국의 위협을 강조하는 현실주의 그룹은 실질적으로 미국의 아시아 외교안보전략에 편승하면서도 중국과의 안정적 관계를 유지하려는 형태를 취하고 있다. 이른바 '보통국가'를 추구하고 있는 것이다.

2012년 민주당 정권의 붕괴 이후, 전향적 역사인식에 바탕을 두고 아시아 외교 및 중국 외교를 강화하려는 리버럴 세력이 괴멸되면서 일본의 대외전략은 이데올로기 보수그룹과 현실주의 보수그룹의 적절한 타협 위에 전개되고 있다. 아베 내각은 이런 모습을 잘 보여주고 있다.

아베 수상은 태생적으로 전자의 이데올로기 그룹에 속해 있다는 점은 널리 알려진 사실이다. 그러기에 아베 내각 초기에는 침략의 정해진 개념은 없다고 거침없이 발언했으며, 야스쿠니 신사에 참배하기도 했다. 고노 담화와 무라야마 담화에 거부감을 드러내며 수정하고자 노력도 했다.

그러나 2014년 후반 이후 현실주의 그룹으로 무게 중심을 옮기고 있다. 그건 역사수정주의적 입장에서 주체성을 세우려는 노력이 미국과의 관계를 긴장시킨다는 판단이 작동했기 때문일 것이다. 2015년 8월 14일 발표된 아베 담화는 이를 여실히 드러내주고 있다. 침략, 반성, 사죄를 명시했으며, 더 나아가 중국이 베풀어준 관용에 감사의 뜻도 전달했다.

이러한 일본의 '전후체제로부터의 탈각' 노선을 둘러싼 국제정치는 매우 복잡하다. 미국은 기존의 아태지역 동맹국에게 더욱 적극적인 안보 분담을 요구하면서 '중심축과 바퀴살'(hub and spoke) 구조를 강화하고 있다. 아시아 재균형 정책을 추진하는 미국은 일본의 집단적 자위권 확장을 공공연하게 지지하고 있다. 일본의 국방력 강화 또한 강력한 어조로 환영하고 있다. 이제 일본은 미국의 적극적 환영 속에 미군의 후방지원을 위한 '기지 국가'가 아니라 미국과 함께 피를 흘리는 '보통 국가'로 전환하고 있다. 만, 미국은 일본이 국제적 책임을 다하고 있는 것으로 평가하고 있다.

그러나 한국은 '전후체제로부터의 탈각 노선'의 양 기둥인 역사수정주의와 보통국가 모두를 위협으로 인식하고 있다. 더 정확하게는 보통국가화에 대해 명확한 반대입장을 표명하고 있지 않지만, 역사인식의 퇴행을 보인 상태에서 '보통 국가'로 전환하는 일본에 대해 우려의 목소리를 내고 있다. 가령 2014년 7월 개최된 한중 정상회담은 이를 명확하게 보여준다고 하겠다. 청와대의 공식발표에 의하면, 한중 정상회담에서 양국 정상은 "특히 일본의 역사 수정주의적 태도와 집단적 자위권 추진에 대해 우려스럽다는 점에 공감했다". 미일동맹 공고화의 핵심으로 평가받던 집단적 자위권에 대해 한국과 중국이 한 목소리로 우려의 목소리를 낸 것이다. 기실 한국은 일본의 집단적 자위권에 대해 '한반도 내에서 일본의 집단적 자위권 행사는 한국의 동의가 필요하다'는 것을 표명하는 선에서 사실상 묵인하였다. 어떤 의미에서 한반도 유사시 일본의 집단적 자위권은 도움이 될 수 있는 성질의 것이며, 미일동맹 공고화 차원에서 진행되는 일본의 집단적 자위권 인정을 막을 힘도 명분도 없었을 것이다. 결국 한중 정상회담에서 일본의 집단적 자위권에 우려를 표명한 것은 일본의 수정주의적 역사관을 비판하는 것 그 이상도 이하도 아니었다.

2) 역사문제에 있어 한국의 문제제기

4장에서 살펴보았듯이 90년대, '식민지 지배 반성사죄'로 식민지 지배와 청구권 협정을 둘러싼 한일 정부 간의 인식 격차는 상당히 좁혀졌지만, 일본의 보수와 한국의 시민사회는 오히려 인식의 차이를 크게 노정하면서 '이중구조'가 형성되었다. 이로써 '98년 체제'는 내적으로는 식민지배의 법적 성격과 그 청산을 둘러싼 한일 간 이견이 정치적으로 관리되며 '잠복'되었지만, 외적으로는 역사수정주의와 원칙론의 '현시적 도전'에 직면하게 되었던 것이다.

2010년대 이후, 주변에 머물렀던 일본 보수의 역사수정주의와 한국 시민사회의 원칙론이 주류가 되어 가면서 역사문제는 다시금 확장일로를 취했다. 일본에서 '전후체제로부터의 탈각 노선'이 본격화되면서 역사수정주의가 주류화되는 과정에 대해 언급했기 때문에, 이하에서는 2000년대 한국 사회의 원칙론이 주류화되는 과정을 간략하게 살펴보고자 한다.

한국 시민사회의 목소리가 정부차원으로 흡수되는 과정을 잘 보여주는 것은 2005년 한일회담 문서공개 후속대책 관련 민관 공동위원회의 발표이다. 동 위원회는 "한일 청구권 협정은 기본적으로 일본의 식민지배 배상을 청구하기 위한 것이 아니었고, 샌프란시스코 조약 제4조에 근거하여 한일 양국 간 재정적, 민사적 채권채무관계를 해결하기 위한 것이었다"며 청구권 협정의 의미를 명확히 하고 있다. 그러면서 강제징용 문제의 경우 다음과 같은 이유로 청구권 협정에 의해 해결된 것으로 보아야 함을 천명하고 있다.[128]

> 한일협상 당시 한국정부는 일본정부가 강제동원의 법적배상 보상을 인정하지 않음에 따라 "고통받은 역사적 피해사실"에 근거하여 정치적 차원에서 보상을 요구하였으며, 이러한 요구가 양국 간 무상자금 산정에 반영되었다고 보아야 함. 청구권 협정을 통하여 일본으로부터 받은 무상 3억불은 개인재산권(보험, 예금 등), 조선총독부의 대일채권 등 한국정부가 국가로서 갖는 청구권, 강제동원 피해보상 문제 해결 성격의 자금 등이 포괄적으로 감안되어 있다고 보아야 할 것임.

반면, 일본군위안부 문제는 "일본정부, 군 등 국가권력이 관여한 반인도적 불법행위"로 "이에 대해서는 청구권 협정에 의하여 해결된 것으로 볼 수 없고, 일본정부의 법적책임이 남아있다"고 공식적으로 표명했다.

그러나 노무현 정부는 민간공동위원회의 입장표명에도 불구하고 일본군 위안부 문제를 외교문제화하지 않았다. 그러던 중 2011년 이러한 한국 정부의 '무작위'에 대해 사법부로부터 중요한 문제제기가 이루어졌다. 동년 8월 헌법재판소의 무작위 위헌 판결이 그것이다. 헌법재판소는 다음과 같이 '무작위 위헌' 판결을 하였다.[129]

> (전략) 피청구인(한국정부)이 위 (청구권협정) 제3조에 따라 분쟁해결의 절차로 나아갈 의무는 일본국에 의해 자행된 조직적이고 지속적인 불법행위에 의하여 인간의 존엄과 가치를 심각하게 훼손당한 자국민들이 배상청구권을 실현하도록 협력하고 보호하여야 할 헌법적 요청에 의한 것으로서..(후략)

헌법재판소는 2005년 민관위원회에서 발표되었듯이, 일본군위안부 문제가 청구권협정에 의해 해결되지 않는 사안이라며 청구권 협정에 대해 일본 정부와 다른 인식을 표명했음에도 불구하고 이러한 법적 해석의 차이를 청구권협정에 규정된 절차에 따라 해결하려고 노력하지 않는 것은 무작위로 헌법위반임을 판결하였다. 물론 헌법재판소가 직접적으로 정부에 요구했던 것은 청구권 협정을 둘러싼 한일 양국의 법적 해석 차이를 해결하려 노력해야 한다는 것이었다. 하지만 위의 인용문에서처럼, 헌법재판소가 궁극적으로 한국 정부에 요구한 것은 "조직적이고 지속적인 불법행위"에 의한 "배상청구권을 실현하도록 협력하고 보호"해야 한다는 것이었다. 90년대 한국 시민사회의 요구가 전면적으로 수용된 것으로 이해되어야 할 것이다.

이러한 원칙론의 주류화는 2012년 5월 대법원 판결에서도 나타났다.[130] 대법원 판결의 핵심은 먼저 식민지 지배를 이하와 같이 불법적인 지배로 규정하며, 일본 판결의 효력을 인정하고 있지 않다는 점이다.

이러한 대한민국 헌법의 규정에 비추어 볼 때, 일제강점기 일본의 한반도 지배는 규범적인 관점에서 불법적인 강점(强占)에 지나지 않고, 일본의 불법적인 지배로 인한 법률관계 중 대한민국의 헌법정신과 양립할 수 없는 것은 그 효력이 배제된다고 보아야 한다. 그렇다면 일본판결 이유는 일제강점기의 강제동원 자체를 불법이라고 보고 있는 대한민국 헌법의 핵심적 가치와 정면으로 충돌하는 것이므로, 이러한 판결 이유가 담긴 일본판결을 그대로 승인하는 결과는 그 자체로 대한민국의 선량한 풍속이나 그 밖의 사회질서에 위반되는 것임이 분명하다. 따라서 우리나라에서 일본판결을 승인하여 그 효력을 인정할 수는 없다.

대법원 판결의 두 번째 특징은 식민지 지배의 불법성을 강제징용 배상으로 논리적으로 연결시키고 있다는 점이다. 대법원 판결은 다음과 같이 강제징용을 반인도적 불법행위 및 식민지 지배와 직결되는 불법행위로 보고 배상권을 인정하고 있다.

청구권협정은 일본의 식민지배 배상을 청구하기 위한 협상이 아니라 샌프란시스코조약 제4조에 근거하여 한일 양국 간의 재정적·민사적 채권·채무관계를 정치적 합의에 의하여 해결하기 위한 것으로서, 청구권협정 제1조에 의해 일본 정부가 대한민국 정부에 지급한 경제협력자금은 제2조에 의한 권리문제의 해결과 법적 대가관계가 있다고 보이지 않는 점, 청구권협정의 협상과정에서 일본 정부는 식민지배의 불법성을 인정하지 않은 채, 강제동원피해의 법적 배상을 원천적으로 부인하였고, 이에 따라 한일양국의 정부는 일제의 한반도 지배의 성격에 관하여 합의에 이르지 못하였는데, 이러한 상황에서 일본의 국가권력이 관여한 반인도적 불법행위나 식민지배와 직결된 불법행위로 인한 손해배상청구권이 청구권협정의 적용대상에 포함되었다고 보기는 어려운 점등에 비추어 보면 원고 등의 손해배상청구권에 대하여는 청구권협정으로 개인청구권이 소멸하지 아니하였음은 물론이고, 대한민국의 외교적 보호권도 포기되지 아니하였다고 봄이 상당하다.

위 판결은 비논리적인 한국 정부의 입장을 대법원이 완결적 논리로 바꾼 것으로도 이해할 수 있다. 한국 정부는 식민지배의 불법성을 얘기하면서도, 2005년 민관공동위원회 표명과 같이 강제징용 문제는 청구권 협정으로 해결되었다는 입장을 취하고 있었다. 그러나 한국 사법부는 "식민지 지배의 불법성과 그에 따른 배상 논리"에 입각해 강제징용과 일본군위안부 문제에 대한 기존 한국정부의 논리적 모순성을 제거하고 완결시킨 것이다. 한국 정부가 식민지배의 불법성을 주장하는 이상, 강제징용 또한 불법적 행위이며 이에 대해 일본 정부가 배상 책임을 지는 것은 어찌보면 당연한 논리적 귀결인 것이다.

기실 이러한 논리적 완결성은 90년대 한국 시민사회가 지속적으로 요구했던 것이었다. 가령, 97년 윤정옥 정대협 대표는 다음과 같은 칼럼을 쓴 바 있다.[131]

> 이 나라 남성들이 사람이 아니라 문자 그대로 군수품 소비품이 되어 끌려나갔을 때 14세부터의 어린 소녀들이 '위생적인 공동변소'가 되어 끌려간 것이다. 이들의 한은 우리 국민의 한인 것이다. (중략) 그리고 일본에 대해서는 피해자와 우리 국민의 명예와 존엄성을 회복할 수 있게끔 국가적 사죄와 배상을 요구하자는 것이다.

위에서 윤정옥 정대협 대표는 남성들은 강제징용으로 여성들은 일본군 위안부로 끌려가 명예와 존엄성을 훼손 받았고, 이를 회복하기 위해 일본 정부의 사죄와 배상을 요구해야 한다고 역설하였다. 2011년 헌법재판소 판결과 2012년 대법원 판결은 윤정옥 당시 정대협 대표의 칼럼에 나타난 논리가 그대로 수용된 것으로 이해될 수 있는 것이다. 기실 두 판결은 시민사회의 소송에 의해 나온 것으로 시민사회 사법투쟁의 중요한 결실이었다.

3) 한일 상호의존의 특수성과 적대적 공존

이렇듯 일본의 '전후체제로부터의 탈각' 노선이 역사수정주의를 강화하고 있고, 한국의 시민사회와 사법부를 중심으로 한일 간의 기존 합의에 대한 이의제기가 지속되면서 한일 양국은 심각한 역사 갈등을 겪은 바 있다. 2012년 이명박 대통령 독도방문 이후, 2015년 12월 일본군위안부 문제 타결까지 한일 양국은 역사상 최악이라 불릴 정도로 심한 갈등을 겪었다.

물론 이전에도 한일 간에는 고강도의 갈등을 경험한 바 있다. 그러나 과거 냉전 및 탈냉전 시기의 갈등과 다른 점은 이러한 갈등 속에 양국 정상회담이 3년 넘게 열리지 않았다는 점이다. 실제 박근혜 정부 수립 이후 2015년 10월까지 한일 양국 정상은 미국을 매개로 잠시 만난 것을 제외하고 제대로 된 회담을 하지 않았다. 물론 아베 내각이 수정주의적 역사관에 입각해 한국 국민감정을 건드리고 있는 사정을 보면 이러한 한일관계는 그다지 이해할 수 없는 것은 아니었다. 하지만 2000년대 초반 고이즈미 준이치로 (小泉純一郎) 수상의 야스쿠니 신사참배, 2005년의 '다케시마의 날' 조례 제정 등 역사문제의 분출로 한일관계가 험악했을 때에도 한일 정상 간 대화가 끊긴 적은 없었다. 더 과거로 거슬러 95년부터 97년까지 한일관계는 일본군위안부 문제, 일본 각료의 망언, 독도 문제와 이와 연관된 한일 어업협정 개정 문제 등으로 최악의 상황이었다. 그러나 그 때에도 한일 정상은 만나서 이들 문제를 해결하려 노력했다.

이렇게 비정상적 한일관계가 지속되었던 이유는 어디에 있었던 것일까? 그 원인을 찾는 곳에서 2010년대 새로운 한일관계의 양상을 이해할 수 있을 것이다. 많은 사람들은 그 원인을 구조적 변화에서 찾았다. 동아시아 세력균형의 변화로 한일관계의 전략적 가치가 저하되었고, 일본의 우경화로 역사전쟁이 시작된 이상, 한일관계의 악화는 구조적으로 불가피하다는 것이다. 하지만 한일관계의 전략적 가치가 하락하였다는 것, 역사전쟁이 시작되었다는 것이 곧 한일 정상 간 대화의 부재, 즉 '외교의 방기'를 의미할 수는 없다. 결국 비정상적 한일관계의 원인은 정치리더십에서 찾을 수밖에 없다.

경제혁신 3개년 계획을 표방한 박근혜 정부, '전후의 대개혁'을 내걸고 있는 아베 내각은 모두 경제 활성화에 정권의 사활을 걸고 있었다. 정책 우선 순위에서 한일관계의 개선이 뒤로 밀리는 것은 당연한 일이었다. 특히 박근혜 정부는 일본군위안부 문제에 대한 일본의 성실한 대응을 전제조건으로 내세우는 원칙외교를 고수하고 있고, 아베 내각은 '전후체제로부터의 탈각'과 '강한 일본'의 건설을 위해 수정주의 역사관을 당당히 주장했다. 이런 상황에서 위안부 문제 해결을 위한 한일 간 정치적 타협은 기존 정책으로부터의 후퇴로 비춰져 국민적 저항을 불러올 가능성이 있었다. 한일관계가 '국내문제화'되어 정치적 갈등을 유발하는 구조이기에, 양국 정부는 한일관계가 정치쟁점화되는 것을 애써 피하고 있었던 것이다. 오히려 양국 정부는 한일관계 파탄의 원인을 상대국 정부에 전가하며 안도의 한숨을 쉬고 있을지 몰랐다. '적대적 공존'이야말로 이러한 상황을 가장 잘 표현해주고 있다.

이러한 양국 정치리더십의 '적대적 공존'은 국민여론에 의해 지탱되었다. 한국에서 일본은 '전쟁', '헤이트 스피치', '역사지우기', '우경화'라는 키워드로 이해되었다. 반면, 일본에서 한국은 '중국 편승', '일본 무시', '떼쓰기(역사문제를 해결하기 위한 과거 일본 정부의 노력을 평가하지 않고 원리원칙만을 내세우는 것)', '고자질 외교(국제사회 혹은 다른 나라와의 양자관계에서 일본의 역사인식을 비난하는 것)'라는 키워드로 이해되었다. 이러한 인식 속에서 어느 누구도 한일관계 개선을 요구하지 않았다. 오히려 상대국에 한일관계 악화의 원인을 찾고 있으며, 상대국이 백기를 들 때 까지 압력을 넣기를 원하기만 했다.

이러한 상대국 인식은 매스미디어의 상업주의와 연동되며 더욱 심화되어갔다. 일본에서 '혐한'이 한 때 비즈니스가 되었던 것은 이러한 일본 국민의 한국에 대한 울분을 씻어주는 효과가 있기 때문이었다. 한국 매스미디어 또한 '우경화 프레임'에 갇혀, 보고 싶은 것만 보려고 했다. 가령 한국 언론은 2014년 고노 담화 검증보고서가 고노 담화를 훼손시키고 무력화시키려는 아베 내각의 의도가 반영된 것으로 보도했다. 물론 그런 측면도 존재하지만, 고노 담화 검증보고서는 고노 담화 작성과정에 어떠한 문제점도 없었다는 결론을 내리고 담화의 계승을 천명했다. 적어도 고노 담화 검증보고서 이후 아베 수상은 고노 담화 수정을 얘기할 수 없게 되었다. 그래서 미국 정부는 고노 담화 검증보고서가 발표된 날 이를 평가한다고 한 것이다. 2014년 일본 중의원 선거 보도 또한 '우경화 프레임'에서 한 발짝도 벗어나지 못했다. 기실 중의원 선거는 자민당의 압승이었지만, 동시에 우익 정당이었던 차세대당의 몰락, 위안부 문제로 망언을 일삼았던 일본 유신회의 후퇴, 공산당의 선전 등 일본 국민의 자정노력 또한 두드러졌던 선거이기도 하였다.

아마 비정상적 한일관계가 지속되는 가장 큰 이유는 한일관계의 악화가 국민 실생활에 거의 영향을 미치지 않기 때문이었을 것이다. 한미관계는 곧 한국의 안보와 직결되어 있기에, 관계가 악화되면 불안감을 유발하게 된다. 중국 경제 의존도가 높아가는 상황에서 한중관계의 악화는 또 다른 불안감을 불러일으키게 된다. 그러나 예전과는 달리, 한일관계는 악화되어도 생활에 어떠한 불편을 느끼지 않게 되었다. 불편과 불안이 없으니 개선할 의지도 생기지 않는 것이다. 우리는 왜 더 이상 한일관계의 악화를 불편해하지 않는 것일까? 이는 한일 간 상호의존의 특수성 때문일 것이다.

먼저 한일 간 안보적 측면의 상호의존성을 보면, 한일 간 직접적 안보협력은 미미한 수준이다. 물론 아시아 재균형 정책을 표방하며 동맹국 간 연대를 강화하려는 미국의 전략 하에 '한일관계는 곧 한미관계이다'는 공식이 작동되고 있다. 그러나 한국 여론은 아베 내각의 집단적 자위권 용인, 헌법 개정 움직임, 방위력 증대 등을 두고 '위협'으로 인식하려는 경향이 강했다. 이에 대해서는 앞에서 살펴본 바 있다. 특히 이는 '우경화 프레임'과 연동되어, 일본에 대한 위협의식을 높였다. 일본 여론 또한 한국이 중국에 경사되어 가고 있는 상황을 매우 심각하게 바라보고 있었다. 고래부터 일본은 한반도를 '일본의 심장을 겨눈 칼'로 인식하였고, 지정학적 현실주의에 바탕을 두고 한반도가 어느 영향권에 포섭되느냐를 매우 민감하게 바라보고 있었다. 그런 일본의 한반도 인식에 의하면 한중관계의 긴밀화는 매우 '위협적'인 것일지도 모른다. 이처럼, 현실상으로 한국과 일본은 미국과의 동맹을 공유하고 있기에 안보적 상호의존성이 높지만, 의식상으로는 서로를 위협으로 느꼈던 것이다.

한일 간 경제적 상호의존성 또한 복잡하다. 2014년 한국 무역에서 일본은 중국, 미국에 이어 3위이다. 그러나 규모면에서 중국의 1/3에 불과하다. 우선 규모가 예전과는 달리 크지 않아 한일관계의 악화에도 불구하고 경제적 영향이 그리 크지 않다. 더군다나 한일 경제적 상호의존은 기업 간 거래(B2B, Business to Business)의 형태가 최종 소비재 판매거래(B2C, Business to Consumer) 형태보다 월등히 높다. 기업 간 거래는 정치적 관계에서 자유롭기에 양자관계의 악화에 그리 큰 영향을 받는 구조가 아니다. 반면 최종 소비재 판매거래는 한중일의 민족주의가 자극받았을 때, 불매운동이 퍼지기 때문에 양자관계에 민감할 수밖에 없다. 따라서 최종 소비재 판매거래 형태의 상호의존이 커지면 양자관계 악화에 따라 기업의 손실이 커질 것이고, 손해를 보는 기업들은 강력하게 정부에 관계개선을 요구하게 되어 양자관계의 안정화를 가져오는 것이다. 자유주의 국제정치학 이론은 이 점을 설파하고 있다. 그런데, 중국에서 반일데모로 도요타 자동차의 매출이 감소했다는 보도는 있어도, 한국에서 일본제품, 일본에서 한국제품을 보이콧하여 매출이 감소했다는 보도는 없다. 정치에 민감하다는 B2C 조차도 영향을 거의 받지 않는 것이다. 이는 어찌 보면 한일관계의 성숙성을 보여주기도 한다는 점에서 주목할 만 한 것이다.

한 때, 여행업계에서 일본 관광객이 격감했다고 아우성을 쳤지만, 요우커가 그 자리를 대체해주자 비명이 사라졌다. 한류산업 또한 일본의 시장은 정체된 반면 중국에서 확장을 하며 한일관계 악화로부터 오는 손실에 민감하게 반응할 필요가 없었다. 오히려 국제사회에서 일본기업과 경쟁하는 한국기업은 반일의식이 팽배한 중국에서 반사이익마저 보고 있었다. 중국에서의 한류가 재점화된 것은 너무 과도한 해석일지 모르겠지만, 이와 무관하지는 않을 것이다. 결국 한일관계의 악화에 따른 경제적 손실을 한중관계에서 메우고 있는 형국이었다.

더 정확하게는 한일관계의 악화에 가장 웃음 짓는 중국이 그 손실을 보존해주는 형태였다. 한미일 관계의 이완을 도모하는 중국에게 있어 한일관계의 악화는 반가운 것임에 틀림없다. 따라서 중국은 한중 FTA의 조기체결, 한중관계의 긴밀화 등 여러 정책을 통해 한일관계에 악화에 따른 손실을 보존해주려는 강력한 의지와 정책을 표명했다. 이러한 상황에서 예전 같았으면 한일관계가 악화될 때 가장 먼저 가장 강력하게 개선을 요구하던 경제계가 침묵으로 일관했을지 모르겠다.

이렇듯 최근의 비정상적 한일관계는 정치리더십, 국민여론 및 매스미디어, 한일 상호의존의 특수성에서 원인을 찾을 수 있다. 이 세 가지가 상호작용하면서 한일 간의 '적대적 공존'을 불러일으켰던 것이다. 역사영토문제가 상존하는 한일 간에 이러한 적대적 공존이 반복될 가능성은 여전히 남아 있는 것이다.

이렇듯 2010년대 이후 동아시아 세력균형의 변화라는 구조변혁기에 한일관계는 동요하고 있다. 2010년대 이후 동북아시아에서는 한미일 협력체제와 한중일 협력체제가 동시적으로 발전하면서 제도화되어 가고 있다. 따라서 한일관계의 핵심 의제들이 한미일 협력체제, 한중일 협력체제와 연동하며 양자의 틀 속에 용해되어 가는 것은 자연스런 현상이었다. 그런 면에서 최근의 한일관계는 다음과 같은 세 가지 특징을 보이고 있다. 먼저 한일관계는 북한문제 및 안보협력 등 전통적 안보에 대해서는 한미일 협력체제의 틀 속에 전개되고 있다. 두 번째 경향으로, 핵안전, 환경문제 등 비전통적 안보 및 인적 교류 등의 문제는 한중일 협력체제의 틀 속에 전개되고 있다. 마지막으로 한일 양자 문제가 한미일 협력체제 및 한중일 협력체제로 흡수되면서 한일 양자 문제로써 역사문제가 더욱 두드러지게 나타나는 경향을 보이고 있다. 이렇듯 한일관계와 한미일 협력체제 및 한중일 협력체제가 연동하면서 다자주의는 양국 사이의 협력을 제고하는 가능성을 내포하면서도 양자 갈등을 수습하는 매커니즘을 약화시킬 수 있다. 한일관계를 다자주의와 양자주의의 연관성에서 고찰하는 새로운 패러다임이 요구되고 있는 상황인 것이다.

일본의 '전후체제로부터의 탈각' 노선이 역사수정주의를 강화하고 있고, 한국의 시민사회와 사법부를 중심으로 한일 간의 기존 합의에 대한 이의제기가 지속되면서 한일 양국은 심각한 역사 갈등을 겪었다. 이러한 무한 갈등 상황으로 상호의존성이 높을수록 갈등이 쉽게 수습된다는 자유주의 국제정치학 이론이 한일관계에는 잘 들어맞지 않는 '아시아 패러독스' 상황을 유발하고 있다. 이는 누구도 한일관계 악화를 불편해하지 않기 때문이다. 더 정확하게는 미국과 동맹을 공유하고 있어서 한일 안보적 상호의존이 높음에도 불구하고 의식상에는 서로를 위협으로 인식하고 있기 때문이며, 정치적 관계로부터 자유로운 기업 간 거래(B2B)의 상호의존이 최종 소비재 판매거래(B2C) 형태보다 월등히 높아서 한일관계 악화로 인한 경제적 피해를 몸으로 인식하지 못하기 때문이다. 동시에 한일관계가 한미일 협력체제 및 한중일 협력체제와 연동하며 미국과 중국은 안정적인 양자관계를 구축하고자 하지만, 미국은 한미일 협력체제의 강화를 도모하는 반면, 중국은 그 이완을 추구하고 있다. 따라서 중국은 한일관계의 악화에 따른 손실비용을 보전해주려는 적극적 자세를 취했으며, 이러한 중국의 적극적 개입으로 한일관계는 쉽게 개선되지 않는 경향을 보였다. 그런 의미에서 이후 한일관계에 있어 중국 변수를 어떻게 중립화할 것인지, 한일 상호의존을 어떻게 보다 건설적으로 구축할 것인지 고민해야 할 시점이 된 것이다.

〈표 10〉 구조변혁기 한일관계의 다층적 구도

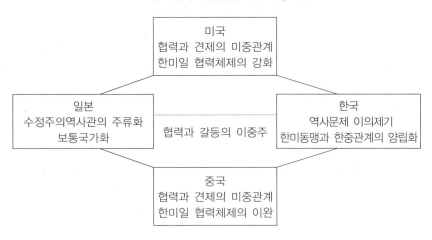

결론

전후 한일관계 70년 그리고 미래 70년

1. 역사영토문제 과거 70년 미래 70년

1) 역사문제

2장 1절에서 살펴보았듯이, 식민지배의 법적 성격을 둘러싼 한일 양국의 인식 차이는 "이미 무효(already null and void)"라는 양면 해석이 가능한 문구로 양립할 수 있었다. 전략적 모호성, 혹은 비합의의 합의(agree to disagree)를 통해 양자의 갈등을 봉합했다고 볼 수 있다. 식민지배의 청산문제 또한 청구권 협정에 대한 해석을 달리하지만 이를 문제삼지 않고 외교 문제화하지 않는다는 양국의 암묵적 합의에 의해 그 갈등이 봉합되었다.

물론 한일 역사문제에 관련해서는 이는 갈등의 해결이 아니었고, 갈등을 미래 세대에게 떠넘기는 임시방편적인 묘약에 불과한 측면이 강했다. 따라서 탈냉전 이후 한일관계 2.0에서는 역사문제에 대한 새로운 접근이 요구되었다. 이에 4장에서 살펴보았듯이, 일본은 식민지 지배에 대한 사죄와 반성을 명확한 형태로 표명하였고, 이를 기반으로 명시적이지 않았지만 일본의 책임이 여전히 남아있다는 것을 인정하고 현안의 역사문제(한인 원폭피해자 문제, 사할린 잔류 한국인 문제, 일본군위안부 문제 등)에 성의를 가지고 적극적으로 대처하는 형태로 나타났다. 고노 담화와 그 후속조치로써의 아시아여성기금 또한 이러한 예일 것이다. 그런 의미에서 도의적 책임론은 이러한 일본의 새로운 과거사 정책과 65년 한일협정에 대한 기존 해석 사이의 괴리를 논리적으로 메우기 위해 만들어진 개념인 것이다.

그러나 이러한 진전에도 불구하고 고노 담화와 무라야마 담화를 무효화하고자 했던 일본 보수세력의 반발, 민주화 이후 태생기를 맞이했던 한국 시민사회의 원칙론이 상호 악순환을 일으키며 오히려 한일관계를 악화시키는 상황까지 초래했다. 결국 90년대, '식민지 지배 반성사죄'로 식민지 지배와 청구권 협정을 둘러싼 한일 정부 간의 인식 격차는 상당히 좁혀졌지만, 고노 담화와 무라야마 담화를 무효화하며 역사수정주의로 빠져드던 일본의 보수와 권위주의 정권 하에 침묵을 깨고 원칙론을 강화한 한국의 시민사회는 오히려 인식의 차이를 크게 노정하면서 '이중구조'가 형성되었다. 이로써 '98년 체제' 하에 내적으로는 식민지배의 법적 성격과 그 청산을 둘러싼 한일 간 이견이 정치적으로 관리되며 '잠복'되었지만, 외적으로는 역사수정주의와 원칙론의 '현시적 도전'에 직면하게 되었던 것이다.

실제 5장에서 살펴보았듯이 2000년대 이후 일본에서는 역사수정주의가, 한국에서는 시민사회와 사법부를 중심으로 역사 원론주의적 경향이 나타나며 새로운 갈등구조를 만들어 내고 있다. 그런데 흥미롭게도 2010년대 한국의 시민사회와 여론은 예전과 달리 상당히 유화적인 입장으로 돌아서고 있었다. 가령 일본군위안부 문제의 경우, 중앙일보 김영희 대기자는 "위안부 문제, 사사에 모델이 답이다"는 칼럼에서 '반인도적 범죄 및 배상'의 관

점이 아닌 정치적 타결을 해결책으로 제시하였다.[132]

　　위안부 문제 해결의 하나의 모델은 나와 있다. 이명박 정부 시절인 2012년 3월 민주당 노다 정부의 외무차관 사사에 겐이치로(佐佐江賢一郎)가 3개 항의 방안을 들고 왔다. 위안부 문제에 대해 (1) 일본 총리가 공식 사죄를 하고 (2) 위안부 피해자들에게 인도주의 명목의 배상을 하고 (3) 주한 일본 대사가 위안부 피해자들을 방문해 총리의 사죄문을 읽고 배상금을 전달한다는 내용이었다. (중략) 사사에 모델은 주어진 상황에서는 가장 현실적인 해결책이었다는 평가를 받았다.

　또한 강제징용 문제의 경우, 2011년 헌법재판소 판결과 2012년 대법원 판결을 이끌어 내었던 최봉태 변호사는 독일의 '기억책임미래' 재단을 모델로 한일 정부와 기업으로 이루어진 2+2 재단 설립을 제안했다.[133] 이러한 제안에 대해 동아일보 심규선 대기자는 강제징용 배상 판결 이후 한국 정부가 기존 입장을 번복해야 하는 '자기부정'의 위기에 처해있음을 명확히 하면서 최봉태 변호사 및 대한 변호사협회와 일본 변호사협회의 2010년 12월 공동선언의 제안을 수용할 것을 호소했다.[134]

　'전후체제로부터의 탈각' 노선을 바탕으로 역사수정주의적 입장을 보인 아베 신조(安倍晋三) 내각 또한 위 김영희 대기자의 칼럼에서 나오는 사사에안을 중심으로 위안부 문제의 해결을 도모하고 있다는 보도가 2014년 즈음부터 나왔다. 또한 아베 수상은 일본군위안부 문제에 대한 반성과 사죄를 표명한 고노 담화를 수정하려 노력했지만 실패하고 고노 담화를 계승하겠다는 입장으로 회귀했다. 일본군위안부 관련해서도 아베 수상은 2015년 3월 워싱턴포스트 인터뷰에서 일본군위안부를 인신매매의 희생자로 표현하면서 "헤아릴 수 없는 고통과 형언할 수 없는 아픔을 겪은 이들을 생각할 때 가슴이 아프다"라고 전향적 자세를 표명해왔다.[135]

이러한 배경 하에 2015년 11월 개최된 한일 정상회담에서 일본군위안부 문제의 조기 타결을 합의했다. 아베 수상은 박 대통령과의 회담 후에 일본 기자들과 만나 "(일본군위안부) 조기 타결을 목표로 협상 가속화에 일치했다"고 언급했다. 청와대 안보외교수석 또한 "양 정상은 올해가 한일국교정상화 50주년이라는 전환점에 해당한다는 것을 염두에 두고 가능한 조기에 위안부 문제를 타결하기 위한 협의를 가속화하기로 했다"고 설명했다.

하지만 한일 정상회담 후 11월 4일 아베 수상은 "양측의 기본적 입장이 다르다"는 말을 통해 일본이 한일 청구권 협정에 의해 식민지 관련 법적 처리가 완결되었다는 기본 주장에 입각해 법적 책임을 인정하지 않을 것임을 명확히 했다.

또한 아베 수상은 한일 정상회담 후 약식 기자회견에서 "위안부 문제는 미래지향적인 협력관계를 구축하는 토대 위에서 장래 세대에 걸림돌로 남겨서는 안 된다"고 말했다. 아베 수상이 평상시 일본군위안부 문제를 "해결하고 싶지만 정말 마지막이 될 것이라는 보장이 있는가"라는 말을 주위에 말해왔다는 점을 감안하면 "장래 세대에 걸림돌로 남겨서는 안된다"는 말은 일본군위안부 문제에 대한 타결안이 나오면 한국 정부가 더 이상 문제제기를 하지 말아야 한다는 점을 강조한 것이다.

이렇듯 역사문제에 대해 유화적 태도를 보이면서도 '자기주장'을 강화하는 것은 2015년 8월 14일 발표된 아베 담화에서 이미 예고되어 있었다. 아베 담화에서 식민지배, 침략, 반성, 사죄의 4개 키워드가 모두 들어갔고, 무라야마 담화 등 기존 담화를 계승하겠다는 의지가 피력되어 나름 긍정적인 평가를 받았다. 일본군위안부 문제에 대해서는 "20세기에 전쟁 하의 많은 여성들의 존엄과 명예가 깊은 상처를 입은 과거를 계속 가슴에 새기겠습니다. 그래서 우리는 이러한 여성들의 마음을 항상 받아안는 국가이고 싶습니다. 21세기야말로 여성의 인권이 손상되지 않는 세기가 될 수 있도록 세계를 선도하겠습니다"며 간접적으로 그 해결 의지를 드러냈다.

그러나 아베 담화에 있어 식민지 지배의 불가피성과 합법성은 오히려 강조되었다. "식민지배의 파도가 아시아에 밀려들어 왔다. 그 위기감이 일본에 있어 근대화의 원동력이 되었다는 것은 틀림이 없다. (중략) 러일 전쟁은 식민지 지배하에 있던 많은 아시아와 아프리카 사람들에게 용기를 부여했다"는 문구는 식민지배의 합법성을 완곡하게 표현한 것이다. 아베 담화에서 식민지배의 '문제점'이 거론되는 것은 1차 세계 대전 후 민족자결주의가 확산되며 식민주의가 주변화되었음에도 불구하고 만주사변을 일으키고 국제연맹에서 탈퇴하는 등 일본이 그 흐름에 역행하면서 잘못된 길에 접어들었다는 부분에서였다.

이러한 역사인식은 식민지 지배의 불법성을 전제로 강제징용 배상을 요구하는 한국에 대응하기 위한 논리적 근거를 확보하기 위한 것으로 이해될 수 있다. 2015년 일본 메이지 산업혁명 유산의 유네스코 세계문화유산 등록 과정에서 forced to work을 어떻게 해석하느냐를 두고 한국과 치열한 논쟁을 벌인 것 또한 위 연장선상에서 이해될 수 있다.

또한 아베 담화는 "우리들의 자손, 그리고 그 다음 세대에게 계속 사죄해야 하는 숙명을 부여해서는 안된다"라며 더 이상 '사죄 외교'를 하지 않겠다는 의지를 표명했다. 이러한 아베 담화를 통해 보건데, 일본군위안부 문제의 타결을 추구하는 과정에서 타결 이후 한국 정부가 위 문제를 더 이상 외교문제화하지 않는다는 약속을 받아내어 후세대에 부담을 지우지 않겠다는 방향으로 위 문제에 임할 것임을 예고했다.

이렇듯 식민지배의 불법성을 전제로 원론적 입장을 취하고 있던 한국 시민사회의 일부에서, 그리고 과거 역사의 미화에 앞장서던 일본 역사수정주의 그룹 일부에서 일본군위안부 문제에 대한 타협적 경향이 나타났고, 이러한 배경 하에 2015년 12월 28일 한일 외교장관 회담을 통해 한일 양국은

일본군위안부 문제에 대해 일본은 다음과 같은 합의사항을 발표했다.[136]

일한 간 위안부 문제에 대해서는 지금까지 양국 국장급 협의 등을 통해 집중적으로 협의해왔음. 그 결과에 기초하여 일본정부로서 이하를 표명함.

1) 위안부 문제는 당시 군의 관여 아래 나누의 여성의 명예와 존엄에 깊은 상처를 입힌 문제로서, 이러한 관점에서 일본정부는 책임을 통감함. 아베 내각총리대신은 일본국 내각총리대신으로서 다시 한 번 위안부로서 많은 고통을 겪고 심신에 걸쳐 치유하기 어려운 상처를 입은 모든 분들에 대해 마음으로부터 사죄와 반성의 마음을 표명함.

2) 일본정부는 지금까지도 본 문제에 진지하게 임해 왔으며, 그러한 경험에 기초하여 이번에 일본정부의 예산에 의해 모든 전(前) 위안부 분들의 마음의 상처를 치유하는 조치를 강구함. 구체적으로는, 한국정부가 전(前) 위안부 분들의 지원을 목적으로 하는 재단을 설립하고, 이에 일본정부 예산으로 자금을 일괄 거출하고, 일한 양국 정부가 협력하여 모든 전(前) 위안부 분들의 명예와 존엄의 회복 및 마음의 상처 치유를 위한 사업을 행하기로 함.

3) 일본정부는 상기를 표명함과 함께, 상기 2)의 조치를 착실히 실시한다는 것을 전제로, 이번 발표를 통해 동 문제가 최종적 및 불가역적으로 해결될 것임을 확인함. 또한, 일본정부는 한국정부와 함께 향후 유엔 등 국제사회에서 동 문제에 대해 상호 비난·비판하는 것을 자제함.

위 사항에 대한 한국 정부는 "일본정부가 주한일본대사관 앞의 소녀상에 대해 공관의 안녕·위엄의 유지라는 관점에서 우려하고 있는 점을 인지하고, 한국정부로서도 가능한 대응방향에 대해 관련단체와의 협의 등을 통해 적절히 해결되도록 노력"한다는 항목까지 표명하면서 일본군위안부 문제 '최종적 및 불가역적 해결'에 동의를 하였다.

이러한 한일 합의는 기존에 도의적 책임을 주장하면서 보상의 의미가 가미된 정부 예산 사용을 반대해왔던 일본 정부가 '책임'을 인정하고 정부 예산을 사용하기로 했다는 점에서 진일보한 것임에도 틀림없다.

또한 재단을 설립하고 일본군위안부의 명예와 존엄 및 치유를 위한 사업을 전개하기로 하여 민간영역에서 진상규명과 교육 및 기념·추모사업 등을 전개할 여지를 남겼다는 점 또한 특기할 만하다. 재단이 위안부 피해자의 "명예와 존엄 및 치유를 위한 사업을 전개"하는 것으로 합의된 이상, 역사적 사실을 밝히는 진상규명 사업, 피해자의 기념하고 추모할 수 있는 기념관 설립, 한일 교과서에서 진상을 전달하는 사업 등은 그 취지에 벗어나지 않는다고 판단되기 때문이다. 물론 한일 정부 사이에는 '최종적 불가역적 해결'에 합의했기에 재단의 여러 사업은 당연히 민간이 주도하고 정부가 지원하는 형태로 운영될 수밖에 없을 것이다.

결국 일본군위안부 문제에 대한 한일 간 정부합의는 일본 정부의 책임 인정과 사죄 및 정부예산 사용을 통해 '정치적' 해결을 꾀하면서도, 재단이라는 형태로 일본군위안부 문제의 '실질적' 해결을 민간에 맡기는 구조를 취한 것으로 해석할 수 있다. 일본 정부는 '책임'이 법적 책임을 의미하는 것이 아니라고 강변할 수 있으며, 65년 청구권 협정으로 모든 법적 책임을 완수했다는 기존 입장을 변화시킬 필요가 없어졌다. 반면 한국 정부는 책임, 사죄, 실질적 보상을 얻어냈다고 강변할 수 있게 되었다. 이렇듯 전략적 모호성이 다시 한 번 가동된 것이다.

물론 정치적 영역에서 역사문제에 대한 이견을 그대로 남겨둔 채, 즉 일본군위안부 문제에 대한 정치적 해결을 미해결 상태로 놓아둔 채 정의의 실현을 민간영역에 맡기는 방식이 더 좋은 방법이었을 지도 모른다. 2015년 12월의 한일 합의가 국민적 동의를 얻지 못하는 작금의 상황은 이를 강변하고 있다. 그러기에 이러한 복잡성을 인지했던 역대 정부는 일본군위안부 문제를 외교쟁점화하지 않았던 것이었을 지도 모르겠다.

어찌되었든 역사문제가 옳고 그름의 도덕의 문제가 아니고 정치의 문제라면, 그리고 정치가 역사문제를 타결하기로 작심했다면 현실적으로 이외에는 별다른 묘수가 없는 것이 사실이다. 전후 한일관계 70년은 이러한 방식으로 갈등을 극복해왔으며, 일본군위안부 문제에 대한 한일 합의 또한 그 맥락에 위치해있다. 강제징용을 둘러싸고, 앞에서 살펴본 최봉태 변호사 및 대한 변호사협회와 일본 변호사협회가 2+2 재단 설립을 제안한 바 있는데, 일본군위안부 문제에 대한 한일 합의는 강제징용 문제 해결에도 좋은 선례가 될 수 있을 것이다.

문제는 국민적 합의이다. 그 동안 원칙론을 고수하던 한국 시민사회 및 국민여론의 반발은 당연한 것이었다. 위안부 피해자와 그 지원단체인 정대협은 일본군 위안부의 진상을 규명할 것, 전쟁범죄를 인정할 것, 공식 사죄할 것(국회 사죄결의), 전범자를 처벌할 것, 추모비와 사료관을 건립할 것, 피해자들에게 배상할 것(법적배상), 역사교과서에 기록할 것을 요구해왔다. 한일 합의와 정대협의 7대 요구사항은 사죄의 방식, 배상 문제 등에 있어 그 간극이 너무 큰 것이 사실이다. 일본 보수 세력 또한 위 합의에 대한 불만을 간헐적으로 드러내고 있으며, 향후 소녀상(평화상) 철거 문제를 두고 한일 합의를 무기로 한일 양국 정부를 압박할 가능성이 존재한다.

역사문제를 도덕과 정의의 영역에서 정치의 영역으로 끌어내리고, 정의의 실현은 민간영역에 맡기자는 2015년 12월 28일 한일 합의는 분명 갈등을 극복하는 묘안임에는 틀림없다. 그러나 향후 이러한 불가피성과 정치성을 국민들에게 설득하고 양해를 구하는 작업은 한일 양국이 역사문제의 관리를 위해 짊어져야 할 의무임에 틀림없어 보인다.

이 과정에서 우리가 명심해야 할 것은 우리의 원론적 대응과 일본을 무시하는 경향이 일본의 보수우경화를 가속화시켜 역사문제의 해결을 더욱 어렵게 하는 '역사 문제의 딜레마'이다. 2012년 이명박 대통령의 독도방문 이후, 한국 사회의 원론적 대응과 일본 무시 경향은 '정치적 사망 선고'를 받았던 아베 신조의 부활을 가져왔고 명실상부하게 역사수정주의가 일본의 주류로 자리매김하는데 '기여'했다는 점을 명심해야 할 것이다. 한국의 대일 강경 인식은 일본 리버럴 세력 혹은 양심 세력의 입지를 좁히고 일본 우익을 강화시켜주는 모순을 가져온 것이다. 그리고 역사수정주의로 치닫는 일본 모습은 다시금 '일본이 우경화되었다'는 한국의 인식을 강화시키고 있다. 그리고 이런 한국의 모습이 다시 일본 우익을 강화시킨다.

우리가 일본이 과거 역사에 대한 반성 위에 평화국가의 모습을 유지하기를 바란다면, 우리 스스로 이러한 악순환을 끊어내려는 용기가 필요한 것이다. 어린 아이가 잘못했을 때, 윽박지르기 보다는 대화하며 타이르는 게 더 교육적이라는 사실은 잘 알려져 있다. 지금의 우리에게 이러한 대범함과 아량이 절실하다. 전후 한일관계에서 알 수 있는 것은 일본이 한국의 전략적 가치를 높게 평가했을 때, 역사문제에 전향적 자세를 보이며 진일보를 이루었다는 점이다. 우리의 대범함과 아량이 일본의 대한 인식을 개선시키고 주변국과의 우호선린관계를 주장하는 리버럴 세력을 강화시켜 역사문제의 개선을 가져오는 선순환을 만들어 낼 것이다. "네가 변하지 않는 한 나도 막나가겠다"는 자세로는 악순환의 구조를 끊을 수 없다. 악순환 구조로 잉태된 동아시아 불안정은 우리의 국익에도 도움이 되지 않는다. 지금이야 말로 선순환 구조를 만들기 위해 우리부터 마음을 여는 자세가 필요한 것이다.

2) 영토문제

2장 2절에서 살펴보았듯이, 독도문제에 대해서 한일 양국은 전쟁에 이를지도 모를 영유권 문제를 보류하고 자원의 이용 문제에 대해서는 상호 이익이 되도록 조정하는 형태로 문제를 봉합했다. 이러한 방식은 일본정부가 한국의 실효지배를 용인하고 독도주변을 실질적으로 공동이용하는 방식을 취하면서, 독도문제가 양국 사이의 긴장요인이 되지 않도록 양국이 최대한 자제하는 방식을 의미한다. 또한 한일 양국은 '분쟁 해결에 관한 교환공문'에 대해 일본 정부는 독도가 분쟁 지역에 해당한다는 해석을 내리고 있고, 한국 정부는 독도가 분쟁지역이 아님을 확인했다는 다른 해석을 내리고 있다. 어찌보면, 한일회담에서의 독도문제는 한일합방의 무효 문제처럼, 의도적으로 양면 해석이 가능한 '전략적 모호성'을 남김으로써 양자의 갈등을 회피하는 방식을 택했다고 볼 수 있다. 이와 같은 전략적 판단은 65년 타결된 한일 어업협정에도 나타났다. 즉 양국은 독도주변에 전관수역을 설정하지 않고 독도를 공동규제수역에 두어, 독도 영유권문제와 어업문제를 분리시켰다. '독도 모델'로도 평가할 수 있는 지혜로운 관리 시스템이었으며, 따라서 4장에서 살펴보았듯이 90년대에서 기본적으로 유지계승되었다.

그러나 2010년 이후 상황이 많이 악화되었다. 2010년 이후 중국의 센카쿠 영유권에 대한 주장 강화가 일본 정부의 센카쿠 제도 국유화에 영향을 미쳤을 것이라는 것은 쉽게 추론할 수 있다. 하지만 더 큰 이유는 2012년 8월 10일, 전격적으로 이루어진 이명박 대통령의 독도 방문이었을 것이다. 이명박 대통령이 독도를 방문한 것은 일본 정부가 영토문제에 대해 미온적 태도를 보인데 그 원인이 있다는 야당과 국민의 비판에 직면하여, 일본정부는 영토문제에 강경하게 대응할 수밖에 없었다. 이에 일본 정부는 8월 21일 독도에 대해서는 ICJ 제소를 한국정부에 제안함과 동시에, 센카쿠에 대해서는 국유화 조치를 통해 실효적 지배를 강화하는 방향으로 선회하였던 것이다. 양자관계의 갈등이 다자화되는 현상인 것이다.

물론 이명박 대통령의 독도방문은 일본군위안부 문제에 대해 소극적 대응으로 일관한 일본에 대한 불만이 표출된 것이다. 하지만 2005년 시마네현의 '다케시마의 날' 조례 선포, 교과서와 방위백서 및 외교청서에서의 독도 기술, 2012년 일본 자민당 의원의 울릉도 방문 소동 등으로 독도에 대한 실효적 지배를 강화해야 한다는 여론의 흐름 때문이기도 하였다. 한중일 삼국의 내셔널리즘이 미묘하게 연동되어 있음을 알 수 있다.

2012년 국유화 조치 이후, 9월 13일, 중국 정부는 센카쿠 제도를 영해기선으로 하는 해도를 유엔에 제출하여 센카쿠 영유권 주장을 명시화했다. 이전까지 중국은 센카쿠 제도에 대한 영유권을 주장했으나, 어업협정, EEZ 주장 어디에도 센카쿠 제도를 영해기선으로 삼은 적이 없다는 점을 고려하면, 중국의 강력한 영유권 주장임을 알 수 있다. 9월 14일 중국 함선이 센카쿠 영해를 '침범'한 이래 이러한 영해침범은 지속되고 있으며 무인 항공기의 침입도 이어져 일본의 실효적 지배를 무력화하기 위한 조치들이 취해지고 있다. 또한 12월 14일, 자국의 대륙붕이 오키나와 해구에까지 이르고 있다며 유엔대륙붕 한계위원회에 대륙붕 연장을 공식적으로 신청하였다. 2013년 7월 18일 로이터 통신에 의하면, 중국해양석유 등 공영회사가 동중국해 7개 유전 개발을 신청한 사실이 보도되면서 중국의 단독개발이 진척되고 있다는 사실이 판명되었다.

한국 내에서도 9월 7일, 정몽준 의원이 한일 어업협정의 파기를 주장하며 독도를 기점으로 새롭게 어업협정을 체결해야 한다는 주장이 제기되었다. 또한 한국정부는 12월 27일 유엔대륙붕 한계위원회에 오키나와 해구까지 한국의 대륙붕 연장을 신청하여 일본과의 EEZ 경계획정에 있어 대립구도를 더욱 명확히 하였다.

이렇듯 2010년을 기점으로 기존의 '평화적 관리방식'은 일본의 센카쿠 국유화, 한국 대통령의 독도 방문 등으로 영유권 문제의 보류라는 기본적 원칙이 동요되면서, 어업협정 및 EEZ(이와 연관된 해양자원 개발 문제) 문제의 관리방식이 흔들리고 있는 듯이 보인다. 즉, 한중일 삼국 모두 분쟁지역에 대한 영유권 주장을 강화하고 있으며, 이에 의거해 기존의 어업협정과 EEZ

문제를 자국에 유리하게 변경하려는 듯한 움직임을 보이고 있는 것이다.

하지만, 중국 정부는 72년 국교정상화 교섭과 79년 중일 평화우호조약 교섭 당시 영유권 보류론이 중일 간에 합의되었다며, 이 정신으로 돌아갈 것을 주문하고 있다. 물론 일본 정부는 이러한 영유권 보류론에 합의한 적이 없다며 이를 부정하고 있다. 중국 입장에 영유권 보류론으로 회귀한다는 의미는 일본 정부가 센카쿠가 분쟁지역임을 인정하는 것이다. 반면 일본은 센카쿠 문제를 둘러싼 갈등을 확대할 생각은 없지만 중국의 주장을 수용할수 없다는 입장이다. 한일 사이에는 그 반대의 현상이 나타나고 있다.

이렇듯 영유권 문제를 둘러싸고 예전과 같이 해당 섬이 자국의 영토임을 주장하는 단계에서 상대국이 해당 섬이 분쟁상태에 있음을 인정하도록 구체적 행동을 통해 요구하고 있다는 점에서 영유권 문제를 둘러싼 '싸움의 방식'이 변하고 있는 것은 사실이다. 그럼에도 분쟁 당사국 모두 더 이상의 갈등 확대는 회피하고자 하는 의도가 확실해 보인다. 한중일 삼국 모두 영유권 주장을 강화하고 있지만, 기존 어업협정의 폐기, 기존 합의의 무효를 선언하거나 이를 위한 실질적 행동을 보이고 있지 않다. 동시에 2010년 11일, 중일 국방장관 회담을 개최하여, 센카쿠 주변 갈등 상황의 재발을 방지하기 위한 해상연락체제를 구축하는데 합의했다. 일본의 국유화 조치 이후 위 회담이 지속적으로 연기되고 있지는 하지만, 사태가 진전되면 센카쿠를 둘러싼 갈등 재발 방지를 위한 해상연락체제 구축이 합의대로 이루어질 것이다. 또한 한국과의 관계에 있어서도 일본은 ICJ에 단독 제소하는 것을 공식적으로 기각하고 갈등 관리를 도모하고 있다.

물론 갈등이 '잠복'되었을 뿐 다시금 재발할 가능성이 존재한다. 이는 기술했듯이 90년대 국제 해양질서의 변동에 따라 동해와 동중국해의 해양질서를 재편할 수밖에 없는 압력이 작용했기 때문이다. 하지만 기존의 '평화적 관리방식'은 분쟁지역 관리를 위해, 영유권, 어업협정, EEZ 문제(해양자원 개발문제) 전반에 걸쳐 상호 작용하도록 복잡한 제도를 설계해두었다. 따라서, 이를 수정하고자 할 경우 기존의 해양질서가 일거에 붕괴되어 혼란을 초래하기 때문에 기존 해양질서를 변경할 수 있는 여지가 좁아진다. 예를 들어, 기존 어업협정을 파기하고 자국이 주장하는 섬을 기점으로 하는 새로운 어업협정을 요구하게 되면 기존의 어업질서가 파괴되어 각 국가의 어업에 치명적 영향을 미칠 것이 확실하다. 또한 자국의 주장하는 섬을 기점으로 하는 새로운 어업협정을 요구하며 위 협정을 파기하면, 비슷한 방식으로 체결된 다른 나라와의 어업협정 또한 정책적 일관성 입장에서 폐기해야 한다는 주장이 대두될 수 있다. 이미 살펴본 대로, 한일 어업협정과 중일 어업협정은 비슷한 방식(공동규제수역, 잠정수역 방식)으로 체결된 조약이다. 2010년 이후의 여러 갈등에도 불구하고 기존의 '평화적 관리방식'이 근본적으로 붕괴되지 않는 이유가 여기에 있을 것이다.

이러한 평화적 관리방식이 한중일 갈등 상황 속에서도 2013년 4월의 일대만 어업협정에 그대로 적용되었다는 사실에서도 그 생명력을 보여주고 있다. 일본과 대만 양국은 상호간에 주장하고 있는 곳을 공동어업수역으로 만들었다. 하지만 일본 정부는 센카쿠제도의 12해리에 관해서는 전관수역을 선포하고 대만의 어업활동을 규제한다고 발표했다.[137] 이는 앞에서 살펴본 한일 구어업협정 방식과 거의 일치하고 있으며, 중일 어업협정과도 기본 원칙에 있어 유사하다.

물론 일대만 어업협정과 일러 협력 확대는 중국을 견제하고자 하는 일본의 현실주의적 국가전략 때문일 것이다. 일대만 어업협정과 이를 통한 협력관계를 통해 중국과 대만의 통일 전선을 약화시켜 일본의 교섭력을 높이려는 의도가 존재하며, 러시아와의 협력관계를 강화하여 중국의 영향력 증대를 견제하고자 하였던 것이다. 하지만, '중국 견제'라는 현실주의적 전략이 영유권 문제와 자원의 이용 문제를 분리하여 분쟁지역을 평화적으로 관리하려는 자유주의적 제도설계(일대만 어업협정)로 귀결되었다는 것은 매우 흥미로운 사실이다. 이미 언급한 평화적 관리 방식이 보여준 '양자 관계의 다자화' 현상이 현실주의적 국가전략의 변화(즉 영유권 주장의 강화)를 억제하고 있다는 점을 잘 보여준 것이다. 이러한 자유주의의 '족쇄'가 일본 뿐만 아니라, 한국과 중국에게도 채워져 있는 것이다.

그러나 역사문제와 마찬가지로 전략적 모호성을 바탕으로 영유권 문제와 자원 이용문제를 분리하여 영토문제를 관리하려했던 외교적 지혜의 불가피성과 정치성을 국민에게 어떻게 설득하고 양해를 구할 지는 여전히 남겨진 숙제일 것이다.

이 과정에서 우리가 명심해야 할 것은 '독도의 딜레마'이다. 즉, 독도에 대한 실효적 지배를 강화하고자 하는 우리의 노력이 오히려 독도가 분쟁상태에 있다는 사실을 전세계에 인지시키는 계기가 되어 오히려 우리의 실효적 지배를 약화시키는 딜레마에 봉착하게 된다는 점이다. 그런 의미에서 한국 입장에서 보자면, 한국이 독도 영유권에 대해 절대적 우위를 확보했다는 측면을 객관적으로 인식할 필요가 있다. "일본은 언제라도 독도를 침탈할 수 있다"는 불안의식이 독도문제에 대한 한국 국민의 과잉 대응을 불러일으키고 있다. 따라서 한국 국민은 한국이 독도 영유권에 대해 절대적 우위에 있다는 점을 객관적으로 인식하고 '자신감'을 회복하여 독도문제에 대한 보다 현실적이고 장기적인 안목을 갖출 필요가 있다.

무엇보다 일본과 대등한 국력을 가질 수 있도록 종합적 국가발전을 도모해야 할 것이다. 독도 문제이든 역사 문제이든 최종적인 해결은 결국 한국이 일본과 대등한 국력 혹은 월등한 국력을 소유하여 일본에게 한일관계의 전략적 가치를 제고시켜 위 문제에 대한 전향적 정책을 유도하는 것이다. 단시간에 해결하겠다는 조바심이 오히려 우리에게 독이 되기도 한다는 사실을 명확히 인식해야 할 것이다.

2. 한일 안보협력 과거 70년 미래 70년

1장에서 살펴보았듯이, 한일 양국은 미국 동아시아 정책과의 연관성 속에 한국과 일본이 연계됨으로써 '유사동맹(quasi alliance)적 특수관계'를 형성하면서 협력관계를 구축해갔다. 지역동맹(regional alliance)으로써의 미일동맹은 국지동맹(local alliance)으로 기능했던 한미동맹을 보완하는 차원에서 한반도를 포함한 극동지역의 안보에 중요한 역할을 하였지만, 69년 확정된 일본의 군사적 역할은 한반도 유사시 주일 미군의 자유로운 한반도 전개 및 핵반입 허용 등 매우 소극적인 것에 머물러 있었다. 한국 안보에 대한 적극적 역할은 상정되지 않았던 것이다. 이는 보혁대립이라는 특수한 국내구조를 가지고 있는 일본에게 있어 불가피한 것이었다. 한국 또한 한일 국교정상화가 과거사 청산을 도외시 한 결과, 식민지 지배의 어두운 기억이 여전히 남아 있기 때문에 일본과의 군사협력에 대해 극히 부정적이었다. 이처럼 보혁대립의 국내정치와 헌법상의 제약을 감안하면, 군사 면에서의 지원과 관여는 불가능해서 경제협력 이외의 선택지는 존재하지 않았다. 이른바 안보경협의 형태로 한일 안보협력이 가능했던 것이다.

그러나 4장에서 살펴보았듯이 한국의 민주화와 경제성장으로 한일 가치공동체가 발전하면서 90년대 이후 한일 사이에서 본격적인 안보교류가 시작되었다. 물론 공동 군사훈련 등 군사협력까지는 진척되지 못하였지만, 냉전기에 비교하면 비약적 발전임에는 틀림없었다. 그런 의미에서 한일 파트너십 선언은 이러한 탈냉전 이후 불안정한 아시아 정세를 바탕으로 한일 간 안보협력을 더욱 강화하게 된 계기가 된 것으로 평가할 수 있다.

그리고 5장에서 살펴보았듯이 한일 안보협력은 한미일 협력체제 틀 속에서 안보협력이 진일보하고 있다. 이러한 군사협력은 98년 新가이드라인이 책정되면서 주일 미군의 극동지역 전개에 대한 일본의 후방지원을 가능케 했던 '미일동맹의 재정의'와 밀접히 연관되어 있었다. 일본의 군사적 역할이 주일 미군의 후방지원까지 확대되면서 이를 보완할 한일 간의 안보협력, 특히 북한을 둘러싼 한일 안보협력의 필요성이 대두된 것이다. 또한 한미동맹 재정의로 로컬동맹으로써의 한미동맹은 지역동맹 혹은 세계동맹으로 격상되어 주한 미군의 아시아태평양 지역전개가 가능해졌으며 이에 대한 한국군의 지원이 요구되고 있으며, 이에 따라 해외 지역에서의 한일 안보협력의 필요성이 대두되었다.

하지만 한국 외교가 최근 한미동맹과 한중관계의 양립을 추구하면서, 동시에 일본이 역사수정주의를 강화하면서 한일 안보협력을 터부시하는 경향이 늘어났다. 현재 미국과 중국은 상호의존성에 기반하는 '신형대국론'에 공명하며 최선 혹은 차선의 양자관계를 만들려고 노력중이다. 하지만 다른 편에서는 최악을 피하고자 하는 치열한 싸움이 벌어지고 있다. 중국은 '반접근/지역거부(A2/AD)' 전략에 입각해 미사일 등 첨단 무기 개발에 힘을 쏟고 있으며 해군의 행동반경을 제 2열도선 까지 확장하고 있다. 반면 미국은 '공해전투(Air-Sea Battle)' 개념을 바탕으로 이에 대항하고 있다. 두 모습 중 어느 것이 진심(眞心)인지를 두고 전문가들은 의견을 달리하고 있다. 어찌 보면 최선을 향한 노력과 최악을 피하고자 하는 노력의 '불안정한 공존'이 실재(reality)에 가까운 것인지 모르겠다.

최선을 추구하면서도 최악을 회피하고자 미국은 기존의 아태지역 동맹국에게 더욱 적극적인 안보 분담을 요구하면서 '중심축과 바퀴살'(hub and spoke) 구조를 강화하고 있다. 헌법 해석 변경을 통해 집단적 자위권을 인정하려는 일본 정부의 움직임을 환영하는 것은 이 때문이다. 심지어 헌법 개정 조차 일본의 국내문제라며 넌지시 묵인하는 형국이다. 이제 일본은 미국의 후방지원을 위한 '기지 국가'가 아니라 미국과 함께 피를 흘리는 '보통 국가'로 전환하고 있다. 미국은 한국에도 이런 안보 분담을 요구하고 있으며 앞으로 더욱 강화될 것은 명약관화하다.

문제는 미국이 여기에 머물지 않고 동맹국 사이의 안보협력을 강화하여 거미줄과 같은 방어망을 구축하고자 한다는 점에 있다. 미국은 이미 이명박 정권 시기 한미일 3국 간 안보협력을 강조하며 교착상태에 빠진 한일 군사정보보호협정 체결을 촉구한 바 있다. 무대에서 사라졌다고 생각했던 한일 군사정보협력 문제는 2014년 4월 오바마 대통령의 한국방문 전후 '한미일 군사정보보호 양해각서'라는 이름으로 재등장했다. '꼼수'를 부리는 듯한 모습이지만 그만큼 미국의 조바심이 얼마나 큰 지를 보여주고 있다. 한 달 전 한미일 정상회담에서 오바마 대통령이 "우리가 구체적으로 (3국) 결속을 어떻게 심화할 수 있는지, 외교적으로 또 군사적으로 협력하고, 공동 군사작전, 그리고 미사일 방어시스템(MD)을 통해 어떻게 더 심화시킬 수 있는지 논의할 것"이라고 말한 것이 헛된 말이 아니었던 것이다.

이처럼 한미일 군사정보협력과 그 속에 전개될 한일 군사정보협력은 그것이 진정 한국에 필요한가, 불필요한 긴장만을 조성하는 게 아닌가라는 논의를 넘어 불가피한 측면이 강해졌다. 한국이 한미일의 완화된 형태로 전개되는 한일 군사정보협력마저 일본의 역사인식 문제를 이유로 거부한다면 미국이 얼마나 이를 인내할 수 있을지 의구심이 든다. 중국을 자극할 것을 염려하여 이를 거부한다면, 2013년 12월 "미국의 반대편에 베팅하는 것은 좋은 베팅이 아니다(It's never been a good bet to bet against America)"라는 협박 아닌 협박을 들을지도 모른다.

이렇듯 한미동맹에 안보를 의지하고 있는 한국 입장에서 한미일 그리고 한일 군사정보협력은 우리가 아무리 피하려고 하더라도 피할 수 없는 것이 되어가고 있다. 하지만 불가피하기 때문에 해야 한다는 말은 아니다. 실제 한미일 및 한일 군사정보협력은 일어나지 않으면 좋겠지만 일어날 지도 모를 '최악'을 피하기 위해서라도, 즉 북한의 핵과 미사일 위협 그리고 커질

대로 커져 조금만 이상한 행동을 해도 무서운 중국을 위해서라도 필요한 것이다. 지금은 남중국해 및 동중국해에 집중되어 있는 듯이 보이는 중국의 A2/AD 전략이 언제 한반도로 중심이 이동할지 알 수 없기 때문이다. '개연성'과 '필연성'을 동일시하며 꼼수를 부리는 게 아니다. 0.1%의 가능성 또한 무시하지 않는 게 최악을 회피하는 유일한 방법이기 때문이다.

물론 우리는 '최선'을 향한 노력 또한 경주해야 한다. 그런 면에서 정부 일각에서 한중 군사정보보호협정의 필요성을 검토하고 있고, 한미일 군사정보협력이 중국을 의식한 게 아니라 북한의 핵과 미사일에 대한 정보 공유에 한정된다고 언급한 것은 매우 바람직하다. 말로만 머물게 아니라, 초보적 수준에 머물고 있는 한중 안보협력을 실질적으로 제고할 필요가 있다. 북한과도 인내심을 가지고 대화하면서 국제사회로 견인해야 한다.

'최선을 향한 노력'과 '최악을 피하고자 하는 노력'의 불안정한 공존, 미국과 중국의 불안정한 공존, 이것이 현실이라면 우리에게 필요한 것은 신중함(prudence)과 전략적 유연성이다. 낙관적 이상주의도, 비관적 모험주의도 현실이 될 수 없기에 균형점을 찾으려는 노력이 요구되고 있다. 하지만 여기서 말하는 신중함은 한국이 미국과 중국을 동시에 균등하게 만족시키며 줄타기해야 한다는 의미가 아니다. 한미동맹을 기반으로 안보를 유지하고 있다는 전제 위에 미중관계의 이중성을 고려하며 한중관계를 관리한다는 의미에서의 신중함이다. 우리가 한미일 군사정보협력과 한중 군사정보협력을 바라볼 때 필요한 건 바로 이러한 의미의 신중함이다.

그리고 그 신중함은 국내에도 향해야 한다. 2012년 한일 군사정보보호협정이 좌초된 것은 단순히 한일 간 역사문제 때문만은 아니었다. 국민과의 등신대(等身大)적인 의사소통이 부재했기 때문이었다. 한미일 군사정보협력과 한일 군사정보협력의 불가피성과 필요성을 당당하게 국민들에게 설득하고 동의를 얻는 과정이 필요한 것이다. 국민들은 한미일 군사정보협력과 한일 군사정보협력이 냉전적 질서를 소환할지 모른다는 불안감을 느낄지 모른다. 하지만 중국의 A2/AD 전략에 한반도도 대상지역으로 상정되어 있지만 최선의 한중관계 구축을 위한 노력이 전개되듯이, 최악을 회피하고자 하는 것이 최악 그 자체가 아님을, 오히려 최선을 향한 노력과 병존할 수 있다는 점을 받아드려야 한다.

3. 한일 정책커뮤니티 과거 70년 미래 70년

한일 간에는 여러 마찰이 존재했다. 특히 역사문제가 해결되지 않은 상황에서 크고 작은 갈등이 역사문제와 연동하며 증폭되는 경향이 강했다. 3장 2절에서 보았듯이 이러한 마찰로 한일 정부 간 공식 외교라인이 고착관계에 빠질 때, 이런 갈등을 해소하는데 결정적인 역할을 한 것은 한일 정책커뮤니티였다. 한일 인맥, 지한파와 지일파, 한일 정치네트워크로 불리던 한일 정책커뮤니티는 한일 갈등 상황에서 이면 교섭을 담당하는 핵심 주체가 되었다. 한일 간의 심각한 갈등이 발생했을 때, 국민여론과 언론에 노출되기 쉬운 정부 간 교섭 보다는 비공식 행위자에 의한 이면 교섭이 갈등을 해결하기 쉽다는 판단이 작용했기 때문일 것이다. 이원 외교, 밀실 타협 등 불명예스런 평가도 있지만, 체제마찰이 상존했던 한일 양국의 문제를 해결하기 위한 '불가피한 선택'의 측면도 강했다. 동시에 정책커뮤니티는 한일 양국 정부의 메신저 기능을 수행하며, 상호 마찰이 일어났을 때, 상대국의 의사를 정확하게 전달함으로써 상호 불신과 오해를 해소하는 데 기여했다. 또한 갈등 과정에서 합의점을 찾기 힘든 양국 정부에 절충안과 타협안을 제시하여 교섭의 돌파구를 제공하며 갈등을 해소하는 데 기여했으며, 한일 간 협력의제 창출하고 이를 양국 정부에 제안하는 기능도 수행했다.

이러한 정책커뮤니티는 90년대 '한일관계의 민주화'라는 거대 흐름 속에 변모하였다. 4장 3절에서 보았듯이 민주주의 시기 한일 정책커뮤니티의 가장 중요한 변화는 포괄적 협력의제를 창출하고 이를 정부에 제언하는 역할이 두드러지게 나타났다는 점이다. 이 과정에서 국민이 한일관계의 전략적 가치를 인식하도록 국민 여론을 환기하는 역할을 수행하고 있다. 그리고 양국 정부는 이러한 비정부 영역의 지혜를 존중하는 '상향식' 결정방식을 취하며, 한일 정책커뮤니티가 제안한 포괄적 협력의제를 채택해 왔다. 어찌 보면, 탈냉전과 한국의 민주화 및 일본의 정치변동이라는 구조적 변동 속에서 '한일관계의 민주화'를 가장 전형적으로 보여준 것이라 하겠다.

하지만 민주주의 시기, 한일 정책커뮤니티의 현안문제 해결자 기능은 매우 약화되었다. 민주주의의 발전에 따라 한일 관계에 대한 언론의 감시가 상시화됨에 따라, 한일 간 교섭은 투명성의 확보라는 측면에서 외교부·외무성과 이를 정치적으로 컨트롤하는 청와대·관저로 일원화될 수밖에 없다. 따라서 한일 정책커뮤니티가 권위주의 시기처럼 타협안과 절충안을 제시하고 양국 정부를 설득하거나 비공식행위자로써 참여하는 것이 불가능해졌다. 따라서 이들의 활동은 현안문제를 직접 해결하기 보다는 정부 간 교섭을 측면 지원하는 역할로 축소되고 있다.

또한, 한국의 민주화와 일본의 양당제로의 수렴 현상으로 한일 양국 정부가 여론에 민감하게 반응하면서, 국민 여론이나 대일/대한 감정이 대일 정책을 좌우하는 중요한 변수로 작용하게 되었다. 이로써 한일 양국 정부의 최고 지도자는 한일 정책커뮤니티의 조언보다는 국민 여론에 더 신경을 쓰게 되면서, 권위주의 시기와 같은 메신저 역할(상호불신과 오해 해소 역할)은 취약해져갔다. 이에 따라, 한일 정책커뮤니티는 갈등 상황에서 양국에 한일관계 개선을 요구하는 '압력단체' 이상의 기능을 수행하기 힘든 상황이 되었다.

또한 주목해야 할 점은 정책 커뮤니티 내에 기능약화를 가져오는 다양한 문제가 발생했다는 점이다. 가장 현저한 것은 각 정책커뮤니티가 세대교체에 실패하여 참여자의 고령화 현상이 나타나고 있다. 또한 정책커뮤니티에 참가하는 참여자의 외연을 확대하는 것에 실패하여 한일 오피니언 리더를 포괄적으로 참가시키지 못하고 특수 집단이 정책커뮤니티에 중복적으로 활동함에 따라 조직의 폐쇄성(exclusiveness)이 나타나고 있다. 이러한 정책커뮤니티 조직 상 문제가 전술한 문제들과 연동하며 그 역할을 약화시키고 있는 것이다(박철희, 2015).

특히 심각한 것은 2012년의 이명박 대통령 독도 방문 문제 이후, 한일 정책커뮤니티의 활동이 거의 정지 상태에 빠졌다는 점이다. 2012년 이후 한일 양국 정부는 '전략적 외교' 관점에서 한일관계의 복원을 도모하지만 역사영토문제로 좌초되는 현상이 반복적으로 나타나면서 '피로현상'이 나타났다. 이러한 한일관계의 피로현상은 한국과 일본 양국의 지식인 및 언론인 등 오피니언 리더들로 하여금 한일관계를 복원시킬 필요성이 있는지, 복원시키려고 해봤자 물거품이 되지 않을지에 대한 의구심을 자아냈다. 이러한 피로감은 한일 정책커뮤니티에도 현저하게 나타나고 있다. 한일관계 개선의 필요성을 역설하여도 자국 내에서 고립되어 가는 상황 속에서 그 활동을 지속하기 힘든 상황이 된 것이다.

따라서 지금 어떻게 한일 정책커뮤니티를 재구축할 것인지 심각하게 고민해야 할 시점에 이른 것이다. 90년대 중반에도 한일관계는 최악의 상황이었다. 양국 국민의 상대국 인식도 회복이 불가능할 정도로 악화되었다. 양국 정부도 국민도 눈앞의 갈등만을 생각하고 있을 때, 정책커뮤니티는 미래의 가능성에 주목했다. 이것이야말로 정책커뮤니티의 진정한 역할일 것이며, 그 결과 탄생한 것이 한일 파트너십 공동선언이었다. 아마 여기에 갈등과 협력을 반복해왔던 전후 한일관계의 수수께끼를 풀어낼 열쇠가 있을지 모른다.

특히 한일관계 3.0을 구축하기 위해 한일 정책커뮤니티의 재구축과 더불어 새로운 역할이 필요함을 정확히 인식해야 할 것이다. 우선 한일 정책커뮤니티가 해야 할 가장 중요한 것은 상호 오해를 풀어내는 것이다. 사람살이가 그렇듯 국가 간 관계 또한 무수한 오해가 난무하고 오해로 덧칠된 국가는 그 오해로 인해 곤경에 빠지곤 한다. 반면, 상대국은 그 오해를 이용해 자국의 입지를 강화하고자 하는 유혹에 빠지기 쉽다. 더 정확하게는 오늘날의 국제정치는 자국과 상대국을 어떻게 이미지화할 것인가라는 '프레임 싸움', 이른바 공공외교의 싸움터일 지도 모른다.

그런 측면에서 지금의 한일관계에서 가장 중요한 것은 상호 오해를 풀어내고 상호 신뢰에 바탕을 두며 안보문제와 역사문제에 협력을 이끌어 내는 것이다. 중국에 경사되고 있다는 것이 한국 외교의 실상을 반영하지 못하는 오해이듯, 미국 보다 더 앞서서 중국 봉쇄에 열중하고 있다는 이미지 또한 일본 외교에 대한 오해이다. 실제 일본은 앞에서 살펴보았듯이 2014년 11월 중국과 정상회담을 개최하여 다음과 같은 '중일 화해 4원칙'에 합의하였다. 여기에서 주목할 것은 센카쿠 열도에 대해 "각각 다른 주장을 인식"한다는 말에서 알 수 있듯이 센카쿠 열도가 분쟁지역에 있음을 간접적으로 시인하였다는 점이며, 이를 바탕으로 해상 위기관리체제를 수립하기로 합의했다는 점이다. 안정적인 중일관계를 구축하고자 하는 일본 정부의 노력이 엿보이는 장면이기도 하다.

또한 '골포스트를 옮겼다'는 주장은 피해자 본위의 해결방안을 모색하고자 하는 한국 정부의 고뇌를 악의적으로 해석한 것이다. 일본이 '우경화되었고 과거 역사를 미화하려한다'는 주장 또한 일부분을 가지고 전체를 판단하는 오류에 불과하다. 이러한 '우경화 프레임'은 고노 담화와 무라야마 담화를 계승하고 일본군위안부 문제를 어떻게든 타결하겠다는 일본 정부의 언행을 과소평가한 측면이 존재한다. 최소한 아베 담화에서 식민지배, 침략, 반성, 사죄의 4개 키워드를 포함시킨 것은 우경화되었다는 이미지를 불식시키기 위한 일본의 노력으로 해석될 여지가 많다.

'아시아 패러독스'는 어찌 보면 상호 오해에서 비롯되었을지도 모른다. 골포스트를 옮겼다, 중국 경사론, 중국 위협론, 우경화론, 중국 봉쇄론, 미중 갈등론 등 무수한 오해들이 진실인양, 혹은 일부의 모습이 전체의 모습인양 유포되고 있는 상황에서 상호협력은 불가능할지도 모른다. 이를 극복하기 위해서는 자국에 덧씌워져 있는 오해를 적극적으로 해명하고, 상대국을 특정 이미지로 몰아세우는 게 아니라 객관적으로 이해하려고 노력하여 '신뢰의 선순환 구조'를 만드는 것이다. 이것이야 말로 '신뢰 외교'의 시작일 것이다.

다음으로 한일 정책커뮤니티가 해야 하는 작업은 한일관계의 전략적 가치를 재구축하여 양국 국민들에게 제시하는 것이다. 기실 한일관계의 전략적 가치는 예전과는 달라졌다. 중국의 영향력이 증대된 지금, 한일관계를 60년대 방식(냉전형), 90년대 방식(탈냉전형)으로 바라보는 것은 무리가 있다. 어찌 보면 한일 양국 모두 90년대 방식으로 정의 내려진 한일관계의 전략적 가치를 폐기한 것은 사실이나, 새롭게 한일관계의 전략적 가치를 어떻게 정의내릴 것인지 입장을 정리하고 있지 못하고 있는 듯하다. 그러기에 정치리더십과 국민여론은 미국과 중국 문제에 골몰할 뿐 한일관계를 등한시하고 있다. 아니 한일관계를 규정하는 큰 그림이 없으니 무엇을 해야 할지 모르고 두 손 놓고 있다는 게 올바른 표현일지 모르겠다.

한국과 일본은 미국과 중국이라는 슈퍼 파워와 어떤 관계를 맺어야 할지를 두고 시행착오를 거듭하고 있다. '강한 일본'을 표방하며 중국과의 대립적 상황도 감내하려는 아베 내각은 미국과의 동맹을 강화하는 방향을 선택했다. 그러나 이는 미국에 대한 안보의존을 심화시켜 '동맹 관리'를 위한 엄

청난 비용(방위분담금 지출, 원하지 않는 전쟁에의 참가 등)을 지불해야 할 것이며, 언제가 국내적 반발을 불러올 것이다. 반면, 박근혜 정부는 일본에는 원칙외교를 고수하면서 대중 관계는 긴밀화했다. 대일 관계를 도외시한 채 중국에 경사하는 한국에 미국이 마냥 손 놓고 바라보지는 않을 것이다. 2013년 12월 "미국의 반대편에 베팅하는 것은 좋은 베팅이 아니다"라는 바이든(Joe Biden) 미부통령의 발언은 단순한 실수가 아닐 것이다.

조금만 돌아보면, 아베 내각 이전 미일동맹을 상대화하며 대중 관계를 우선했던 하토야마 유키오(鳩山由紀夫) 내각은 박근혜 정부의 딜레마를, 그리고 박근혜 정부 이전 한미관계를 우선하던 이명박 정부는 아베 내각의 딜레마를 비슷하게 경험했던 것이 사실이다. 한국과 일본이 미중 양강 시대에 직면하는 외교적 딜레마를 여실히 보여준다 하겠다.

결국 한국과 일본은 동일한 문제를 내포하고 있다. 북핵문제의 해결, 중국 경제에의 과도한 의존에 따른 위험성 회피, 미국에의 과도한 안보 의존에 따른 위험성 회피 등 여러 면에서 한일 양국은 같은 문제를 안고 있다. 이러한 문제의식은 기실 아세안(ASEAN)도 공유하고 있을 것이다. 시간이 지남에 따라, 한국과 일본은 중견국가(middle power)로써 아세안을 포함하여 미중이라는 슈퍼파워의 영향력으로부터 자기 발언력을 확보하기 위한 연대를 필요로 할 것이다. 한일관계는 한국 외교와 일본 외교의 지평선을 확장하는 강력한 토대가 되는 것이다. 지금이야말로 이러한 한일관계의 전략적 가치를 정확하게 인식하고 이를 바탕으로 '상생적 공존'을 추구하는 지혜가 요구되고 있다.

이렇듯 양국 간의 상호오해를 풀어내고, 한일관계의 전략적 가치를 재구축한다면 역사문제와 영토문제 및 한일 안보협력에 대한 이성적이며 미래지향적 담론을 만들어 낼 수 있을 것이다. 이러한 담론의 개발과 확산은 정책커뮤니티에게 요구되는 마지막 역할일 것이다. 이미 살펴보았듯이 식민지배의 법적 성격과 식민지배의 법적 청산을 둘러싸고 한국과 일본은 화해하기 힘든 주장을 펼치고 있다. 독도 영유권과 이와 연관된 해양문제 또한 양국의 주장이 양립하기 힘들다. 한일 안보협력 또한 감정적 논의에서 벗어나지 못하고 있다. 한일 양국은 이들 문제를 전략적 모호성과 같은 외교적 지혜로 조금씩 갈등을 극복해 왔다. 한일 정책커뮤니티는 이러한 방식이 왜 불가피한지, 그리고 왜 필요한지 객관적이며 이성적으로 설파해야 한다. 그러기 위해서는 상대국에 대한 신뢰가 불가피하며, 한일관계의 전략적 가치에 대한 정확한 인식이 근저에 있어야 한다. "독도문제는 한일관계보다 상위개념이다"는 논법이 아니라, 한일관계의 전략적 가치와 독도·역사문제를 동시적으로 사고하는 전략적 유연성이 필요한 것이다.

기실 상호오해의 불식, 한일관계의 전략적 가치 재구축, 역사문제와 영토문제 및 한일 안보협력에 대한 미래지향적 담론의 형성은 정치리더십의 역할이다. 그러나 한일관계의 정치적 파급력과 여론 민감성의 증대는 한일관계에 있어 정치리더십의 창조적 역할을 기대하기 힘든 구조를 만들고 있다. 어찌 보면 한일관계 1.0과 2.0은 정치리더십에 많이 의존하는 구조였다. 반면, 여론은 정치리더십의 반대편에 서는 경향이 강했다. 그러나 2010년대의 시행착오를 끝내고 구축될 한일관계 3.0은 여론과 정치리더십의 중간영역에 존재하며 가교역할을 하는 정책커뮤니티의 역할이 더욱 커져야 할 것이다. 여론과 정치리더십이라는 불안정하고 가변적인 변수에 의존하는 한일관계로부터 벗어날 때 '지속가능한' 한일관계가 구축될 것이며, 그것이 양국 국익에 도움이 될 것은 명약관화하기 때문이다.

참고문헌

고모다 마유미. 2013. "한일 '안보경협' 분석: 역사적 전개와 이론적 함의" 고려대학교 박사논문.

구라타 히데야. 2008. "한국의 국방산업육성과 한미일관계" 장달중 등『전후 한일관계의 전개』. 아연출판부.

구민교. 2011. "지속가능한 동북아시아 해양질서의 모색: 우리나라의 해양정책과 그 정책적 함의를 중심으로"『국제지역연구』(20-2호).

구선희. 2007. "해방 후 연합국의 독도 영토 처리에 관한 한일 독도연구 쟁점과 향후 전망"『한국사학보』(28호).

국민대일본학연구소. 2010.『한일회담 일본외교문서』. 선인.

기미야 다다시. 2006. "한일관계의 역학과 전망: 냉전기의 다이너미즘과 탈냉전기에서의 구조변용" 김영작·이원덕 편.『일본은 한국에게 무엇인가』. 한울아카데미.

김동조. 2000.『회상 80년: 냉전시대의 우리 외교』. 문화일보사.

김두승. 2010. "미일동맹관계와 한국의 안보: 밀약문제를 중심으로"『일본군사문화연구』(10호).

김성철. 2009. "일본 민주당 정부와 미일관계"『정세와 정책』(162호).

김열수. 2012. "미국의 신국방전략과 한국의 대비전략"『국가전략』(18-2호).

김영수. 2008. "한일회담과 독도 영유권: 샌프란시스코 강화조약과 한일회담 기본관계조약을 중심으로".『한국정치학회보』(42-4호).

김용식. 1987.『희망과 도전: 김용식 외교회고록』. 동아일보사.

김일영. 1999. "이승만 정부에서의 외교정책과 국내정치: 북진반일정책과 국내 정치경제와의 연계성"『국제정치논총』(39-3호).

김일영·조성렬. 2003.『주한미군: 역사, 쟁점, 전망』. 한울.

김창록. 2010. "1965년 한일조약과 한국인 개인의 권리" 국민대 일본학연구소 편.『외교문서 공개와 한일회담의 재조명 2: 의제로 본 한일회담』. 선인.

김창록. 2013. "한일 과거청산의 법적구조"『법사학연구』(47호).

김창훈. 2002.『한국외교: 어제와 오늘』. 다락원.

남기정. 2001. "한국전쟁과 일본: 기지국가의 전쟁과 평화"『평화연구』(9-1호).

남기정. 2008. "한일회담시기 한일 양국의 국제사회 인식: 어업 및 평화선을 둘러싼 국제법 논쟁을 중심으로"『세계정치』(10호).

남상구. 2013. "아베정권의 역사인식과 한일관계"『한일관계사연구』(46집).

노 대니얼. 2007. "한일협정 5개월전 독도밀약있었다"『월간중앙』(4월호).

노기영. 2002. "이승만정권의 태평양동맹 추진과 지역안보구상"『지역과 역사』(11호).

노신영. 2000.『노신영 회고록』. 고려서적.

니시노 준야. 2005. "한국의 산업정책 변화와 일본으로부터의 학습: 1960~70년대를 중심으로" 연세대학 박사학위논문.

다카사키 소지(최혜주 옮김). 2010.『일본 망언의 계보(妄言の原形)』. 한울출판사.

류길재. 2009. "1960년대 말 북한의 도발과 한미관계의 균열" 유병용 등.『박정희 시대 한미관계』. 백산서당.

류상영. 2004. "일본과 북한관계: 사라진 접점의 경제적 재해석"『국제정치논총』(44-2호).

류상영. 2011. "박정희의 중화학공업과 방위산업 정책: 구조-행위자 모델에서 본 제약된 선택"『세계정치』(14호).

박경민. 2009. "한일관계와 의원외교: 한일의원연맹을 중심으로" 국민대학교 국제지역학과 석사논문.

박명림. 2008. "이승만의 한국문제 동아시아 국제관계 인식과 구상"『역사비평』(83호).

박영준. 2009. "일본 민주당의 외교안보정책 구상과 대한반도 정책 전망"『JPI 정책포럼』(9월).

박영준. 2010. "일본 방위계획대강 2010과 한국 안보정책에의 시사점"『EAI 논평』(16호).

박진희. 2003. "한일 국교수립 과정에서 한일 인맥의 형성과 역할"『역사문제연구』(9호).

박진희. 2006. "이승만의 대일인식과 태평양동맹구상"『역사비평』(76호).

박진희. 2008.『한일회담: 제1공화국의 대일정책과 한일회담 전개과정』. 선인.

박창건. 2011. "국제 해양레짐의 변화에서 한일 대륙붕협정의 재조명: 동(북)아시아의 미시-지역주의 관점으로"『한국정치학회보』(45-1호).

박철희. 2006. "일본 정계에서의 신보수주의 세력의 성장과 한국에의 함의" 김영작·전진호 편『글로벌화 시대의 일본(일본학 총서 2)』한울.

박철희. 2015. "정치네트워크의 부침으로 본 한일협력과 갈등"『일본비평』(12호).

박태균. 2006.『우방과 제국: 한미관계의 두 신화』창비.

박태균. 2009. "잘못 끼운 첫 단추: 이승만-아이젠하워 정부의 갈등"『역사비평』(86호).

서동만. 2006. "한일 안보협력에 관하여" 김영작·이원덕 편『일본은 한국에게 무엇인가』. 한울아카데미.

서승원. 2011. "긴박한 동북아 안보정세, 그리고 긴밀화해 가는 안보협력" 최관·서승원 편『저팬 리뷰 2011』. 문.

소토카 히데토시 외(진창수 외 옮김). 2006.『미일동맹: 안보와 밀약의 역사』. 한울아카데미.

손기섭. 2007. "일본의 대북한 국교교섭의 정책결정: 실력자 정치에서 관저 정치로"『일본 연구논총』(25호).

손기섭. 2008. "중일 해양영토분쟁" 진창수편『동북아 영토분쟁과 일본의 외교정책』. 세종 연구소.

손기섭. 2009. "한일 안보경협 외교의 정책결정"『국제정치논총』(49-1호)

손 열. 2007. "일본의 국제정치인식: 지역공간 설정의 사례"『일본연구논총』(26호).

손 열. 2011. "한미FTA 이후: FTA네트워크와 동북아"『창비주간논평』(11월 13일).

송주명. 2001. "탈냉전기 일본의 동아시아 정책과 한반도 정책: 아시아주의와 친미 내셔 널리즘의 동요"『일본연구논총』(14호).

송주명. 2009.『탈냉전기 일본의 국가전략』창비.

신용하 편. 2000.『독도 영유권 자료의 탐구 제3권』독도연구보전협회.

신욱희. 2005. "이승만의 역할인식과 1950년대 후반의 한미관계"『한국정치외교사논총』 (26-1호).

신정화. 2002. "북한의 국교정상화제안과 일본의 대북한정책: 정부 자민당 및 사회당의 대응을 중심으로"『한국과 국제정치』(18-2호).

신정화. 2004.『일본의 대북정책: 1945~1992년』. 오름.

신창훈. 2006. "대한민국의 대륙붕선언의 기원과 1974년 한일대륙붕공동개발협정의 의의"『서울국제법연구』(13-2호).

아사노 도요미. 2010. "식민지의 물리적 청산과 심리적 청산" 국민대 일본학연구소 편.『외 교문서 공개와 한일회담의 재조명 1: 한일회담과 국제사회』. 선인.

안도 준코. 2015. "한일대륙붕협정 연구" 국민대학교 박사논문.

안소영. 2011. "한일관계와 비정식접촉자: 국교정상화 성립 전후로부터 1970년대 초반까 지" 국민대 일본학연구소 편『박정희 시대 한일관계의 재조명』. 선인.

양기웅·김준동. 2006. "북일수교협상(1990-2006)의 결렬과 재개의 조건"『일본연구논총』

(23호).

양기웅. 2008. "협상이론과 사례분석2: 한일어업협상 1998년" 『한국의 외교협상: 한미일의 정치와 협상전략』. 한림대학교 출판부.

양기호. 2015. "한일갈등에서 국제쟁점으로: 위안부 문제 확산과정의 분석과 함의" 『일본연구논총』(42호).

오재희. 2008. "인터뷰" 『일본공간』(4호).

오코노기 마사오 등. 2008. "기획좌담: 요동치는 일본의 정국과 대내외 정책변화" 『일본공간』(4호).

오코노기 마사오. 2008. "한일관계의 새로운 지평: 체제마찰에서 의식공유로" 장달중 오코노기 공편. 『전후 한일관계의 전개』아연출판부.

윤덕민. 2009. "북핵문제와 한반도 정세: 그랜드 바겐의 모색" 『통일전략포럼보고서』(44호).

윤흥석. 2007. "상호주의와 고이즈미 정권의 대북한 정책" 『세계지역연구논총』(25-3호).

이기완. 2012. "일본의 독도 영유권 주장의 정치적 의도: 자민당 의원들의 '울릉도 방문소동'을 중심으로" 『평화연구』(20-1호).

이동준. 2010. "한일 청구권 교섭과 미국해석" 국민대 일본학연구소 편 『외교문서 공개와 한일회담의 재조명 1: 한일회담과 국제사회』. 선인.

이면우. 2008. "영토분쟁과 한일관계" 진창수편 『동북아 영토분쟁과 일본의 외교정책』. 세종연구소.

이면우. 2011. 『현대 일본 외교의 변용과 한일협력』. 한울아카데미.

이석우. 2003. 『일본의 영토분쟁과 샌프란시스코 평화조약』. 인하대학교 출판부.

이숙종·이원덕. 2009. "글로벌 시대의 한일관계" 『EAI 논평』(4호).

이신철. 2009. "한일 역사갈등 극복을 위한 국가 간 역사대화의 성과와 한계 : 한일역사공동연구위원회 활동을 중심으로" 『동북아역사논총』(25호).

이원덕. 1996. 『한일 과거사 처리의 원점: 일본의 전후처리 외교와 한일회담』. 서울대학교 출판부.

이원덕. 2000. "한일관계 '65년체제'의 기본성격 및 문제점: 북·일 수교에의 함의" 『국제지역연구』(9-4호).

이원덕. 2001. "한일관계에 있어서 의원외교의 역할" 『사회과학연구』(14호).

이원덕. 2006. "한일 과거사갈등의 구조와 해법 모색" 김영작·이원덕 편 『일본은 한국에게 무엇인가』. 한울아카데미.

이원덕. 2009. "민주당 신정권의 등장 의미와 새로운 한일관계" 『코리아 연구원 현안진단』(27-2호).

이정태. 2005. "중일 해양영토분쟁과 중국의 대응" 『대한정치학회보』(13-2호).

이지영. 2013. "일본 사회의 일본군위안부문제에 대한 담론의 고찰"『한국정치학회보』 (47-5호).

이현진. 2009.『미국의 대한경제원조정책 1948-1960』. 혜안.

일본연구실 편. 1977.『한일관계자료집』. 아세아문제연구소.

장달중. 1994. "일본의 국제화와 국제관계"『국제지역연구』(3-3호).

장달중. 2008. "세계화와 민족주의 사이의 한일관계: 상호경시적 흐름에 대한 고찰" 장달중 오코노기 공편.『전후 한일관계의 전개』. 아연출판부.

장박진. 2009.『식민지 관계 청산은 왜 이루어질 수 없었는가』. 논형.

장박진. 2010. "한일회담에서의 피해보상교섭의 변화과정 분석" 국민대 일본학연구소 편 『외교문서 공개와 한일회담의 재조명 2: 의제로 본 한일회담』. 선인.

전진호. 2005. '일본의 대미 기축외교의 재정립: 추종과 자율의 사이에서' 한상일 외.『일본형 시스템: 위기와 변화』. 일조각.

정병준. 2006. "한일 독도영유권 논쟁과 미국의 역할"『역사와 현실』(60호).

정병준. 2009. "독도 영유권 분쟁을 보는 한미일 3국의 시각"『사림』(26호).

정재정. 2014.『한일의 역사갈등과 역사대화』. 대한민국역사박물관.

제임스 E. 도거티 등(이수형 옮김). 1997.『미국외교정책사』. 한울.

조세영. 2014.『한일관계 50년, 갈등과 협력의 발자취』. 대한민국역사박물관.

조양현. 2007. '戰後日本のアジア外交にぉけるアメリカ, ファクター : 「東南アヅア開發閣僚會議」設立を事例に'『일본연구논총』(26권).

조양현. 2009. "일본 민주당 정부의 대외정책 및 한일관계 전망"『주요국제문제분석』(12월 9일).

조양현. 2011. "3·11 일본 대지진 사태의 대내외적 영향 및 전망"『주요국제문제분석』(4월 17일).

조윤수. 2008. "평화선과 한일 어업협상"『일본연구논총』(28호).

조윤수. 2014. "일본군위안부 문제와 한일관계"『한국정치외교사논총』(36-1호)

조재욱. 2011. "일본의 지역안보전략과 한일군사협정: 동북아 안보공동체와의 상관성을 중심으로"『국제문제연구』(43호).

진창수. 2008. "일본의 동아시아 정책변화: 아시아주의로의 복귀"『일본연구논총』(27호).

진창수. 2010. "한일강제병합 100년: 간총리 담화의 평가와 한일관계"『정세와 정책』(173호).

차상철. 2001. "아이젠하워, 이승만, 그리고 1950년대의 한미관계"『미국사연구』(13집).

청와대비서실. 1969.『박정희 대통령 연설문집(제5집)』. 청와대비서실.

청와대비서실. 1971.『박정희 대통령 연설문집(제7집)』. 청와대비서실.

최상용·신각수. 2014.『한일관계의 어제와 내일을 묻다』. 서울: 제이앤씨.

최영호. 1999. "이승만 정부의 태평양동맹 구상과 아시아민족반공연맹 결성" 『국제정치논총』(39-2호).

최장근. 2009. 『독도문제의 본질과 일본의 영토분쟁 정치학』. 제이앤씨.

최희식. 2008. "60년대 일본의 아시아 지역정책: 미일동맹과 자주외교 사이의 협곡" 『일본연구논총』(28호).

최희식. 2009A. "현대 일본의 아시아 외교 전략: 내재적 접근에서 외재적 접근으로" 『국제정치논총』(49-2호).

최희식. 2009B. "한일회담에서의 독도 영유권문제: 한국 외교문서의 분석과 그 현대적 의미" 『국가전략』(15-4호)

최희식. 2009C. "이승만 정부 시기의 한일관계: 한미일 냉전전략의 불협화음과 한일관계의 정체" 『세계지역연구논총』(27-3호)

최희식. 2010. "일본의 정치변동과 대북정책" 『한국정치연구』(19-1호).

최희식. 2011A. "전후 한일관계의 구도와 민주당 정부하의 한일관계" 『국제지역연구』(20-3호).

최희식. 2011B. "한미일 협력체제 제도화 과정연구: 1969년 한미일 역할분담의 명확화를 중심으로" 『한국정치학회보』(45-1호).

최희식. 2012. "나카소네 야스히로의 정치 리더십 연구: 내재화된 변혁적 리더십의 성과와 한계" 『한국정치학회보』(46-5호).

최희식. 2013A. "동북아 국제질서의 변동과 한일관계의 새로운 전개." 『일본연구논총』(37호).

최희식. 2013B. "동북아시아에서의 해양·영토 분쟁" 『아시아리뷰』(3-2호).

최희식. 2014. "김영삼 정부 시기 한일 비정부 교류 연구: 신시대 한일관계 비전 제시를 향한 도정" 『일본연구논총』(39호).

최희식. 2015. "전후 한일 정책커뮤니티의 생성과 변화" 『한국과 국제정치』(37-1호).

케네스 B. 파일.(이종삼역). 2008. 『강대국 일본의 부활』한울. Japan Rising: the Resurgence of Japanese Power and Purpose(New York: Public Affairs, 2007).

하영선 편저. 2006. 『한미동맹의 비전과 과제』동아시아연구원.

한국역사정치연구회 편. 2005. 『사료로 본 한국의 정치와 외교: 1945-1979』. 성신여자대학교 출판부.

한국외무부. 1962. 『대한민국 외교연표 1948-1961』. 외무부.

한국외무부. 1968. 『제2차 한일각료회담 보고서』. 외무부.

한국외무부. 1971. 『60년대의 한국외교』. 외무부.

한국외무부. 1972. 『제6차 한일각료회의 보고서』. 외무부.

한국외무부. 1979. 『한국외교 30년』. 외무부.

한상일. 2010. "제 5차 한일회담과 청구권 문제" 국민대 일본학연구소 편 『외교문서 공개와 한일회담의 재조명 2: 의제로 본 한일회담』. 선인.

한승주. 1993. "한일관계 대전환 지금이 적기다"『서울신문』(8월 20일자).

홍석률. 1994. "이승만 정권의 북진통일론과 냉전외교정책"『한국사연구』(85호).

홍석률. 2009. "박정희 정부기 남북대화와 미국" 유병용 등『박정희 시대 한미관계』. 백산
서당.

홍순호. 1995. "자유당 정권의 대일 외교정책"『근현대사강좌』(6호).

황순택. 2011. "일본의 FTA 정책과 TPP 참여 전망"『주요국제문제분석』(12월 16일).

Berger, Thomas U., Mike M. Mochizuki, Jitsuo Tsuchiyama(eds.). 2007. Japan in International Politics: The Foreign Policies of an Adaptive State(Colorado: Lynne Rienner Publishers).

Blackwill, Rovert D. and Paul Dibb(eds.). 2007. America's Asian Alliances(Massachusetts: The MIT Press).

Calder, Kent E. 2003. "Japan as a Post-Reactive State?" Orbis(47-4).

Dobbs, Charles. 1984. "The Pact that Never Was: the Pacific Pact of 1949." Journal of Northeast Asian Studies(winter).

Fouse, David. 2007. "Japan values-oriented diplomacy." International Herald Tribune(March 21).

Gao, Zhiguo and Jilu wu. 2005. "Key Issuses in the East China Sea : a Status Report and Recommended Approaches." Woodrow wilson International Center for Scholars (http://www.wilsoncenter.org/sites/default/files/Asia_petroleum.pdf).

Guo, Zhao li. 2005. "Seabed Petroleum in the East China Sea : Geological Prospects and the Search for Cooperation." Woodrow Wilson International Center for Scholars (http://www.wilsoncenter.org/sites/default/files/Asia_petroleum.pdf).

Hellmann, Donald. 1988. "Japansese Politics and Foreign Policy: Elitist Democracy Wihtin An American Gree House." in Takashi Inoguchi and Daniel I. Okimoto(eds.). The Political Economy of Japan Vol.2. (Berkeley: Stanford Univ. Press).

Hirata, Keiko. 1988. "Japan as a Reactive State?: Analyzing the Case of Japan-Vietnam Relations." Japanese Studies(18-2).

Hughes, Christopher W. 2004. Japan's Re-emergence as 'Normal' Military Power(London: Routledge).

Klien, Susanne. 2002. Rethinking Japan's Identity and International Role: an Intercultural Perspecitive(London: Routledge).

Koh, Byung Chul. 2007. Between Discord and Cooperation(Seoul: Yonsei Univ. Press).

Kuik, Cheng-Chwee. 2008. "China's Evolving Multilateralism in Asia: The Aussenpolitik and Innenpolitik Explanations." Kent E. Calder and Francis Fukuyama(eds.). East Asian Multilateralism(Baltimore: The Johns Hopkins Univ. Press).

Lee, Chae-Jin and Hideo Sato. 1982. U.S. Policy Toward Japan and Korea(New York: Praeger Publishers)

Len, Christopher. 2005. "Japan Central Asian Diplomacy: Motivations, Implications and Prospects for the Region." The China and Eurasia Forum Quarterly(3-3).

Mabon, David. 1988. "Elusive Agreements: The Pacific Pact Proposals of 1949-1951." Pacific Historical Review.

Mochizuki, Mike M. 2004. "Between Alliance and Autonomy." in Ashley J. Tellis and Michael Wills(eds.). Strategic Asia 2004-2005: Confronting Terrorism in the Pursuit of Power(Seattle: National Bureau of Asian Research).

Moore, Thomas G. 2007. "China's rise in Asia: Regional Cooperation and Grand Strategy." Heribert Dieter(ed.). The Evolution of Regionalism in Asia(New York: Routledge).

Oros, Andrew L. 2008. Normalizing Japan(California: Stanford University Press).

Park, Chang-Gun. 2005. "The Significance of Japan Collaborative Leadership Role in Promoting Regional Integration in East Asia: towards an East Asian Integration Regime." Ph.D thesis(The Univ. of Sheffield).

Park, JoonYoung. 1985. Korea Return to Asia(Seoul: Jin Heong Press).

Pempel, T. J. 2007. "Japanese Strategy under Koizumi." in Gibert Rozman, Kazuhiko Togo, and Joseph P. Ferguson(eds.), Japanese Strategic Thought toward Asia(New York: Palgrave Macmillan).

Samuels, Richard J. 2007. Securing Japan: Tokyo's Grand Strategy and the Future of East Asia (New York: Cornell Univ. Press).

Weinstein, Franklin B. and Fuji Kamiya(eds.). 1980. The Security of Korea: U.S. and Japanese Perspectives on the 1980s(Colorado: Westview Press).

Yarita, Susumu. 2005. "Toward Cooperation in the East China Sea," Woodrow Wilson International Scholars(http://www.wilsoncenter.org/sites/default/files/Asia_petroleum.pdf).

PHP総合研究所. 2007. 「日本の対中総合戦略」(12월호).

ヴィクター・D・チャ(倉田秀也訳). 2003. 『米日韓反目を超えた提携』. 有斐閣.

ウォルター・ラフィーバー(久保文明など訳). 1992. 『アメリカの時代』. 芦書房.

ローダニエル. 2008. 『竹島密約』. 草思社.

高橋和弘. 2004. 「南北問題と東南アジア経済外交」波多野澄雄編『池田・佐藤政権期の日本外交』. ミネルヴァ書房.

高崎宗司. 1996. 『検証日韓會談』. 岩波書店.

高崎宗司. 2004. 『検証日朝交渉』. 平凡社.

高杉晋一. 1965. 「日韓会談の妥結に当たりて」『経団連月報』(5월호).

古野喜政. 2007. 『金大中事件の政治決着:主権放棄した日本政府』. 東方出版.

高坂正堯. 1989. 「日本外交の弁証」有賀貞・宇野重昭など著『講座国際政治4：日本の外交』. 東京大学出版会.

谷田正躬. 1966. 「請求権問題」『日韓條約と國内法の解説』.

菅英輝. 2004. 「ベトナム戦争における日本政府の和平努力と日米関係」『国際政治』(9월호).

鳩山由紀夫. 2009. 「私の政治哲学」『Voice』(9월호).

宮城大蔵. 2001 『バンドン会議と日本のアジア復帰』. 草思社.

吉田裕. 1995. 『日本人の戦争観──戦後史のなかの変容』. 岩波書店.

金斗昇. 2001. 「池田政権の安全保障政策と日韓交渉」『国際政治』(10월호).

金斗昇. 2005. 「池田政権の対外政策と日韓交渉（上）」『立教法学』(67호).

金英達・高柳俊男編著. 1995. 『北朝鮮帰国事業関係資料集』. 新幹社.

金学俊. 2004. 『独島竹島：韓国の論理』. 論創社.

楠田実. 1983. 『佐藤政権二七九七日（下）』. 行政問題研究所.

楠田実. 2001. 『楠田実日記─佐藤栄作総理首席秘書官の二〇〇〇日』. 中央公論新社.

内閣総理大臣官房監修. 1992. 『海部内閣総理大臣演説集』.

内藤正中. 2000. 『竹島(鬱陵島)をめぐる日朝關係史』. 多賀出版.

大岡越平. 1962. 「自由韓国を守る」『中央公論』(1월호).

大沼保昭. 2007. 『慰安婦問題とは何だったのか』. 中公新書.

渡邉昭夫. 1992. 『アジア太平洋の国際関係と日本』. 東京大学出版部.

渡邉昭夫. 2005. 「21世紀のアジア太平洋と日米中関係」渡邉昭夫編著『アジア太平洋連帯構想』. NTT出版.

東京財団. 2010. 『アジア太平洋の地域安全保障アーキテクチャ：地域安全保障の重層的構造』(東京財団研究報告書).

東京財団. 2011. 『日本の対中安全保障戦略：パワーシフト時代の総合・バランス・抑止の追求』(東京財団政策提言).

劉仙姫. 2005. 「転換期における日米韓関係（一）」『法学論叢』(158-3호).

劉仙姫. 2006. 「転換期における日米韓関係（二）」『法学論叢』(159-1호).

李恩民. 2005. 『日中平和友好条約交渉の政治過程』. 御茶の水書房.

李鐘元. 1993. 「東アジアにおける冷戦と地域主義：アメリカの政策を中心に」『講座：世紀末間の世界政治3巻：アジアの国際秩序』. 日本評論社.

李鐘元. 1994. 「韓日国交正常化の成立とアメリカ」近代日本研究会編『戦後外交の形成』.

李鐘元. 1996『東アジア冷戦と韓米日関係』. 東京大学出版会.

毛里和子. 2006『日中関係：戦後から新時代へ』. 岩波新書.

木村幹. 2014. 『日韓歴史認識問題とは何か』. ミネルヴァ書房.

木宮正史. 1994. 「韓国における内包的工業化戦略の挫折」『法学志林』(91호).

木宮正史. 1995. 「一九六〇年代韓国における冷戦と経済開発」『法学志林』(92호).

木宮正史. 2005. 「一九六〇年代韓国における冷戦外交の三類型」小此木政夫・文正仁編『市場・国家・国際体制』. 慶應義塾大学出版会.

武田康裕. 1995. 「東南アジア外交の展開—アジアの一員と先進民主主義諸国の一員」草野厚・梅本哲也編『現代日本外交の分析』. 東京大学出版会.

朴敏圭. 2001. 「自民党アジア外交の分析：1955－1972」『法学政治学論究』(50호).

飯島勲. 2007. 『実録：小泉外交』. 日本経済新聞出版社.

潘亮. 2004. 「経済大国化と国際的地位」波多野澄雄編『池田・佐藤政権期の日本外交』. ミネルヴァ書房.

保城広至 2007. 「1962年のアジア共同体：OAEC構想と日本」『アジア研究』(53-1호).

保城広至. 2001. 「岸外交評価の再構築：東南アジア開発基金構想の提唱と挫折」『国際関係論研究』(17호).

保城広至. 2006. 「東南アジア開発閣僚会議の開催と日本外交： 1960年代における日本のイニシアティブとその限界」『国際政治』(14호).

保阪正康・東郷和彦. 2012. 『日本の領土問題：北方四島, 竹島, 尖閣諸島』. 角川書店.

服部龍二. 2011. 『日中国交正常化』. 中央公論社.

北岡伸一. 2004. 『日本の自立：対米協調とアジア外交』. 中央公論新社.

濱川今日子. 2006. 「東シナ海における日中境界画定問題：国際法から見たガス田開発問題」『調査と情報』(547호).

山本剛士. 1983. 「日韓関係と矢次一夫」日本国際政治学会編『国際政治75： 日本外交の非正式チャンネル』(10월호).

山本剛士. 1984. 『戦後日本外交史 6：南北問題と日本』. 三省堂.

山本健太郎. 2012. 「日韓防衛協力をめぐる動向と展望：北朝鮮問題に対する日米韓の連携強化と中国の台頭を踏まえて」『レファレンス』(3월호).

三好正弘. 2006. 「日中間の排他的経済水域と大陸棚の問題」栗林忠男『海の国際秩序と海洋

政策』東信堂.

西牟田靖. 2011.『ニッポンの国境』. 光文社.

石井明他編. 2003.『記録と検証：日中国交正常化・日中友好条約締結交渉』. 岩波書店,

石井修・我部政明編. 2004.『アメリカ合衆国対日政策文書集成(第一四期)』. 拍書房.

石川眞澄. 2006.『戦後政治史』. 岩波書店.

船橋洋一. 2006.『ザ・ペニンシュラ・クエスチョン──：朝鮮半島第二次核危機』. 朝日新聞社.

世界編集部. 2008.「対北朝鮮：いまこそ対話に動くとき」『世界』(7월호).

細谷千博(編). 1995『日米関係通史』. 東京大学出版会.

細谷千博(編). 1999.『日米関係資料集』. 東京大学出版会.

歳川隆雄. 2008.「外交敗戦:谷内正太郎外務次官研究」『文芸春秋』(1월호).

小牧輝夫. 2003.「日朝交渉に賭ける北朝鮮の意図」姜尙中など 編『日朝交渉：課題と展望』.
　　岩波書店.

小此木政夫. 2001.「新冷戦下の日米韓体制─日韓経済協力交渉と三国戦略協調の形成」小此
　　木政夫・文正仁 編.『市場・国家・国際体制』. 慶應義塾大学出版会.

孫崎享. 2011.『日本の領土問題：尖閣・竹島・北方四島』. ちくま新書.

松田慶文. 1969.「アジア太平洋協議会第四回閣僚会議」『経済と外交』(6월호).

須藤季夫. 1997.「日本外交におけるASEANの位置」『国際政治』(116호).

信田智人. 2004.『官邸外交：政治リーダーシップの行方』. 朝日新聞社.

安倍晋三. 2006.『美しい国へ』. 文芸春秋.

若宮啓文. 2006.『和解とナショナリズム』. 朝日新聞社.

若宮啓文. 2013.「日韓の変化を映す：フォーラム20年」『外交』(18호).

薬師寺克行. 2003.『外務省；外交力強化への道』. 岩波書店.

五百旗頭真(編). 1999『戦後日本外交史』有斐閣.

五十嵐武士. 1999.『日米関係と東アジア』. 東京大学出版会.

外務省情報文化局. 1966.「日韓間の請求権経済協力協定の第一年度実施計画について」『外
　　務省公表集』(下半期).

外務省情報文化局. 1967.「日韓間の請求権経済協力協定の第二年度実施計画について」『外
　　務省公表集』(下半期).

宇都宮徳馬. 1965A.「日韓問題と北朝鮮の位置」『アジア時報』(1월호).

宇都宮徳馬. 1965B.「日韓問題と日本のアジア外交」『アジア時報』(9월호).

原貴美恵. 2005.『サンフランシスコ講和条約の盲点 ： アジア太平洋地域の冷戦と戦後未解決の
　　諸問題』. 渓水社.

尹徳敏. 2001.「日米沖縄返還交渉と韓国外交」慶應義塾大学大学院法学研究科博士論文.

伊藤剛. 2002.『同盟の認識と現実―デタント期の日米中トライアングル』. 有信堂.

日朝協會. 1960.『日朝友好運動十年のあゆみ』. 日朝協會.

日韓関係研究会編. 1975.『日韓関係の基礎知識』. 田畑書店.

畑田重夫・川越敬三. 1968.『朝鮮問題と日本』. 新日本出版社.

田中均・田原総一朗. 2005.『国家と外交』. 講談社.

田中明彦. 1997『安全保障：戦後50年の模索』. 読売新聞社.

佐藤栄作. 1998.『佐藤栄作日記(第三巻)』. 朝日新聞社.

佐藤晋. 2004.「佐藤政権期のアジア政策」波多野澄雄編『池田・佐藤政権期の日本外交』. ミネルヴァ書房.

竹中治堅. 2006.『首相支配：日本政治の変貌』. 中央公論社.

中島信吾. 2001.「戦後日本の防衛政策」慶應義塾大学大学院法学研究科博士論文.

中西寛. 1994. "戦後アジア・太平洋の安全保障枠組みの模索と日本：1949―51年." 近代日本研究会編『年報・近代日本研究: 戦後外交の形成』山川出版社.

増田弘. 1978.「1960年代日米経済関係の政治性 ： 日米貿易経済合同委員会を中心として」『国際政治』(60호).

池田慎太郎. 2011.「自民党の「親韓派」と「親台派」：岸信介・石井光次郎・船田中を中心に」李鍾元・木宮正史・浅野豊美編『歴史としての日韓国交正常化Ⅰ』. 法政大学出版局.

倉田秀也. 2001.「朴正煕自主防衛論と日米韓国条項」小此木政夫・文正仁編『市場・国家・国際体制』慶應義塾大学出版会.

倉田秀也. 2005.「日米韓安保提携の起源: 韓国条項前史の解釈的再検討」日韓歴史共同研究委員会 編『日韓歴史共同研究報告書第六巻』. 日韓歴史共同研究委員会.

川上高司. 2001.『米国の対日政策(改訂版)』同文館.

添谷芳秀. 1992.「日本外交の構図」『学研究』(65-2호).

添谷芳秀. 1995.『日本外交と中国：1954-1972』. 慶應義塾大学出版会.

添谷芳秀. 2005.『日本のミドルパワー外交』. 筑摩書房.

添谷芳秀・田所昌幸編. 2004.『日本の東アジア構想』. 慶應義塾大学出版会.

村田晃嗣. 1998.『大統領の挫折』. 有斐閣.

崔喜植. 2011.「韓日会談における独島(ドクト) 領有権問題:韓国と日本外交文書に対する実証的分析」李鍾元・木宮正史編『歴史としての日韓国交正常化Ⅱ ： 脱植民地化編』法政大学出版局.

太田修. 2003『日韓交渉―請求権問題の研究』. クレイン.

樋渡由美. 1989.「岸外交における東南アジアとアメリカ」近代日本研究会 編『年報近代日本研究：協調政策の限界』. 山川出版社.

波多野澄雄. 1994. 「東南アジア開発をめぐる日・米・英関係」近代日本研究会編『年報・近代日本研究：戦後外交の形成』. 山川出版社.

坂元一哉. 2000. 『日米同盟の絆』. 有斐閣.

坂田恭代. 2005. 「米国のアジア太平洋集団安全保障構想と米韓同盟」 鐸木昌之ほか 編『朝鮮半島と国際政治』. 慶應義塾大学出版会.

片岡千賀之. 2006. 「日中韓漁業関係史 1」『長崎大学水産学部研究報告』(87호).

片岡千賀之. 2007. 「日中韓漁業関係史 2」『長崎大学水産学部研究報告』(88호).

編集部. 1967. 「牛場新外務次官に聞く」『経済と外交』(6월호).

編集部. 1968. 「総理府世論調査の結果」『経済と外交』(7월호).

平山龍水. 1997. 「朝鮮半島と日米安全保障条約」『国際政治』(115호).

平岩俊司. 2011. 「日韓協力の重要性とその課題」『日本国際問題研究所コラム』(8월 2일).

豊下楢彦. 1996 『安保条約の成立』岩波書店.

霞山会編. 1998. 『日中関係基本資料集一九四九年──一九九七年』. 霞山会.

下條正男. 2004. 『竹島は日韓どちらのものか』. 文藝春秋.

玄大松. 2006. 『領土ナショナリズムの誕生』. ミネルヴァ書房.

和田春樹. 2015. 『慰安婦問題の解決のために：アジア女性基金の経験から』. 平凡社.

和田春樹·高崎宗司. 2005. 『検証日朝関係60年史』. 明石書店.

後宮虎郎. 1979. 「日韓交渉で優れた決断・指導力」『世界週報』(11월 6일).

黒沢文貴. 2004. 「日本外交の構想力とアイデンティティ」『国際政治』(11월호).

주

1) "Note Exchanged between Prime Minister Yoshida and Secretary of State Acheson at the Time of the Signing of the Security Treaty between Japan and the United States of America" 細谷千博他編(1999, 140-141).
2) "NSC 125/2 United States Objectives and Couses of Action with Respect to Japan" 細谷千博他編(1999, 195).
3) 「わが方の見解」細谷千博他編(1999, 84-85).
4) 「10月19日付池田特使覺書」細谷千博他編(1999, 237).
5) 「10月19日付合衆國覺書」細谷千博他編(1999, 240).
6) 「10月19日付池田特使覺書」細谷千博他編(1999, 236-237).
7) 「10月19日付合衆國覺書」細谷千博他編(1999, 240).
8) 「10月19日付合衆國覺書」細谷千博他編(1999, 240).
9) "United States Summary Minutes of Meeting" 細谷千博他編(1999, 315).
10) 한국외교문서 『아시아 4개국 외무장관회의』 파일 070007.
11) 한국외교문서 『아시아 4개국 외무장관회의』 파일 070014.
12) 한국외교문서 『아시아 4개국 외무장관회의』 파일 070013.
13) 한국외교문서 "제1차 한미 국방 각료회담 의사록" 『한미국방 각료회담, 제1차, Washington, D.C., 1968.5.27-28』 파일 26340007.
14) 한국외교문서 "제2차 연례 한미 국방각료회의 SCM 공동 성명서(69/6/4)" 한국역사정치연구회(2005, 408-409).
15) 한국외교문서 "웰링턴 외상회의에 임하는 우리의 입장" 『월남참전7개국 외상회의, 제2차 웰링턴(뉴질랜드) 1968.4.4』 파일 25670067-68.
16) 한국외교문서 "주미대사가 외무부장관에 보낸 공문" 『월남참전7개국 외상회의, 제2차 웰링턴(뉴질랜드) 1968.4.4』 파일 25670090.

17) 한국외교문서 "주미대사가 외무부장관에 보낸 공문" 『월남참전7개국 외상회의, 제2차 웰링턴(뉴질랜드) 1968.4.4.』파일 25670162.

18) 한국 제7대 67회 24차 '예산결산 특별위원회 회의록'(제25호).

19) 한국 제7대 67회 25차 '예산결산 특별위원회 회의록'(제25호).

20) 한국외교문서 "아국과 자유 아세아의 안전보장 대책시안에 대한 대통령 각하 분부" 『APATO 창설구상 1968-69』파일 000027.

21) 한국외교문서 "지역안전보장체제" 『APATO 창설구상 1968-69』파일 000020, 이 문서가 언제 작성되었는지 그 시기는 알 수 없으나, 69년 2월 6일 사토 수상의 발언을 기록한 것으로 보아 69년 2월경으로 사료된다.

22) 한국외교문서 "아국과 자유아세아의 안전보장태세강화책 시안" 『APATO 창설구상 1968-69』파일 000052.

23) 한국외교문서 "한국과 자유아시아 안전보장태세강화책 시안" 『APATO 창설구상 1968-69』파일 000057.

24) 한국외교문서 "한국과 자유아시아 안전보장태세강화책 시안" 『APATO 창설구상 1968-69』파일 000062.

25) 한국외교문서 "한일국교정상화와 한미관계" 『제6차 한일회담 제2차 정치회담 예비절충회의 본회의(V.1 1-13차)』파일 07360080.

26) 한국외교문서 "한일국교정상화와 한미관계" 『제6차 한일회담 제2차 정치회담 예비절충회의 본회의(V.1 1-13차)』파일 07360081-82.

27) 한국외교문서 "한미 외무장관 회의 준비자료" 『한일회담에 대한 미국의 입장』파일 07640051.

28) "Rusk's Memorandum for the President" 細谷千博(1999, 742-744).

29) 한국외교문서 "제3차 월남 참전국 외상회담 자료: 오키나와 문제" 『월남참전 7개국 외상회의, 제3차, 방콕 1968.5.22(V.1 기본문서철)』파일 30110052.

30) 한국일보 1969년 3월 26일.

31) 한국외교문서 "월남참전국 외상회의의 한국 기본입장 및 대표단 구성" 『월남참전 7개국 외상회의, 제3차, 방콕 1968.5.22(V.1 기본문서철)』파일 30110061-62.

32) "From Ambassay to Department of State Telegram (April 9, 1969)", 石井修·我部政明編(2004, 150)

33) "From Ambassay to Department of State Telegram (April 15, 1969)", 石井修·我部政明編(2004, 176).

34) "National Security Decision Memorandum 13: Policy Toward Japan" 細谷千博(1999, 777). 번역은 소토카 히데토시(2006, 239-240) 참조.

35) 讀賣新聞 2010년 3월 9일.

36) 讀賣新聞 2010년 3월 9일.

37) 朝日新聞 1968년 8월 29일.

38) 조선일보 1968년 8월 29일.

39) 한국외교문서 『제5차 한일회담 예비회담 회담록(일반청구권 위원회 등)』파일 191-192와 223 그리고 226-267.

40) 한국외교문서『제6차 한일회담(청구권 관련자료)』파일 1261-1269.

41) 한국외교문서『제6차 한일회담(청구권 관련자료)』파일 1261-1269.

42) 한국외교문서『속개 제6차 한일회담(청구권위원회 회의록 및 경제협력문제)』파일 0102.

43) 한국외교문서『속개 제6차 한일회담』파일 1528.

44) 한국외교문서『제7차 한일회담(청구권 관계 회의 보고와 훈령1)』파일 1546.

45) 한국외교문서『제7차 한일회담1』파일 0171.

46) 한국외교문서『제7차 한일회담1』파일 0726, 0772, 0782.

47) 한국외교문서『제7차 한일회담(청구권 관계 회의 보고와 훈령2)』파일 0840, 0842. 국민대일본학연구소『한일회담 일본외교문서 81』p.62.

48) 한국외교문서『제7차 한일회담2』파일 0846, 0847. 국민대 일본학연구소『한일회담 일본외교문서 81』pp.61-62.

49) 한국외교문서『제7차 한일회담2』파일 1047, 1029-1030. 국민대 일본학연구소『한일회담 일본외교문서 81』p.145.

50) 한국외교문서『제7차 한일회담2』파일 1180.

51) 한국외교문서『제7차 한일회담2』파일 1187. 일본외교문서에서도 한국안이 제출되었음이 확인되었다. 국민대 일본학연구소『한일회담 일본외교문서 95』p.51.

52) 한국외교문서『제7차 한일회담2』파일 1202-1204.

53) 한국외교문서『제7차 한일회담2』파일 1299.

54) 한국외교문서『제7차 한일회담2』파일 1233-1234. 일본외교문서에서는 위 기록을 찾을 수 없었다.

55) 한국외교문서『제7차 한일회담2』파일 1299-1304. 일본외교문서에서는 위 기록을 찾을 수 없었다.

56) 국민대 일본학연구소『한일회담 일본외교문서95』pp.51-52.

57) 한국외교문서『제7차 한일회담(내용설명 및 자료)』파일 1320-1324.

58) 한국외교문서『제6차 한일회담 제 2차 정치회담 예비절충본회의2(4-21차)』, p.25. 일본정부는 위 회담의 내용을 공개하지 않았다. 위 회담에 대한 간단한 기록은 다음을 참조.「日韓國交正常化交涉の記錄(竹島問題)」日本外務省公開日韓會談文書(File No.910), pp.208-209.

59) 한국외교문서『제6차 한일회담 제2차 정치회담 예비절충 본회의3(22-32차)』p.24.

60) 일본정부는 독도에 관련된 기본정책 문서를 공개하지 않았다. 일본 외무성 아시아국 제2과는 53년 8월에 竹島問題處理方針을 작성했지만, 이 내용을 공개하지 않았다. 이에 대한 언급은 다음을 참조.「日韓國交正常化交涉の記錄(竹島問題)」日本外務省公開日韓會談文書(File No.910), p.184.

61) 이러한 사정은 다음에서도 확인된다.「日韓國交正常化交涉の記錄(竹島問題)」日本外務省公開日韓會談文書(File No.910), p.208.

62) 한국외교문서『제6차 한일회담 제 2차 정치회담 예비절충 본회의3(22-32차)』p.25.

63) "Memorandum of Conversation" *Foreign Relations of the United States1961-1963(Vol. ⅩⅩⅡ: Northeast Asia)*, Document 282, pp.611-612.

64) 한국외교문서『김종필 특사 일본방문 1962.10-11』p.216.

65) 한국외교문서『제6차 한일회담 제2차 정치회담 예비절충 본회의1(1-3차)』p.8.

66) 한국외교문서『제6차 한일회담 제2차 정치회담 예비절충 본회의3(22-32차)』p.23.

67) 「大平外相と金部長との會談第一回」日本外務省公開日韓會談文書(File No.1824), pp.91-92. 「池田總理と金中央情報部長會談」日本外務省公開日韓會談文書(File No.1825), pp.16-18.

68) 한국외교문서『김종필 특사 일본방문1962.10-11』p.154.

69) 한국외교문서『김종필 특사 일본방문1962.10-11』p.165-166. 일본측 외교문서에 서는 구체적인 내용이 공개되어 있지 않는다. 2차 김오히리 회담 중 독도관련 기록은 다음을 참조. 「大平外相と金部長談第二回」日本外務省公開日韓會談文書 (File No.1826), pp.22-23. 「日韓國交正常化交渉の記錄(竹島問題)」日本外務省公開 日韓會談文書(File No.910), pp.209-212.

70) 한국외교문서『김종필 특사 일본방문1962.10-11』p.166.

71) 타협안을 언급하고 있는 문서는 다음을 참조. 「日韓國交正常化交涉の記錄(竹島 問題)」日本外務省公開日韓會談文書(File No.910), pp.212-213.

72) 한국외교문서『제6차 한일회담 제2차 정치회담 예비절충 본회의3(22-32차)』p.25.

73) 한국외교문서『제6차 한일회담 제2차 정치회담 예비절충 본회의3(22-32차)』p.25.

74) 한국외교문서『속개 제6차 한일회담 본회의 개최를 위한 예비교섭 및 본회의』 pp.44-45. 일본측 문서에서는 이러한 내용을 확인할 수 없다. 관련문서는 다음을 참 조. 「後宮アジア局長と崔圭夏大使會談」日本外務省公開日韓會談文書(File No.1728).

75) 「韓国基本関係に関する省内事前協議方針」日本外務省公開日韓會談文書(File No.1847), p.15.

76) 「外交審議官と在韓米大使館參事官との会談」日本外務省公開日韓會談文書(File No.1693), p.2.

77) 「椎名大臣・李長官會談」日本外務省公開日韓會談文書(File No.728), pp.5-7.

78) 「日韓國交正常化交涉の記錄(第七次會談の開始と基本關係條約のイニシャル)」日 本外務省公開日韓會談文書(File No.1127), pp.74-91.

79) 한국외교문서『제7차 한일회담 본회의 및 수석대표 회담』pp.374-375. 「日韓國交正 常化交涉の記錄(竹島問題)」日本外務省公開日韓會談文書(File No.910), pp.221-224.

80) 한국외교문서『제7차 한일회담 본회의 및 수석대표 회담』pp. 360-362.

81) 한국외교문서『제7차 한일회담 본회의 및 수석대표 회담』pp. 399-370. 「日韓國交正 常化交涉の記錄(竹島問題)」日本外務省公開日韓會談文書(File No.910), pp. 230-232.

82) 한국외교문서『제7차 한일회담 본회의 및 수석대표 회담』p.459와 p.363. 「日韓國 交正常化交涉の記錄(竹島問題)」日本外務省公開日韓會談文書(File No. 910), p.226.

83) 한국외교문서『제7차 한일회담 본회의 및 수석대표 회담』p.382.

84) 「日韓國交正常化交涉の記錄(竹島問題)」日本外務省公開日韓會談文書(File No.910), pp.239-245.

85) 한국외교문서『이동원 외무부 장관 일본방문1965』, p.401. 「日韓國交正常化交涉 の記錄(竹島問題)」日本外務省公開日韓會談文書(File No.910), pp.246-249.

86) 한국외교문서『제 7차 한일회담 본회의 및 수석대표 회담』p.390.

87) 「日韓國交正常化交涉の記錄(竹島問題)」日本外務省公開日韓會談文書(File No.910), p.247.

88) 실제 사토 에사쿠는 적극적 중일관계 개선론자였다. 기존연구에 의하면, 사토 수상의 의도와는 달리 중일관계가 악화된 것은 60년대 미국의 베트남 전쟁 수행 등과 같은 국제정치상황에 따른 것이었다는 점이 강조되고 있다(佐藤晋 2004, 142; 添谷芳秀 1995, 108-109).

89) 한국외교문서 『속개 제6차 한일회담(청구권위원회 회의록 및 경제협력문제)』 파일 1530.

90) 한국외교문서 『제7차 한일회담(청구권 관계 회의 보고와 훈령2)』 파일 0846-0849.

91) 日本外務省アメリカ局「佐藤総理・ニクソン大統領会談(第一回一一月一九日午前)) 楠田実(2001, 776).

92) "Telegram From the Embasassy in Koreato the Department of State(Aug.4,1970)".

93) 조선일보 1971년 7월 18일.

94) "The Letter from President Park to President Nixon(Sep.20,1971)".

95) "Memorandum from Executive Secretary(Theodore L. Eliot) to Secretary of Department of State(Henry A. Kissinger)(Nov. 4, 1971)".

96) "The letter from President Nixon to President Park(Nov. 29, 1971)"

97) "Telegram from the Department of State to the Embasassy in Korea(Dec. 1, 1971)"

98) "Telegram from the Embasassy in Korea to the Department of State(Dec. 13, 1971)"

99) http://www.mofa.go.jp/mofaj/area/taisen/miyazawa.html.

100) 한일의원연맹 사무국 『활동보고서(1994년도)』 p.13.

101) 한일포럼 『1차 한일포럼 보고서(1993)』 p.18.

102) 한일포럼 『2차 한일포럼 보고서(1994)』 p.10.

103) 한일포럼 『2차 한일포럼 보고서(1994)』 p.10.

104) 한일포럼 『3차 한일포럼 보고서(1995)』 p.10.

105) 한일포럼 『2차 한일포럼 보고서(1994)』 p.15. 한일포럼 『3차 한일포럼 보고서(1995)』 p.8.

106) 한일포럼 『3차 한일포럼 보고서(1995)』 pp.22-27.

107) 한일포럼 『5차 한일포럼보고서(1997)』 pp.22-24.

108) 한일포럼 『5차 한일포럼보고서(1997)』 pp.24-27.

109) 한일포럼 『3차 한일포럼보고서(1995)』 p.22.

110) 한일포럼 『5차 한일포럼 보고서(1996)』 pp.14-15.

111) 국민일보 1997년 9월 24일.

112) http://www.mofa.go.jp/mofaj/kaidan/g_matsumoto/asean1107/juk_gk1107.html.

113) http://www.mofa.go.jp/mofaj/kaidan/g_gemba/asean1207/juk_gk.html.

114) http://www.mofa.go.jp/mofaj/kaidan/g_gemba/asean1207/juk_gk_jps2.html.

115) http://www.kantei.go.jp/jp/hatoyama/statement/200910/09kyoudou.html.

116) 매일경제신문 2011년 1월 2일.

117) http://www.kantei.go.jp/jp/kakugikettei/2010/1217boueitaikou.pdf.

118) 每日新聞 2010년 7월 7일.

119) 동아일보 2009년 12월 25일.

120) 每日新聞 2011년 3월 5일.

121) 경향신문 2012년 6월 1일.

122) http://www.mofa.go.jp/mofaj/area/korea/kaidan/sk_0910_gai.html.
    http://www.mofa.go.jp/mofaj/kaidan/s_noda/1112_korea.html.

123) http://www.mofa.go.jp/mofaj/kaidan/g_okada/kankoku10_ga.html.

124) http://www.mofa.go.jp/mofaj/area/jck/jck_10_ka.html.
    http://www.mofa.go.jp/mofaj/area/jck/summit2011/jck_gaiyo.html.

125) http://www.mofa.go.jp/mofaj/area/korea/kaidan/sk_0910_gai.html.

126) http://www.mofa.go.jp/mofaj/area/jck/summit2011/jk_gaiyo.html.

127) http://www.kantei.go.jp/jp/kakugikettei/2009/1230sinseichousenryaku.pdf.

128) 외교부 동북아1과 『일본군위안부 문제 참고자료집』 2014, p.297.

129) 헌법재판소 홈페이지 '대한민국과 일본국간의 재산 및 청구권에 관한 문제의 해
    결과 경제협력에 관한 협정 제3조 부작위 위헌확인' 판결문.

130) 대법원 홈페이지 '대법원 2012.5.24. 선고 중요판결 요지'.

131) 동아일보 1997년 9월 9일.

132) 중앙일보 2014년 8월 1일.

133) 경향신문 2012년 6월 1일, 동아일보 2013년 9월 30일.

134) 동아일보 2013년 11월 11일.

135) 경향신문 2015년 3월 30일.

136) 경향신문 2015년 12월 28일.

137) 한겨레신문 2013년 4월 10일.

찾아보기

저자소개

최희식(崔喜植)

▌ 국민대 국제학부 교수(2010년-현재)
서울대 정치학과 학사 및 석사
일본 게이오대학 정치학 박사

주요저술

『한일관계사 1965-2015』(역사공간 2015, 공저)

『동아시아 세력전이와 일본대외전략의 변화』(동아시아재단 2014, 공저)

『일본 민주당 정권의 성공과 실패』(서울대출판부 2014, 공저)

『한일공문서를 통해 본 독도』(동북아역사재단 2013, 공저)

『일본 부활의 리더십』(동아시아연구원 2013, 공저)

『박정희 시대 한일관계의 재조명』(선인 2011, 공저)

『歴史としての日韓国交正常化Ⅱ：脱植民地化編』(法政大学出版局 2011, 공저)

『한국 근현대 정치와 일본Ⅱ』(선인 2010, 공저)

『北朝鮮と人間の安全保障』(慶應義塾大学出版会 2009, 공저)